SAVOIR **PLUS**

Outils et
méthodes de travail
intellectuel

2e édition

SAVOIR PLUS

Outils et méthodes de travail intellectuel

Raymond Robert Tremblay

Yvan Perrier

Préface de
Guy Rocher

2e édition

Chenelière
Éducation

Savoir plus
Outils et méthodes de travail intellectuel, 2e édition

Raymond Robert Tremblay et Yvan Perrier

© 2006, 2000 Les Éditions de la Chenelière inc.

Éditeur : Luc Tousignant
Éditeur adjoint : Francis Dugas
Coordination : Johanne Rivest
Révision linguistique : Ginette Laliberté
Correction d'épreuves : Suzanne McMillan
Conception graphique : Josée Bégin
Infographie : Point Virgule, Service d'infographie
Conception de la couverture : Josée Bégin

**Catalogage avant publication
de Bibliothèque et Archives Canada**

Tremblay, Robert, 1956 19 avril-

   Savoir plus : outils et méthodes de travail intellectuel

   2e éd.

   Comprend des réf. bibliogr. et un index.

   ISBN 2-7650-1208-3

   1. Étude - Méthodes. 2. Thèses et écrits académiques. 3. Étudiants - Évaluation. I. Perrier, Yvan, 1953-   . II. Titre.

LB2395.T74 2006   378.1'70281   C2006-940217-5

5800, rue Saint-Denis, bureau 900
Montréal (Québec) H2S 3L5 Canada
Téléphone : 514 273-1066
Télécopieur : 514 276-0324 ou 1 888 460-3834
info@cheneliere.ca

ISBN 2-7650-1208-3

Dépôt légal : 2e trimestre 2006
Bibliothèque et Archives nationales du Québec
Bibliothèque et Archives Canada

Imprimé au Canada

3 4 5 6 7   ITG   16 15 14 13 12

Nous reconnaissons l'aide financière du gouvernement du Canada par l'entremise du Fonds du livre du Canada (FLC) pour nos activités d'édition.

Gouvernement du Québec – Programme de crédit d'impôt pour l'édition de livres – Gestion SODEC.

Cette deuxième édition est dédiée à
Danielle-Claude, Jonathan, Marc-Antoine,
Alexandre, Hélène et Sarah, avec toute notre affection.

Avant-propos

La révision d'un ouvrage didactique qui est largement utilisé pose un défi de taille. Il faut préserver les qualités qui en ont fait le choix de tant de pédagogues et en améliorer le contenu. Lorsque nous avons entrepris ce travail, il y a plus d'un an, nous avions en tête d'abord et avant tout les étudiants : Quels sont leurs vrais besoins dans le domaine de la méthodologie ? Comment pouvons-nous contribuer à leur réussite ? Qu'est-ce qui a changé dans le monde de l'enseignement supérieur dont nous devons tenir compte ? La deuxième édition de *Savoir plus : Outils et méthodes de travail intellectuel* est différente à plusieurs points de vue.

Du côté de son organisation, nous avons regroupé les sujets touchés en dix chapitres qui synthétisent les habiletés essentielles que doit développer tout étudiant compétent. Ces chapitres portent sur les sujets suivants : savoir s'organiser, se documenter, lire, prendre des notes, étudier, rédiger un texte raisonné, rédiger en tenant compte de divers types de textes, présenter les travaux correctement, faire des présentations orales et travailler en équipe. Nous avons par ailleurs augmenté le nombre d'exemples en nous assurant que chaque savoir essentiel pouvait être assimilé, non seulement grâce aux explications et aux exercices, mais aussi par imitation — l'un enrichissant l'autre. En ce qui concerne ces exemples (qui portent sur des défis contemporains majeurs qui sont discutés dans le cadre des cours de philosophie ou de sciences humaines), nous sommes conscients que certains contenus sont de haut niveau. Notre but n'est certes pas d'intimider les élèves, mais plutôt de les inspirer dans une démarche à long terme en fixant des objectifs élevés.

Nous avons aussi voulu tenir compte de l'évolution technologique du travail intellectuel. En particulier, les technologies de l'information, de plus en plus présentes dans les études, commandent des méthodes différentes. Qui peut nier l'omniprésence d'Internet et le recours systématique à ses ressources de la part des jeunes d'aujourd'hui ? Il faut plus que jamais développer l'esprit critique et montrer que certains « bons vieux principes » ont toujours leur place dans ce nouveau contexte. Par exemple, il faut toujours vérifier la qualité de l'information, préciser ses sources, résister aux modes intellectuelles, s'imprégner de solides principes de rigueur intellectuelle et de logique, travailler systématiquement et valoriser l'effort et la persévérance.

Dans le même ordre d'idées, nous avons considérablement enrichi le site Web de l'éditeur qui est consacré à ce livre. Le lecteur y trouvera toute une série de textes portant sur les méthodes de recherche en sciences humaines et les grandes composantes de celles-ci : *la formulation de la problématique, l'hypothèse de recherche, les méthodes d'investigation, l'analyse et l'interprétation des résultats* et *la rédaction d'un rapport de recherche*. Les anciens modules (le texte argumentatif, la dissertation littéraire et intégration et synthèse des acquis) deviennent ainsi disponibles en ligne. Il en est de même pour plusieurs exemples de textes écrits présentés dans le chapitre 7 : *le résumé informatif, le compte rendu, la recension des écrits, le commentaire explicatif* et *la dissertation critique en sciences humaines*.

Dans un monde soumis à de nombreuses difficultés, face à une concurrence internationale de plus en plus vive, l'éducation supérieure joue un rôle essentiel dans l'enrichissement et le bien-être des peuples. Cependant, pour beaucoup, les disciplines plus intellectuelles comme les sciences humaines représentent un défi d'importance. L'héritage de la réflexion dans ces disciplines est très vaste, et la complexité du monde semble en croissance exponentielle ! La méthodologie nous donne le compas et la boussole, elle nous apprend à avancer dans les broussailles, à distinguer l'essentiel du secondaire, à exprimer le principal et à utiliser l'image à bon escient. C'est du moins notre conviction et ce pourquoi nous proposons ce nouvel ouvrage à nos lecteurs.

Raymond Robert Tremblay
Yvan Perrier

Remerciements

Qu'on nous permette d'exprimer notre reconnaissance à nos familles qui nous ont tant soutenus dans nos efforts. Nous remercions également notre éditeur, Luc Tousignant, pour son travail attentif et respectueux mais néanmoins exigeant, Johanne Rivest et toute son équipe pour un travail de mise en forme rigoureux et fidèle aux intentions didactiques de l'ouvrage et, enfin, tous les professeurs de divers établissements qui nous ont fait part de commentaires critiques :

Lyne Boulanger, professeure d'éducation physique, Collège François-Xavier-Garneau ;

Robert Campeau, professeur de sociologie, Collège Montmorency ;

Christine Coallier, professeure de philosophie, Cégep de Drummondville ;

Sylvain Guilmain, professeur d'histoire, Cégep André-Laurendeau ;

Anne Robitaille, professeure de chimie, Cégep Limoilou ;

Micheline Rochon, professeure d'anthropologie, Cégep de l'Outaouais ;

André Roy, chargé de cours, Département d'Information et de communication, Université Laval ;

François Simard, professeur d'éducation spécialisée, Cégep de Saint-Jérôme.

Nous avons tenté, dans la mesure de nos modestes moyens, d'être à la hauteur de leurs attentes légitimes.

Un remerciement spécial est adressé à Hélène Labrecque pour sa lecture critique de certains chapitres et sa contribution au chapitre sur les fiches de lecture.

Préface

Il m'arrive bien rarement, pour ne pas dire jamais, d'avoir le goût de recommencer ma vie. J'ai eu une belle vie, et je jouis encore d'une vie que je trouve chaque jour intéressante et même emballante. Mais, pour moi, ce qui est passé est passé. Pourtant, en lisant ce livre, j'ai eu une envie folle de repartir à zéro dans la vie, de refaire le trajet parcouru. Mais d'une manière différente, grâce à ce livre-ci.

J'ai fait mes études du temps des collèges classiques. J'ai bien aimé mon vieux collège et mes années de collégien. Je ne suis pas de ceux qui dénigrent le collège classique ; mais je ne suis pas non plus de ceux qui le portent aux nues et en créent un mythe. Le cours classique de l'époque, c'est-à-dire d'avant 1960, avait ses vertus, bien sûr, mais aussi ses limites. Une de ces limites, c'est que nous avions des « outils » de travail intellectuel, c'est-à-dire des manuels, des textes à rédiger et des versions latines ou grecques à faire, des examens à passer. Toutefois, c'était à chacun de nous qu'il revenait de trouver (ou d'inventer) comment utiliser ces outils au mieux et comment en profiter au maximum. Il n'y avait pas d'enseignement systématique proprement dit des « méthodes » pour, par exemple, bien gérer son temps, organiser son coin de travail, tenir un agenda, ni pour aborder différents types de textes, ni pour bien préparer des examens. Bref, tous les conseils et les exercices qu'on trouve dans ce livre-ci. Voilà pourquoi il me fait rêver !

Et puis, au cours du XXe siècle, deux grands phénomènes ont modifié notre vie intellectuelle. Tout d'abord, le monde des connaissances a explosé dans toutes les directions. Par exemple, au début de ce siècle, on parlait des « sciences sociales » ; à la fin du même siècle, ces sciences sociales se sont subdivisées en un nombre croissant de disciplines : sociologie, anthropologie, science économique, science politique, démographie, service social, criminologie, relations industrielles, récréologie, sexologie, et ça continue. Et puis, voilà que l'ordinateur et l'Internet nous ont ouvert des horizons incroyables et ont mis sous nos doigts des sources de renseignements dont on ne pouvait même pas soupçonner l'existence il y a peu de temps encore. L'étudiant du XXIe siècle évolue maintenant entre le livre et les sites Web, entre l'écrit et l'écran. L'étudiant du XXIe siècle, le chanceux, va en « savoir plus », et toujours plus, surtout s'il sait mettre à profit les méthodes de travail intellectuel qu'on lui propose dans ce livre.

J'en suis d'autant plus convaincu que je garde de mon collège classique, je tiens à le dire, certaines méthodes de travail qui m'ont été précieuses. Car s'il n'y avait pas, à cette époque, d'enseignement formel des méthodes de travail intellectuel, nos professeurs nous en proposaient à l'occasion. C'est ainsi que, grâce à l'un d'eux, à l'endroit de qui je demeure encore reconnaissant, j'ai appris à faire et à utiliser des fiches de lecture. L'intention était, comme le propose le chapitre 3 du présent ouvrage, de nous apprendre non seulement à lire, mais encore et surtout à lire intelligemment, de façon analytique et aussi de façon critique. Il y avait aussi à l'époque un autre « outil » : nous n'avions pas de sites Web, bien sûr, mais la maison d'édition Fides publiait ce qu'elle appelait *Mes fiches*. Chacune résumait un article ou un livre, avec une cote de classification très intelligente. Chaque fiche nous offrait ainsi une source d'information en même temps qu'un modèle de fiche de lecture et qu'un système de classement. J'ai même été le vendeur autorisé (et entièrement bénévole) de *Mes fiches* dans mon collège, car il fallait les acheter pour quelques sous ou s'y abonner. Fides vendait de surcroît une superbe boîte de bois pour ranger et classer *Mes fiches*. C'était notre manière de nous constituer une banque de données.

Pour des raisons bien personnelles, j'ai donc été attiré particulièrement, en lisant ce livre, par le chapitre 3. Je constate que l'« outil », que je croyais abandonné, n'a pas changé : on propose encore à l'étudiant de faire des fiches de lecture. Mais combien la méthode présentée dans ce chapitre aurait amélioré l'usage que je faisais de *Mes fiches* et de mes fiches personnelles quand j'étais collégien, et depuis lors. Je me réjouis que la jeune génération d'aujourd'hui, celle qui fera le XXIᵉ siècle, s'arme intellectuellement comme elle peut maintenant le faire. On peut croire en l'avenir.

Guy Rocher
Université de Montréal

Table des matières

CHAPITRE 5 ▸ Savoir étudier 83

CHAPITRE 6 ▸ Savoir rédiger 109

Savoir s'organiser

Avant de décrire les meilleures méthodes pour faire un travail, quel qu'il soit, il importe que vous appreniez à bien gérer votre temps. De plus, l'environnement de travail doit vous offrir des conditions optimales pour réaliser vos travaux scolaires. Dans le présent chapitre, il sera question des outils de gestion du temps (le calendrier hebdomadaire, le calendrier de session et l'agenda) et de l'espace physique (le bureau de travail et la bibliothèque de votre établissement scolaire) où vous effectuerez vos lectures et vos travaux scolaires.

L'agenda

En tant qu'étudiant, vous devez réaliser diverses activités dans des périodes définies (les jours, les semaines et les mois d'une session). Vous devez donc prévoir :

- Les périodes de cours et de laboratoire ;
- Les déplacements ;
- Les périodes d'étude ;
- Les périodes de travail rémunéré ;
- Les tâches domestiques et les périodes de repas ;
- Les activités familiales ;
- Les activités sportives ;
- Les sorties et les activités parascolaires ;
- Les activités militantes et bénévoles ;
- Les périodes de repos et de sommeil.

La planification d'une journée, d'une semaine et d'une session vous permettra de visualiser comment vos activités s'inscrivent dans un plan d'ensemble. Grâce aux outils de gestion du temps, vous serez en mesure de respecter vos obligations.

L'horaire d'étude hebdomadaire

À l'entrée au cégep ou à l'université, il est très important d'établir un horaire d'études hebdomadaire. Celui-ci doit tenir compte de votre rythme personnel. Ainsi, vos activités peuvent être divisées en tranches de une, de deux ou de trois heures consécutives. Vous devez aussi préciser le contenu de chaque session de travail. Si votre horaire est réaliste, il sera facile de le respecter. Rappelez-vous que votre horaire d'études sera peu efficace si vous le bouleversez fréquemment.

Grâce à l'établissement d'un horaire d'études hebdomadaire, vous pouvez :

- Prévoir le temps nécessaire à chacune des activités ;
- Découper ces activités et les répartir de façon réaliste dans le temps ;
- Diminuer, s'il y a lieu, le nombre d'activités ;
- Réaliser toutes les activités prévues.

La gestion n'est pas un processus « inhumain », comme le prétendent certains. Au contraire, c'est le seul moyen de faire face aux échéances en respectant son rythme et ses limites et, en particulier, d'éviter que la fin de session soit stressante.

Une semaine ne comporte que 168 heures (24 heures × 7 jours). Il est donc très important d'apprendre à utiliser efficacement ces précieuses heures et d'orienter les périodes de travail vers des buts précis. En agissant de la sorte, vous pourrez accomplir beaucoup plus de travail en moins de temps. De plus, vous apprendrez à devenir plus efficace.

Comment être plus efficace ?

Trois outils permettent de gérer efficacement son temps : le **calendrier de session**, l'**horaire hebdomadaire** et l'**agenda**.

Le calendrier de session vous donne, d'un seul coup d'œil, une vision d'ensemble des tâches à accomplir dans une session. Il permet donc d'éviter les goulots d'étranglement et les surcharges de travail.

L'horaire hebdomadaire est un aide-mémoire. La plupart des étudiants l'utilisent déjà pour les cours. Toutefois, en plus des périodes de cours, cet outil devrait aussi indiquer les périodes de laboratoire obligatoires, les heures d'étude et de préparation de cours, les déplacements, les loisirs et les périodes de travail rémunéré. Dans la réalisation de cette planification, il faut éviter de surcharger l'horaire de semaine. Il convient de prévoir des journées de repos et des périodes de loisir. De plus, le travail à accomplir et le temps nécessaire pour l'effectuer doivent être évalués de manière réaliste.

Dans votre agenda, vous devez noter, jour après jour, ce que vous prévoyez faire à différents moments de la journée.

Tableau 1.1		Calendrier scolaire 2006				
Semaine	Mois	L	Ma	Me	J	V
	Janvier	2	3	4	5	6
		9	10	11	12	13
		16	17 M	18 M	19 M	20 M
1		23 ●	24	25	26	27
2	Février	30	31	1	2	3
3		6	7	8	9	10
4		13	14	15	16	17
5		20	21	22	23	24
6	Mars	27	28	1	2	3
7		6	7	8	9	10
8	Semaine de lecture	13	14	15	16	17
9		20	21	22	23	24
10		27	28	29	30	31
11	Avril	3	4	5	6	7
12		10	11	12	13	14 X
13		17 X	18	19	20	21
14		24	25	26	27	28
15	Mai	1	2	3	4	5
16		8	9	10	11	12
17		15	16 RC/JÉ	17 ÉUF	18 RC/JÉ	19
18		22 X	23 RE *	24	25	26

Légende
●   Début de session
M   Modification des horaires
X   Jour férié
ÉUF   Épreuve uniforme de français
*   Fin de session

Horaire spécial de la 17ᵉ semaine et de la 18ᵉ semaine
RC   Reprise de cours (avec suspension de l'horaire régulier)
JÉ   Journée de cours ou d'évaluation sommative
RE   Reprise d'examens

1

MARCHE À SUIVRE

1. Dès la première semaine de la session, assurez-vous d'avoir le calendrier scolaire, votre horaire de cours, vos plans de cours, un agenda, etc.

2. Dans votre calendrier de session (et votre agenda), écrivez les congés, les journées pédagogiques et les semaines d'évaluation. Numérotez chacune des séances de cours de la session. Ainsi, vous saurez où vous en êtes rendu dans chaque matière.

3. Préparez votre horaire hebdomadaire.

4. Reportez cet horaire dans votre agenda. Ensuite, ajoutez tout événement pertinent et toute échéance connue. Prenez soin de noter non seulement les cours, mais aussi les périodes réservées à l'étude et à la réalisation des travaux réguliers. N'oubliez pas d'inscrire des périodes tampons, c'est-à-dire des périodes sans contenu prédéterminé. Ces périodes sont réservées au travail scolaire et sont utilisées en cas d'imprévu.

5. Consultez votre agenda chaque jour et votre calendrier de session chaque semaine. Gardez votre horaire hebdomadaire à portée de la main.

6. Durant les deux premières semaines de la session, observez comment vous utilisez réellement votre temps. Déterminez la semaine qui vous semble la plus représentative pour planifier la suite de votre session.

L'apprentissage de la planification et de la gestion du temps est un processus qui se réalise grâce à la pratique. Il peut exiger des corrections en cours de route. De ce fait, il convient de répéter l'étape 6 deux ou trois fois durant la session.

Tout au long d'une session, certaines obligations se répètent sensiblement aux mêmes heures, d'une semaine à l'autre. Qu'on songe aux heures consacrées aux cours, aux laboratoires, aux repas, au transport, à l'emploi de fin de semaine, aux activités à l'extérieur de l'établissement d'enseignement et au sommeil. L'horaire hebdomadaire permet d'évaluer le temps qu'il reste pour les études. Au cégep, prévoyez environ une heure d'étude pour chaque heure de cours. Par exemple, les cégépiens à temps complet en sciences humaines doivent consacrer entre 18 et 22 heures d'étude (selon les sessions) à la maison, en plus des heures de cours. Dans le cas des étudiants universitaires, le rapport entre les heures de cours et les heures de travail à la maison est parfois plus élevé. Si vous disposez de moins de 35 heures par semaine pour vos études (heures de cours et heures d'étude à la maison), vous devriez remettre en question certaines obligations ou réduire le nombre de vos activités.

Dans la vie, il n'est pas possible de tout faire. Comme la majorité des gens, vous devez faire des choix entre étudier, travailler, sortir avec des amis, etc. Pour réussir vos études, il n'est pas nécessaire de mettre toutes vos énergies uniquement sur vos cours. Il s'agit plutôt d'apprendre à organiser votre vie et vos différentes activités afin de ne pas nuire à vos succès scolaires. Vous devez donc apprendre comment planifier efficacement votre temps et comment l'utiliser à bon escient.

Tableau 1.2   Horaire hebdomadaire

Session : _____

Semaine du _____ au _____

Heure	Lundi	Mardi	Mercredi	Jeudi	Vendredi	Samedi	Dimanche
07:00	Déjeuner		Déjeuner		Déjeuner		
07:30	Transport		Transport		Transport		
08:00		Déjeuner					
08:30				Déjeuner			
09:00	Philo	Étude	Psycho		Français	Trav. rém.	
09:30							
10:00				Étude			
10:30							
11:00			Libre ou tampon				
11:30		Transport					
12:00	Dîner	Dîner	Dîner	Dîner	Dîner	Dîner	
12:30							
13:00							
13:30					Éd. phys.		
14:00	Anglais	Économie	Histoire	Étude		Trav. rém.	
14:30							
15:00					Étude		
15:30							
16:00	Libre	Libre	Libre	Natation	Libre		
16:30							Fin de la pause de 24 heures
17:00	Transport	Transport	Transport	Natation	Transport		
17:30				Transport			
18:00	Souper	Souper	Souper	Souper	Souper		
18:30							
19:00	Étude	Étude	Étude			Pause de 24 heures	
19:30							
20:00				Trav. rém.	Trav. rém.		Tampon
20:30							
21:00							
21:30							
22:00							

Légende
Éd. phys. : éducation physique
Trav. rém. : travail rémunéré

Combien d'heures par semaine devez-vous consacrer au travail rémunéré quand vous êtes étudiant à temps complet ? Dix heures ? Quinze heures ? Vingt heures ? La réponse à cette question ne va pas de soi. Dans la revue *Cahiers québécois de démographie*, Andrée Roberge a publié un article qui nous apprend que : « L'influence de l'emploi sur les résultats et la persévérance scolaires peut même être bénéfique en deçà d'un certain seuil, que Beauchesne et Dumas (1993, p. 74) situent à 10 heures par semaine, en précisant qu'à partir de 20 heures par semaine, le travail rémunéré "a plutôt des incidences négatives"» (Roberge, 1998, p. 84-85). Par ailleurs, dans une étude sur les conditions de réussite au collégial, le Conseil supérieur de l'éducation indiquait que les liens entre le travail rémunéré et la réussite scolaire ne se posent pas dans une relation de cause à effet. Selon cette étude, le phénomène du travail rémunéré ne «saurait se réduire à une simple question de temps et de disponibilité des élèves, des systèmes d'actions plus complexes, plus fondamentaux et structurant le rapport à l'école des populations étudiantes étant manifestement en cause» (Conseil supérieur de l'éducation, 1995, p. 69-70).

EXERCICE

À l'aide du formulaire qui suit, réalisez votre propre horaire hebdomadaire en indiquant, pour chaque jour de la semaine, les activités suivantes :

Horaire hebdomadaire

- Les périodes de cours ;
- Les périodes de laboratoire ;
- Les périodes d'étude ;
- Les périodes de loisir et de détente ;
- Les périodes de travail rémunéré ;
- Les périodes de repas ;
- Les périodes tampons ;
- Tous les autres renseignements pertinents (le travail domestique, les activités sportives, les déplacements, les sorties, les activités militantes et bénévoles et, finalement, les périodes de repos et les heures de sommeil).

N'hésitez pas à photocopier ce modèle de grille horaire hebdomadaire en quantité suffisante pour le nombre de semaines de la session.

En regardant votre horaire hebdomadaire, vous verrez que vous disposerez de périodes libres de une à quatre heures d'affilée entre certains cours. Ces périodes peuvent être consacrées au travail scolaire que vous réaliserez seul ou en équipe, à la bibliothèque, au laboratoire ou à la maison.

www.cheneliere.ca

| Tableau 1.3 | Horaire hebdomadaire |

Session : _____
Semaine du _____ au _____

	Lundi	Mardi	Mercredi	Jeudi	Vendredi	Samedi	Dimanche
07:00							
07:30							
08:00							
08:30							
09:00							
09:30							
10:00							
10:30							
11:00							
11:30							
12:00							
12:30							
13:00							
13:30							
14:00							
14:30							
15:00							
15:30							
16:00							
16:30							
17:00							
17:30							
18:00							
18:30							
19:00							
19:30							
20:00							
20:30							
21:00							
21:30							
22:00							

L'horaire de session et la planification des travaux

Pour éviter les fins de session surchargées, dans votre horaire de session, vous notez les étapes de réalisation des travaux et la date de leur remise, le temps à consacrer aux périodes d'étude, les dates d'examen, de congé et de la fin des cours. Cet horaire permet de mesurer le temps dont vous disposez pour faire face aux échéances et, en conséquence, de coordonner et de planifier l'ensemble de vos activités.

Tableau 1.4   Planification des travaux

Semaine	Cours						
	Philosophie	Langue et littérature	Éducation physique	Anglais	Histoire	Économie	Psychologie
1							
2							
3							
4	Résumé 10%				Travail court 10%		
5						Résumé 10%	
6	Dissertation 25%			Grammaire 15%			
7		Dissertation 30%	Question-réponse 25%		Examen 20%	Examen 30%	Examen 30%
8	Semaine de lecture							
9					Plan 10%		Résumé 20%
10						Résumé 10%	
11	Résumé 10%			Grammaire 20%			
12	Atelier 15%	Dissertation 30%					
13							Commentaire critique 20%
14				Exposé oral 30%	Recherche 40%		
15	Dissertation 40%		Travail court 25%			Recherche 20%	
16		Examen 40%	Participation au cours 50%	Examen 35%	Examen 20%	Examen 30%	Examen 30%
17				ÉUF		Reprise	
18		Reprise					

Planification des travaux de la session

EXERCICE

Afin d'établir votre horaire de la présente session, utilisez le modèle qui suit. Remplissez-le en indiquant les dates de remise des travaux et les dates d'examen, ainsi que le pourcentage accordé à chacune de ces évaluations sommatives.

Tableau 1.5 Planification des travaux

Planification des travaux de la session

Semaine	Cours				
1					
2					
3					
4					
5					
6					
7					
8			Semaine de lecture		
9					
10					
11					
12					
13					
14					
15					
16					

Les différentes étapes d'un travail doivent être prévues avec soin. Dans le cas contraire, le travail a tendance à s'éterniser, à être bâclé ou, dans certains cas, à ne jamais aboutir. Prenez l'habitude d'établir un plan de travail. Celui-ci doit indiquer en détail les étapes à suivre et les dates d'échéance de chacune de ces étapes. Entre les semaines de la session, répartissez les heures requises pour faire face aux exigences de tous vos cours. Indiquez aussi le pourcentage de la note finale de la session qui est accordé à chacun de ces examens ou de ces travaux.

www.cheneliere.ca

EXERCICE

Utilisez le modèle d'horaire de la session qui suit pour planifier les étapes de remise des travaux. Ainsi, vous pourrez remettre à temps des travaux bien faits durant la session.

| Tableau 1.6 | Calendrier de travail |

Cours :_____ Session : _____

Date de remise : _____ Titre du travail : _____

Semaine	Étape	Tâche	Échéance
1			
2			
3			
4			
5			
6			
7			
8			
9			
10			
11			
12			
13			
14			
15			
16			

Le rôle de l'agenda

L'agenda est incontestablement l'un des outils les plus importants pour vous aider à gérer votre temps. Vous y inscrivez les dates de remise des différents travaux, les dates d'examen, etc. Le consulter sur une base quotidienne, c'est vous assurer qu'aucune surprise désagréable ne vous attend. L'agenda vous évite de mémoriser toutes les activités planifiées pour la journée et même pour la semaine.

EXERCICE

1. Dans votre agenda scolaire, inscrivez toutes les tâches que vous devez faire.

2. L'apprentissage de la gestion du temps peut parfois être long. Les premières tentatives ne donneront probablement pas les résultats anticipés. Avant de renoncer à gérer votre temps, déterminez clairement où sont les problèmes qui vous empêchent d'y parvenir. Pour bien réussir cet apprentissage de gestion du temps, ayez des objectifs réalistes et, surtout, faites preuve de persévérance. Soyez attentif à ces moments où la concentration pour vos études est tantôt facile, tantôt difficile. Prenez conscience des moments où vous perdez votre temps. En les éliminant, vous serez en meilleure position pour gagner du temps.

3. Ne vous découragez pas : la gestion du temps s'apprend à la condition d'y mettre... le temps. La gestion du temps consiste d'abord à définir, par et pour vous-même, vos **objectifs prioritaires.** Ces objectifs permettront de déterminer vos horaires de la semaine et de la session.

Tableau 1.7   Calendrier de travail

Cours : _____   Session : _____

Date de remise : _____   Titre du travail : _____

Semaine	Étape	Tâche	Échéance
1			
2	Définir mon sujet de recherche	Aller à la bibliothèque	
3	Lire des ouvrages de référence	Préparer des fiches	
4	Lecture		
5	Lecture	Compiler mes résultats de recherche	
6			Remettre le plan de la recherche
7	Lecture		
8	Lecture	Problématique Hypothèse Plan du travail	
9			Remettre la description de la problématique
10	Lecture		
11	Lecture		
12	Lecture		
13		Rédiger la première version	
14		Rédiger la version finale	
15			Remettre la version finale du travail
16			

Votre horaire de travail doit être souple : l'agenda n'est pas un instrument de contrôle de chaque minute de votre vie. Gardez-vous du temps libre chaque jour. Une saine gestion du temps suppose que vous disposiez de périodes où rien n'est prévu à l'horaire. Comme tout le monde, vous devez bénéficier de moments pour vous reposer ou vous distraire. Durant la semaine, essayez de garder une période de 24 heures consécutives sans aucune activité scolaire.

CAPSULE TECHNOLOGIQUE

L'agenda électronique

Avec la diminution progressive du prix des appareils et l'ajout de fonctions de divertissement (comme les photos et la musique), les agendas électroniques (ou organiseurs) sont de plus en plus populaires auprès des étudiants. Ces appareils sont maintenant de véritables ordinateurs de poche, utilisables pour de nombreuses applications autrefois réservées aux ordinateurs de bureau. Plus encore, ils se synchronisent facilement avec votre ordinateur. Voici maintenant de quelle façon un gadget électronique comme un Palm[1] peut vous aider à réussir vos études.

Le but de cette présentation n'est pas d'expliquer le fonctionnement de ces organiseurs, car il existe d'excellents guides d'utilisation. Toutefois, il convient de souligner leurs avantages par rapport à la méthode crayon-papier dans le contexte des études. Aux fins d'illustration, nous aborderons les fonctions concernant l'agenda, les tâches, les mémos et les contacts. Ces applications du Palm (ou, si vous préférez l'environnement de Microsoft, du PocketPC) sont présentes de manière standard dans tous les appareils. De plus, un grand nombre de fonctions supplémentaires sont susceptibles de vous aider. Les utilisateurs plus avancés découvriront ensuite les avantages de logiciels spécialisés.

Les avantages d'un agenda électronique

Avec un agenda électronique, vous pouvez :

- Noter les événements comme les rendez-vous avec les enseignants ou les groupes d'étude et les échéances des travaux ;
- Inscrire les événements répétitifs comme les cours ;
- Planifier les périodes de travail, d'étude et de loisir en maximisant l'utilisation du temps disponible ;
- Modifier sur-le-champ votre planification selon les rencontres et les circonstances, puisque l'agenda électronique est portatif.

Les études comportent un grand nombre de tâches qui se divisent elles-mêmes en étapes. Dans son plan de cours, l'enseignant fournit généralement un calendrier où sont précisés les lectures, les travaux, les évaluations, les examens et les échéances. Lorsque vous suivez plus de cinq cours, il peut être difficile de mémoriser et de coordonner tout ce qui est important. C'est ici que l'utilisation combinée de l'agenda et de l'application de tâches peut vous aider. En notant les lectures, les travaux et les échéances, vous pourrez faire un suivi rigoureux de votre travail scolaire.

Les avantages d'un suivi électronique de vos tâches

L'agenda électronique vous donne la possibilité :

- De noter les lectures et les travaux à faire, les échéances à respecter et les dates d'examen ; ainsi, vous pourrez planifier correctement votre session afin de coordonner les périodes de convergence des échéances (par exemple la fin de la session) ;
- D'établir un ordre de priorité entre vos tâches et de planifier leur réalisation dans le temps ;
- De distinguer les tâches personnelles de celles qui sont liées au travail ou aux études afin de parvenir à un équilibre ;
- De faire un suivi des étapes de réalisation pour les travaux plus complexes, par exemple dans le cas des travaux de recherche et des travaux de synthèse.

Le fonctionnement de notre cerveau est encore un mystère pour la science. Toutefois, nous savons que le cerveau travaille à notre insu sur les questions que

---

1. Notre exemple est le Palm Zire 31, un appareil complet mais accessible (c'est l'un des moins chers sur le marché). Il comporte de nombreuses fonctions normalement disponibles sur des appareils haut de gamme. Certaines illustrations de cette section proviennent du *Guide d'initiation de palmOne*, 2003. Les fonctions décrites ici sont également présentes sur des appareils plus sophistiqués et possèdent leur équivalent sous d'autres plates-formes.

nous lui posons. Ainsi, il arrive qu'en déjeunant nous trouvions une solution à un problème mathématique ou qu'en nous rendant à l'atelier d'arts plastiques nous fassions de nouveaux liens qui ont trait au cours de sociologie! Bref, nous avons toutes sortes d'idées sur de nombreux sujets, et ce, à divers moments plus ou moins appropriés. Il est dommage d'oublier ces idées parce que nous n'avons pas fait l'effort de les noter. L'application Mémos sert justement à noter ces idées lorsqu'elles surviennent et à les classer par la suite de manière plus logique. Dans l'exemple qui suit, vous constaterez que l'information enregistrée sur votre organiseur peut être facilement synchronisée avec leur équivalent sur votre ordinateur de bureau. Dans ce cas-ci, il s'agit du logiciel d'application qui accompagne les appareils de Palm, soit le Palm Desktop.

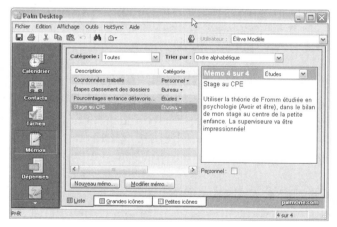

Les avantages de l'application Mémos (ou pense-bêtes) sont ceux de leur équivalent papier, plus les capacités d'enregistrement et de classement de votre organiseur. Ainsi, vous pouvez:

- Noter vos idées sur toutes sortes de sujets en tout temps;
- Classer ces notes par ordre chronologique ou alphabétique, et les regrouper par catégorie;
- Utiliser ces renseignements au moment voulu dans vos travaux;
- Faire preuve de créativité — une idée au premier abord saugrenue peut être une piste intéressante pour votre travail de recherche.

Les études comme le travail exigent de plus en plus la collaboration entre personnes. Compte tenu que vous devrez réaliser de nombreux travaux en équipe, il peut être utile de connaître les coordonnées de quelques étudiants de votre classe si vous devez vous absenter. En outre, les professeurs écrivent leurs coordonnées dans leur plan de cours. Toutefois, au moment où vous souhaiterez les contacter, aurez-vous ces documents sous la main? L'application Contacts sert justement à noter les renseignements utiles concernant vos collègues d'études, vos professeurs, votre famille et vos amis. Ainsi, vous ne perdrez plus ce précieux numéro de téléphone écrit sur une serviette de table à la cafétéria et que vous ne trouvez plus!

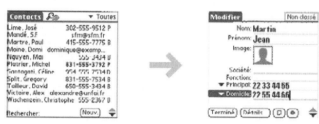

Grâce à l'application Contacts, vous pouvez:

- Noter le nom, le numéro de téléphone ou l'adresse de courriel de vos collègues de classe et de vos enseignants, et le numéro de local de ces derniers;
- Classer vos contacts par catégorie: professeurs, étudiants, amis, famille, travail;
- Ajouter des renseignements personnels, par exemple une date d'anniversaire ou la sorte de chocolat préféré;
- Trier ces renseignements par nom de famille, prénom ou lieu de travail.

L'utilisation combinée d'un organiseur et du logiciel d'application correspondant sur l'ordinateur de bureau permet de gérer vos nombreuses activités. Entre les études, le travail, les loisirs et les obligations familiales, il est parfois difficile de trouver le juste équilibre. Les organiseurs sont un excellent moyen d'y parvenir.

Après une période d'apprentissage et avec de la persévérance, l'usage systématique de ces outils vous permettra de mieux planifier vos activités et de respecter vos échéances en évitant d'être dépassé (à la fin d'une session, par exemple). Cependant, il faut

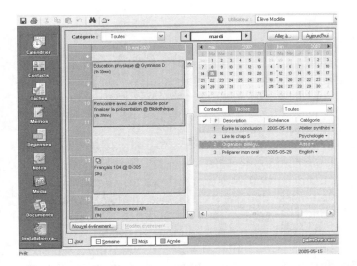

consacrer un peu de temps à la planification. Chaque semaine, faites le point sur les travaux accomplis ou reportés, examinez l'ensemble des choses à faire durant la semaine à venir et planifiez votre temps de manière réaliste. Ainsi, vous pourrez avoir une vision d'ensemble de vos activités et des échéances à venir. En étant mieux organisé, vous serez plus efficace et pourrez plus facilement prévoir des moments de repos, consacrés aux sports ou à des divertissements bien mérités. Justement, votre organiseur vous permet aussi d'écouter de la musique !

Le bureau de travail

Disposez-vous d'un lieu où vous pouvez vous retirer pour étudier et faire vos travaux scolaires ? Y a-t-il un endroit à la maison où vous pouvez ranger tous les « outils » dont vous avez besoin ? Quels sont ces outils ?

Un endroit propice au travail

Pendant vos études, vous travaillerez principalement à la bibliothèque et à la maison. La bibliothèque du collège ou de l'université est le lieu idéal pour lire, faire des recherches et des travaux. Ce lieu a été spécialement conçu pour faciliter votre apprentissage. L'éclairage est adéquat et le bruit réduit au minimum. Est-ce la même chose à la maison ?

Si c'est possible, prévoyez un endroit où il est agréable de travailler. Cet espace devrait vous permettre de vous concentrer et de disposer de tout ce qui est nécessaire pour étudier et faire vos travaux.

Un bon éclairage est essentiel. L'idéal est d'avoir une lampe d'étude. Pensez à l'installer à votre gauche si vous êtes droitier et à votre droite si vous êtes gaucher. Ainsi, votre main ne fera pas d'ombre sur la feuille quand vous écrirez.

Votre table de travail doit être assez grande pour y placer tous vos documents et disposer d'un espace suffisant afin d'écrire. En tout temps, gardez votre table dégagée des objets inutiles ou encombrants. Autant que possible, votre table doit se situer près des livres et du matériel dont vous avez besoin. Vous réduirez ainsi le nombre de déplacements qui vous font perdre du temps.

Durant vos périodes de travail ou d'étude, il est important de maintenir une bonne position assise. Installez-vous sur une chaise confortable, car vous resterez assis plusieurs heures de suite.

Bref, aménagez votre espace de travail pour qu'il soit invitant et vous incite à étudier. De plus, pour que votre temps y soit bien employé… éloignez ce qui serait susceptible de vous distraire (chaîne stéréo, revues, etc.).

Des outils utiles

Vous aurez besoin des livres de cours obligatoires. De plus, un **dictionnaire,** une **grammaire,** un **guide de conjugaison des verbes** et des **dictionnaires spécialisés** vous seront utiles durant toutes vos études. Si vous savez déjà dans quelle discipline vous souhaitez poursuivre vos études, un manuel de base et un dictionnaire spécialisé pourront constituer un achat judicieux.

Ayez toujours un petit carnet à portée de la main pour noter les idées et l'information qui vous semblent intéressantes et que vous pourriez oublier. Vous soulagerez ainsi votre mémoire.

Utilisez des petites fiches pour enrichir votre vocabulaire. Sur ces fiches, écrivez les mots nouveaux ou spécialisés dont le sens ou l'orthographe vous sont peu familiers.

Pour ranger les feuilles mobiles sur lesquelles vous prenez vos notes de cours, procurez-vous des classeurs à anneaux résistants.

Vous pourriez installer un tableau d'affichage (ou babillard) dans votre coin de travail. Vous auriez ainsi sous les yeux votre horaire de session, les tâches à accomplir, des choses à ne pas oublier, etc.

Bien sûr, vous aurez besoin d'un bon sac à dos ou sac d'écolier pour transporter vos livres et vos notes. Ajoutons une agrafeuse, des trombones, différents types d'attaches, un fichier pour classer vos fiches, etc.

Enfin, de nos jours, les étudiants recourent de plus en plus aux applications informatiques. Avez-vous un ordinateur ou pouvez-vous en utiliser un ? Disposez-vous d'un bon logiciel de traitement de texte ? d'une imprimante ? d'un numériseur ? Avez-vous des disquettes, des cédéroms inscriptibles (CD-R, CD-RW) ou des barrettes de mémoire ?

En bref, veillez à réunir tous les outils de travail dont vous aurez besoin.

MARCHE À SUIVRE

1. Dans votre collège ou votre université, demandez aux personnes responsables s'il existe des salles de travail que vous pouvez utiliser, seul ou en groupe.
2. Vérifiez aussi le matériel dont vous pouvez vous servir (ordinateur, logiciel de traitement de texte, numériseur, imprimante, etc.).
3. Visitez votre coopérative étudiante et assurez-vous que les fournitures scolaires dont vous avez besoin sont disponibles.

Le classement des documents

Au cours des prochaines années, vous prendrez beaucoup de notes. De plus, vos enseignants vous demanderont d'acheter des livres et d'autres documents. Où et comment allez-vous classer toutes vos notes de cours et de lecture, les documents fournis par les enseignants, vos livres et vos travaux de recherche ?

Si vous disposez d'un ordinateur personnel, vous pourrez ranger beaucoup d'information dans la mémoire de celui-ci. Toutefois, ce procédé ne suffit pas. Les feuilles de notes se rangent dans des chemises et des boîtes aux dimensions appropriées ou dans des classeurs à anneaux. Quel que soit le support utilisé, classez vos notes dans un dossier clairement identifié correspondant au sujet traité.

Si, pour différentes raisons, vous n'avez pas le temps de classer tous vos documents sur-le-champ, rangez-les dans une chemise intitulée « Documents à classer ». Cette précaution vous évitera de les égarer ou de les ranger au mauvais endroit. La solution la plus simple est de classer vos documents sur une base hebdomadaire. Ainsi, vous éviterez que cette simple tâche ne devienne, après quelques semaines, une corvée fastidieuse.

Pour la gestion de vos notes, il est important d'appliquer des principes de classement simples. Créez un système qui réduit au minimum le nombre de manipulations. Idéalement, vous devriez pouvoir accéder à un document bien classé en une seule opération.

Identifiez clairement vos documents (utilisez des chemises de couleur, des étiquettes, etc.). Vous devez pouvoir retrouver rapidement les notes que vous cherchez sans devoir consulter plusieurs dossiers. Quel que soit le « contenant » utilisé, il doit permettre une identification rapide du contenu. Dressez une liste indiquant l'emplacement de tous vos documents, et placez-la dans un endroit accessible (sur votre babillard, par exemple).

Dans tous les cas, un classement doit obéir à un ordre logique. Un dossier particulièrement volumineux doit être muni d'un index.

Le regroupement par discipline devrait être à la base de votre système, qu'il s'agisse de boîtes de classement, d'étagères de bibliothèque ou de tiroirs de classeur. Par exemple, il pourrait être utile d'attribuer une place pour chaque matière, et des chemises d'une même couleur pour chacun des dossiers de cette matière. Tous les documents concernant une même discipline seront classés par thème, période ou auteur.

Respectez l'ordre de classement que vous établissez, améliorez-le au besoin. Rappelez-vous que les dossiers et les documents s'accumulent rapidement, jusqu'à remplir tout l'espace prévu. L'accumulation de notes inutiles ou périmées est susceptible de rendre certains de vos dossiers inutilisables. Vous devez donc régulièrement faire un « nettoyage » dans votre documentation. Profitez de ces occasions pour mettre à jour votre méthode de classement.

Quand il s'agit de notes de cours, notamment en littérature, il est préférable de les classer par ordre alphabétique d'auteur (par exemple Gérard Bessette, *Le libraire* : 6 février 2006) ou par ordre chronologique (6 février 2006 : Gérard Bessette,

Exemple

Voici un exemple qui vous aidera à établir un système de classement simple et efficace. Une classification bien faite vous permet d'obtenir rapidement l'information désirée au moment voulu.

Vous regroupez d'abord vos documents par discipline. Ensuite, vous indiquez s'il s'agit de notes de cours (NdC) ou de notes documentaires (ND). Dans ce dernier cas, vous préciserez le sujet, l'auteur ou la période historique.

Le libraire). Pour ce qui est des autres disciplines, indiquez la matière et la date en haut à gauche de chaque feuille (Psychologie, 6 février 2006).

EXERCICE

1. Dressez l'inventaire des outils documentaires que vous possédez déjà et qui sont essentiels pour vos études : dictionnaires, grammaires et guides de conjugaison des verbes, livres de base dans votre champ d'études et dictionnaires spécialisés. Procurez-vous, dès que possible, les outils manquants.

2. Consultez vos plans de cours et notez les livres et les instruments obligatoires que vous devez acheter.

3. Mettez en place un système de classification de vos notes de cours et des documents que vous utiliserez pour vos travaux scolaires.

   Attribuez une couleur de classement à chacune des disciplines qui figurent à votre horaire de cours.

PLUS *encore!*

Bien classer

En général, le classement s'effectue selon un système qui va du général au particulier. Après avoir analysé le contenu d'un document, vous déterminez le domaine qui lui correspond. Autrement dit, vous vous posez la question suivante : « À quel domaine général du savoir se rattache tel thème particulier ? » Puisqu'un thème peut être lié à plusieurs domaines, seul le contexte permettra de savoir lequel choisir.

Il n'existe pas de modèle universel de classement pour vos notes de cours. Ce classement doit être fait en fonction de vos centres d'intérêt. À première vue, le monde se présente à nous de manière dense et compacte. Pour en saisir les nuances, il faut avoir construit dans sa tête des catégories et posséder les termes justes qui permettent de faire des distinctions. Ce processus ne s'apprend pas en une semaine ou en un mois. Il est donc normal de prendre tout le temps requis pour élaborer le système de classification qui vous conviendra.

C'est la raison pour laquelle vous avez avantage à regrouper les renseignements que vous devrez classer par discipline : science économique, psychologie, sociologie, histoire de l'art, géographie, histoire, philosophie, littérature, science politique, etc. Par exemple, un document portant sur la politique de taxation directe du gouvernement fédéral au Canada peut être classé de différentes façons selon le point de vue adopté : économie, politique, histoire, droit constitutionnel, etc. Au début, organisez votre documentation à partir des différentes disciplines qui font l'objet de vos cours. Par la suite, avec un peu plus d'expérience, vous pourrez ajouter une classification par thème ou concept, période chronologique autour d'époques charnières, auteur ou système d'analyse. Vous pourrez aussi utiliser le « système des cinq W » (Who ? What ? Where ? When ? Why ?) ou une « adaptation » française de celui-ci formée des six questions : Qui ? Quoi ? Où ? Quand ? Comment ? Pourquoi ?

Quels documents détruire?

Tôt ou tard, des notes ou des documents que vous avez rangés devront être éliminés. Assez rapidement, certaines de vos notes, en partie ou en totalité, seront dépassées et ne vous serviront plus à rien: n'hésitez pas à les jeter. Un espace de rangement encombré n'est pas propice à la recherche. Si vous hésitez quant à la valeur de certains documents, alors ne les jetez pas immédiatement; vous risquez de le regretter. Prenez le temps de les résumer afin de conserver l'essentiel de leur contenu. Il est préférable, avant de détruire vos principaux documents, d'attendre la fin de votre programme d'études. De plus, maintenant qu'une activité d'intégration et une épreuve synthèse de programme précèdent l'obtention d'un diplôme d'études collégiales (DEC), mieux vaut garder certains documents jusqu'à la fin de votre programme d'études.

Quels livres acheter?

Étant donné les coûts d'achat de livres, surtout neufs, vos priorités devraient être les suivantes:

1. Procurez-vous les livres qui vous accompagneront tout au long de vos études (un dictionnaire, une grammaire, un guide de conjugaison des verbes, un livre de méthodologie).

2. Ajoutez à votre bibliothèque les livres obligatoires pour vos cours, les livres d'introduction et un dictionnaire spécialisé dans votre champ d'études. Ces ouvrages étant généralement disponibles en quantité limitée à la bibliothèque, n'hésitez pas à les acheter.

3. Dans certains cas, les livres nécessaires à vos travaux de recherche devront être annotés. Il est donc préférable de les acheter.

4. Petit à petit, achetez les livres de base dans votre discipline. Ces ouvrages sont des classiques auxquels vous devrez vous référer tout au long de vos études.

    Par ailleurs, n'hésitez pas à visiter les librairies de livres d'occasion ou les sites Internet qui vous donnent la possibilité de vous procurer certains ouvrages à moindre prix.

5. Enfin, offrez-vous d'autres livres, ceux qui vous feront plaisir et vous divertiront.

Pour en savoir plus

BEAUCHESNE, Claude et Suzanne DUMAS, *Étudier et travailler?*, Québec, ministère de l'Éducation, 1993, 105 p.

CONSEIL SUPÉRIEUR DE L'ÉDUCATION, *Des conditions de réussite au collégial: Réflexion à partir de points de vue étudiants*, Sainte-Foy, Conseil supérieur de l'éducation, 1995, 124 p.

MONTHUS, Marie, *Pratique documentaire et prise de notes*, Toulouse, CRDP Midi-Pyrénées, Tarbes, CDDP, 1994, p. 93-116, collection « Savoir et faire ».

RAIFFAUD, Joël et Philippe RAIFFAUD, *Affaires classées: Comment gérer et classer vos documents personnels*, Québec, Documentor, 1993, 176 p.

ROBERGE, Andrée, « Étudier, ou travailler, pour apprendre: Travailler à l'école ou apprendre en emploi? », *Cahiers québécois de démographie*, vol. 27, n° 1, print. 1998, p. 75-94.

Savoir se documenter

L'apparente facilité avec laquelle l'information est accessible dans Internet peut faire perdre de vue l'importance de maîtriser les techniques de recherche documentaire. Bien que cette information soit abondante et souvent précieuse, elle n'est pas toujours fiable et complète. Dans ce chapitre, nous aborderons tous les aspects importants de la documentation dans un contexte de recherche scolaire.

Les bibliothèques, les médiathèques et les centres de documentation : voilà des endroits que vous devrez souvent fréquenter tout au long de vos études. C'est là que vous trouverez, la plupart du temps, la documentation nécessaire pour faire vos travaux. Comment est-il possible d'utiliser, de la façon la plus profitable qui soit, les services qui y sont offerts ? C'est ce que nous verrons dans ce chapitre.

Nancy Honey/Getty

Où trouver l'information ?

Les bibliothèques

Une bibliothèque est un lieu public où sont conservées des collections d'ouvrages offerts à la consultation. Ces collections peuvent comporter des livres — ouvrages littéraires ou de référence, manuels, ouvrages spécialisés —, des périodiques, des microfiches, des microfilms et divers autres documents. Depuis peu, les bibliothèques disposent également d'ordinateurs qui permettent d'accéder à Internet et à des banques de données sur support informatique (cédéroms). En général, les bibliothèques permettent de consulter tous les ouvrages et prêtent la plupart des monographies (études détaillées sur des sujets précis) aux usagers. Outre son rôle de conservation, une bibliothèque moderne est aussi un lieu de formation. Divers services y sont offerts qui permettent notamment de faire des recherches, de tenir des réunions de travail en groupe ou de consulter des personnes-ressources en recherche d'information et en repérage de documents.

Votre cégep ou université est certainement pourvu d'une bibliothèque. Si vous avez des recherches à faire, commencez par vous informer sur les services offerts. Ensuite, s'il y a lieu, vous pourrez utiliser les services des bibliothèques présentes dans les autres cégeps et universités et dans la plupart des municipalités.

Les médiathèques

Souvent adjacentes aux bibliothèques, les médiathèques (dont les audiovidéothèques) sont des lieux où vous pouvez emprunter des disques, des cassettes, des diaporamas, des documentaires et des films (au format VHS ou, de plus en plus, en DVD). Vous y trouvez de la musique, des enregistrements de conférences, des reportages, des séries éducatives et bien d'autres documents utiles pour préparer et illustrer vos travaux, par exemple un exposé oral.

Les documents audiovisuels constituent aussi un moyen attrayant de vous sensibiliser à un sujet que vous voudrez approfondir par la suite dans le cadre d'une recherche ou d'une enquête sur le terrain.

De plus, les médiathèques disposent souvent d'équipements permettant de consulter les documents qu'elles possèdent ou qui proviennent d'ailleurs.

Les centres de documentation

La plupart des institutions et des organisations, surtout si elles sont importantes et d'intérêt public, sont des sources documentaires précieuses. Il peut s'agir de ministères, d'ambassades, de musées, de syndicats, d'ordres professionnels, etc. Les facultés ou les départements universitaires, ainsi que certaines grandes entreprises, publient et conservent des études, des brochures et des livres. Ces différents ouvrages peuvent être utiles et ne sont pas toujours disponibles dans les bibliothèques et les librairies.

À l'occasion, ces différentes organisations possèdent un centre de documentation qui est accessible au public. Elles y gardent des documents particuliers ou rares dans des domaines spécialisés. Dans d'autres cas, vous devez téléphoner ou écrire aux personnes responsables pour vous procurer un document particulier.

Très souvent, les étudiants négligent de consulter l'information — pointue, rare, ponctuelle — offerte dans ces centres. Pourtant, dans certains cas, c'est justement cette information qui fera toute la différence entre un bon et un excellent travail.

La recherche en bibliothèque

Quand vous amorcez une recherche, vous ne devez jamais vous fier exclusivement à votre documentation personnelle ou aux ouvrages recommandés par les amis. Les bibliothèques contiennent des milliers de documents dont certains peuvent n'avoir été diffusés que de façon restreinte en librairie. De ce fait, ces documents peuvent être méconnus du public, ce qui n'enlève rien à leur qualité. En outre, il peut exister des documents beaucoup plus importants sur le sujet qui vous intéresse que ceux dont vous disposez. On vous reprochera toujours de ne pas connaître l'existence d'une œuvre fondamentale, d'un manuel reconnu, d'une référence obligée. La seule manière d'éviter ces critiques — fondées — consiste à prendre le temps de faire des recherches approfondies en bibliothèque.

Évidemment, les bibliothèques sont plus ou moins riches et leurs collections plus ou moins diversifiées. Cependant, elles recèlent beaucoup de ressources.

Pour obtenir les meilleurs résultats possible, avant d'amorcer une recherche, commencez par réfléchir au sujet que vous voulez traiter et aux mots clés qui le délimitent clairement. À partir de ces indications, vous serez en mesure de trouver un certain nombre de documents en consultant les fichiers de la bibliothèque. Tous les documents disponibles y sont catalogués, et chaque ouvrage reçoit une cote distincte.

Les ouvrages sont classés dans les rayons selon cette cote, et rangés dans diverses sections : les ouvrages de référence, les monographies (livres), les périodiques, les publications officielles, les microfilms, etc. Il importe donc que vous parcouriez les différentes sections de la bibliothèque où vous faites vos recherches afin de bien connaître l'emplacement des différents documents.

MARCHE À SUIVRE

Voici quelques trucs qui vous faciliteront la tâche, quel que soit votre travail :

1. Les fichiers, qu'ils se présentent sous forme de fiches traditionnelles, de microfiches ou de documents informatisés (sur des terminaux ou des micro-ordinateurs) permettent une recherche rapide par auteur, titre et sujet. De plus, à l'aide des fichiers informatisés, vous pouvez faire des recherches croisées (auteur-titre, thèmes combinés, etc.) et utiliser différents paramètres de recherche comme les mots clés (ou descripteurs), les collectifs, les dates de publication, etc. Prenez en note la cote du ou des ouvrages qui vous intéressent (n'essayez pas de la retenir).

2. N'hésitez jamais à consulter les ouvrages de référence. Bien que tous ces ouvrages soient utiles, on les néglige très souvent. Une grande confusion et de nombreux problèmes seraient évités grâce à la consultation judicieuse des encyclopédies et des dictionnaires.

   La consultation des index et des bibliographies, des répertoires et des annuaires peut également vous permettre de recueillir de l'information pour vos travaux ultérieurs.

3. Prenez le temps de vous promener dans les rayons des monographies. Ne vous contentez pas d'aller chercher ce dont vous avez besoin. Regardez les livres, sortez-les des rayons, feuilletez-les. Ne vous limitez pas à la section que vous croyez être celle où vous trouverez le document requis, cherchez dans les autres sections.

Certains livres et sujets touchent plusieurs domaines, d'autres sont pratiquement inclassables. En fait, les systèmes de classification exigent toujours de faire des choix, et tout système de classification a ses limites. Vérifiez bien quels livres votre bibliothèque possède... et s'ils sont effectivement disponibles (c'est-à-dire qu'ils n'ont pas été empruntés, placés sur une table de travail, retirés afin d'être réparés ou reliés... ou volés!).

4. Consultez toujours les périodiques, même s'il est plus difficile d'y trouver l'information voulue. Dans les bibliothèques, les périodiques sont regroupés dans une section et classés selon leur titre, par ordre alphabétique.

Généralement, on ne dispose que d'une liste des publications qui sont sur les rayons. Quand votre sujet de recherche est précis et que vous cherchez un article à l'aveuglette, la tâche peut être très longue! Pourtant, il est relativement facile de trouver de l'information précise. Il faut consulter les index, les manuels de base et les bibliographies des monographies, les plans de cours, les index annuels que publient certaines revues, la page couverture des périodiques récents non encore reliés. Il suffit de faire un petit effort!

Rappelez-vous que c'est dans les périodiques que sont publiées les recherches les plus récentes des spécialistes des diverses disciplines scientifiques. Il est donc important de vous familiariser le plus rapidement possible avec ce type de publication. Ainsi, vous éviterez de consulter uniquement des ouvrages qui pourraient donner une information parfois dépassée.

5. Les microfilms sont faciles à utiliser. Ne négligez pas cette source d'information. Cet outil est très utile pour les questions d'actualité, les recherches historiques, la consultation de publications gouvernementales ou juridiques, etc.

6. Les bibliothécaires sont là spécialement pour vous aider. N'hésitez pas à demander leur aide. Puisqu'ils y travaillent et connaissent bien leur bibliothèque, ils pourront vous faire gagner un temps précieux en orientant vos recherches.

La classification des ouvrages

Il existe deux systèmes de classification des ouvrages :

- La classification de la Library of Congress, utilisée dans la plupart des universités et dans quelques collèges ;
- La classification Dewey.

Voyons quels en sont les principes de base.

Après avoir consulté les fichiers de la bibliothèque où vous faites vos recherches, vous avez trouvé un livre qui vous semble pertinent. Vous avez noté la cote de l'ouvrage, qui vous permettra de le repérer dans les rayons. Voici comment vous devez procéder selon le système de classification.

La classification de la Library of Congress

1. Vous observez les premières lettres, qui se rapportent à la catégorie dont fait partie l'ouvrage (voir l'exemple suivant, où la cote est DK265.915F44). Ces lettres sont classées par ordre alphabétique : DK vient avant DP, HM, JQ, etc.

2. Ensuite, vous considérez le groupe de chiffres qui suit : c'est un nombre décimal (avec le point plutôt que la virgule). Les chiffres sont placés par ordre croissant : 265.915 vient avant 287, qui vient avant 678.9 ou 781, etc.

3. Vous examinez le dernier groupe, qui est une composition alphanumérique, par exemple F44 (ou F44D5). Ici aussi, les lettres sont placées par ordre alphabétique et les nombres par ordre croissant. Vous cherchez la première lettre, puis le nombre, puis la deuxième lettre (s'il y a lieu), etc. F44 vient avant H4, qui vient avant K3B77, etc.

Enfin, vous pouvez lire des renseignements divers concernant l'année d'édition, le numéro de l'exemplaire, etc. Ces derniers renseignements ont peu d'importance lorsqu'il s'agit de trouver un ouvrage.

Exemple

Classification de la Library of Congress

DK265.915F44

Vous notez la cote et cherchez l'ouvrage dans les rayons. Vous trouvez d'abord la section D puis la sous-section K. Maintenant, vous cherchez les chiffres 265 ; vous précisez votre recherche et trouvez .915 : vous y êtes ! Ensuite, vous cherchez la lettre F et, finalement, vous parcourez les chiffres jusqu'à 44. Le livre est devant vous, vous n'avez qu'à le prendre !

A-AZ	Ouvrages généraux
B-BD	Philosophie générale
BF	Psychologie
BH-BJ	Esthétique
BL-BX	Éthique
C-CT	Histoire (science de l'histoire)
D	Histoire générale (moins l'Amérique)
E-F	Histoire de l'Amérique
EF-5000	Histoire du Canada
G-GF	Géographie
GN-GT	Anthropologie
GV	Sports et loisirs
H	Sciences sociales
HA	Statistiques

HB-HJ	Économie et administration
HM-HN	Sociologie
HQ	Sexologie, groupes sociaux, famille, femmes
HT	Communautés, classes et races
HV	Travail social
HX	Socialisme, communisme, anarchisme
J-JV	Science politique
JX	Droit et relations internationales
K	Droit
L-LT	Éducation
M	Musique
N-NX	Beaux-arts
P-PM	Linguistique et philologie
PN-PZ	Littérature
Q-QR	Sciences (mathématiques, physique, etc.)
R-RZ	Médecine (y compris psychiatrie)
S-SK	Agriculture, élevage, chasse et pêcheries
T-TP	Technologie (ingénierie)
TR	Photographie
TS	Manufactures
TT-TX	Artisanat, métiers, économie domestique
U-V	Science militaire
Z	Bibliothéconomie

La classification Dewey

Le principe de la classification Dewey est semblable à celui de la Library of Congress. La différence réside dans le fait que le système Dewey est un système décimal commençant avec des chiffres. La cote comporte deux lignes (voir l'exemple suivant, où la cote est 450.342 B884r). Sur la première ligne sont d'abord inscrits trois chiffres (450) qui précisent la catégorie de l'ouvrage, un point (pour la décimale) et une autre série de chiffres (342), quelquefois un seul. La première série de chiffres permet de trouver la section où se trouve l'ouvrage. Ainsi, la cote 450.342 correspond à Langage et langues.

Sur la deuxième ligne, la première lettre (B) correspond au nom de famille de l'auteur. Elle est suivie de chiffres et d'une autre lettre (884r).

Les chiffres sont placés par ordre croissant et les lettres par ordre alphabétique.

1. Vous cherchez d'abord la section qui correspond au premier groupe de chiffres de la première ligne (450), puis la sous-section correspondant au second groupe (.342).

2. Ensuite, vous cherchez la première lettre de la deuxième ligne (B), puis les chiffres (844) et enfin la dernière lettre (r).

Exemple

Classification Dewey

450.342
B884r

Vous notez la cote et cherchez l'ouvrage dans les rayons. Après avoir trouvé la section 450, vous continuez jusqu'à la sous-section .342. Maintenant, vous cherchez la lettre B et suivez les chiffres jusqu'à 884. Si plusieurs livres correspondent à cette classification, vous repérez la lettre r. Ça y est!

000	Ouvrages généraux
010	Bibliographies
020	Bibliothéconomie
030	Encyclopédies et dictionnaires généraux
050	Périodiques généraux
100	Philosophie, psychologie et parapsychologie
150	Psychologie générale
160	Logique
170	Morale
200	Grandes religions
300	Sciences sociales
301	Psychologie sociale et sociologie
310	Statistiques générales des populations
320	Politique
330	Économie
340	Droit
350	Administration publique
370	Éducation
400	Langage et langues
500	Sciences pures (mathématiques, physique, etc.)
570	Biologie et anthropologie
600	Technologie et sciences appliquées
601	Santé
610	Médecine
620	Génie électrique et électronique
630	Agriculture
640	Alimentation
650	Administration et marketing
700	Arts
770	Photographie
780	Musique
790	Sports et divertissements
800	Littérature
900	Histoire et géographie
910	Géographie
920	Biographies
930 à 990	Histoire

MARCHE À SUIVRE

1. Assistez à l'une des visites guidées que votre bibliothèque organise sûrement de manière périodique.

2. Initiez-vous, à l'aide d'un sujet de recherche précis, à l'utilisation des fichiers (traditionnels ou informatisés).

3. Commencez toujours une recherche en parcourant la section des ouvrages de référence.

4. Poursuivez votre recherche dans la section des monographies.

5. Visitez ensuite la section réservée aux périodiques.

6. N'hésitez pas à visiter les coins et recoins de la bibliothèque. Vous y trouverez peut-être une section destinée spécialement aux livres rares ou anciens, aux livres d'art, aux publications gouvernementales, aux microfilms ou aux cédéroms, à la cartothèque ou aux archives.

7. Retournez-y souvent ! C'est la seule façon d'apprendre à s'orienter dans une bibliothèque.

EXERCICE

1. Choisissez un sujet. Faites une courte recherche dans les fichiers et déterminez trois ouvrages qui vous semblent pertinents. Notez les cotes. Dans les rayons, trouvez les trois ouvrages et prenez-les.

2. Choisissez aussi, au même endroit ou ailleurs, une douzaine d'ouvrages qui traitent de questions connexes.

3. Placez tous ces ouvrages sur une table. Lisez uniquement la quatrième de couverture (la partie de la couverture qui constitue le dessous de la publication) et la table des matières de chacun des documents.

4. Procédez par élimination et ne conservez que les six ouvrages qui vous semblent les plus utiles.

5. Les trois ouvrages que vous aviez repérés dans le fichier sont-ils du nombre ? Si ce n'est pas le cas, comment pouvez-vous l'expliquer ? Dans les autres documents, qu'avez-vous découvert ?

CAPSULE TECHNOLOGIQUE

Les banques d'information

Les bibliothèques disposent maintenant d'importantes collections de documents vidéo et audio. Elles offrent également l'accès à des « banques d'information », soit des bases de données accessibles grâce à une interface Web, à un cédérom ou à un DVD (disque optique aux formats multiples). Un bon exemple de ce genre de service est la banque Biblio Branchée. Disponible dans plusieurs bibliothèques, ce service rend possible la consultation des articles de journaux et de périodiques comme *L'Actualité, La Presse, Le Devoir* ou *Le Soleil*.

Par ailleurs, il est maintenant facile d'accéder au répertoire des documents d'une bibliothèque et même de plusieurs bibliothèques, grâce aux outils

modernes de repérage. Prenons l'exemple de Resdoc (Réseau des services documentaires collégiaux), un service auquel plusieurs bibliothèques de collèges sont associées.

Les possibilités de cet outil sont exceptionnelles. Facile d'utilisation, l'outil de recherche de Resdoc permet de varier les recherches et de les adapter à vos besoins particuliers.

La documentation audiovisuelle

Plusieurs documents audiovisuels à caractère éducatif sont diffusés sur des réseaux de télévision comme Télé-Québec, RDI (Réseau de l'information), TV Ontario et PBS (Public Broadcasting System, aux États-Unis), Canal D, Canal Vie, Canal Savoir, Canal Historia ou TV5. De plus, d'autres ressources donnent accès à des documents d'archives audiovisuelles : Télé-Québec, l'ONF (Office national du film du Canada), et la Cinémathèque, sans compter la magnifique Grande Bibliothèque à Montréal.

Dans la société actuelle, les médias (la presse écrite, la radio, la télévision, Internet) occupent une place de plus en plus importante. Chaque jour, ces médias déversent des quantités faramineuses d'information. Celle-ci vous concerne en tant que citoyen, mais elle peut aussi vous être très utile dans le cadre de vos études.

Les avantages...

Pour bien évaluer les possibilités qu'offre la documentation audiovisuelle, il faut éviter certains pièges. Afin d'y voir plus clair, nous allons considérer un exemple : la télévision.

On sous-estime parfois la qualité de l'information véhiculée à la télévision. En effet, le sensationnalisme caractérise plusieurs émissions. De plus, la programmation semble souvent dépendre plus de la course aux cotes d'écoute que d'une recherche de qualité. Pourtant, des séries comme *National Geographic,* certaines émissions d'information (*Le Point, Enjeux, Les Grands Reportages,* etc.) ou des émissions culturelles (pièces de théâtre, concerts, émissions portant sur la littérature), certains films, des documentaires et des cours télévisés sont d'une grande qualité.

Grâce aux magnétoscopes et aux lecteurs DVD, vous pouvez visionner des émissions éducatives ou des documentaires au collège, à l'université ou à la maison. Il est alors facile de revoir une émission, de vous arrêter sur une image, de passer d'une partie à une autre du document. En classe, il est possible d'interrompre le visionnement pour ajouter des explications ou permettre une discussion. À l'aide des technologies de montage vidéonumérique, vous pouvez préparer des documents originaux, par exemple pour illustrer un exposé oral. De plus en plus, les grands médias rendent disponibles leurs émissions sur des sites Web dans un format audionumérique lisible sur tout ordinateur à l'aide d'un simple fureteur Internet et d'un logiciel de visionnement gratuit (comme Windows Media Player ou Real-One). Mentionnons simplement l'excellent site Radio-Canada.ca, qui est une véritable mine de renseignements de qualité < http://www.radio-canada.ca/index.shtml >. La ballado-diffusion (Podcast) est appelée à modifier nos habitudes d'écoute grâce à des balladeurs numériques (aussi appelés lecteurs MP3, comme le iPod de Apple ou le Network de Sony). Utilisé adéquatement, l'audiovisuel peut contribuer à rendre l'information plus concrète et plus attrayante. Grâce aux nouvelles technologies de diffusion, cette information est de plus en plus facilement accessible sur demande.

... et les inconvénients

Cependant, l'audiovisuel n'est pas une panacée. Ses désavantages sont qu'il encourage une relative passivité et procure une impression de facilité. Cet outil ne suffit pas à comprendre la complexité du monde. Dans un reportage fait pour la télévision, par exemple, la réflexion ne peut être aussi poussée que dans un livre, et la qualité du vocabulaire est souvent faible. Ainsi, la vulgarisation fait en sorte que les termes spécialisés sont le plus souvent éliminés. Le texte écrit demeure encore le meilleur instrument pour susciter des questions de fond, permettre de saisir des nuances importantes et apprendre le vocabulaire nécessaire à une bonne maîtrise de certaines connaissances.

Une émission de télévision n'équivaudra jamais à un bon rapport de recherche. En effet, les journalistes n'ont souvent que 2, 30 ou encore 60 minutes pour présenter une nouvelle, réaliser une émission ou un reportage à la télévision. Ils ne peuvent donc couvrir un sujet comme le feraient des scientifiques qui disposent de 300 pages pour communiquer les résultats d'une recherche. Dans un document écrit s'ajoutent en général de nombreuses références. Il est alors possible d'y recourir pour approfondir un sujet ou comparer les points de vue de différents auteurs. La plupart du temps, ce n'est pas le cas pour les émissions de télévision ou les documents audiovisuels. La télévision analyse et explique peu. Même si, à l'occasion, elle informe, la plupart du temps son but consiste plutôt à divertir.

Rester critique

Un document audiovisuel doit toujours être consulté d'une manière « active ». Avant de visionner un tel document, vous devez savoir quelles données vous cherchez et quelle information vous prévoyez approfondir. Au moment opportun, vous pouvez arrêter le visionnement de votre vidéocassette pour noter ce qui vous intéresse. Et, surtout, vous ne devez jamais renoncer à votre sens critique.

Ainsi, vous exercez votre sens critique lorsque vous évaluez, jugez, commentez et critiquez par vous-même l'information que vous entendez et voyez. De plus, même si les images sont belles et convaincantes, vous devez demeurer attentif et ne pas vous laisser séduire (ou berner). Certaines émissions de télévision, par exemple, peuvent être intéressantes à cause de l'angle d'analyse choisi et de la façon de présenter le sujet. Toutefois, cette façon de procéder ne doit pas vous amener à partager, sans vous poser de questions, le point de vue qu'on y défend.

Devant une émission de télévision, une vidéo ou un reportage audiovisuel, il convient de cultiver une méfiance saine. Il faut faire preuve de vigilance sur le plan intellectuel.

MARCHE À SUIVRE

1. Visitez la médiathèque de votre collège ou de votre université.

2. Assurez-vous de vous inscrire à titre d'utilisateur.

3. Consultez le catalogue général des documents disponibles.

4. Planifiez la réservation des documents et des appareils dont vous aurez besoin.

5. Inscrivez ces réservations à votre agenda.

6. Pendant l'écoute ou le visionnement, prenez des notes sur les points les plus importants. S'il y a lieu, arrêtez l'écoute ou le visionnement pour consigner vos commentaires.

7. Notez le titre du document, le nom de l'auteur et les données qui vous permettront de le retrouver facilement par la suite si vous voulez l'utiliser, vous y référer ou l'ajouter à une bibliographie.

EXERCICE

Pour en savoir plus

COÉFFÉ, Michel, *Guide Bordas des méthodes de travail*, Paris, Bordas, 1990, p. 144-153 et 172-178.

1. Consultez l'horaire hebdomadaire des émissions de télévision. Attardez-vous aux émissions diffusées sur les canaux à caractère éducatif. Trouvez une émission dont le sujet est lié à l'un de vos cours (français, philosophie, histoire, science économique, anthropologie, géographie, science politique, psychologie ou sociologie).

2. Consultez aussi le programme d'un cinéma de répertoire. Encerclez tous les films qui vous semblent avoir une quelconque utilité pour vos études.

3. Écoutez une des émissions qui vous intéresse ou allez voir un film à l'affiche dans un cinéma de répertoire.

La documentation dans Internet

L'évolution de la technologie a permis l'émergence de nouvelles sources de documentation. La plus importante d'entre elles est sans doute le World Wide Web ou, plus simplement, le Web. Le Web est le système le plus utilisé pour rechercher de l'information sur le réseau Internet et accéder à cette information. Il permet de consulter des milliards de pages d'information offertes par des millions de serveurs à travers le monde. Grâce à un navigateur (ou fureteur) comme Internet

Explorer, Mozilla Firefox ou Netscape, les utilisateurs du réseau peuvent télécharger le contenu de ces pages très rapidement sur leur ordinateur. Ainsi, les chercheurs ont désormais accès à la plus grande bibliothèque et médiathèque jamais imaginée.

Le réseau Internet offre de grandes possibilités pour l'éducation et la recherche. On y trouve des nouvelles, des recherches bien documentées, des sites d'une qualité exceptionnelle. Pourtant, un problème subsiste… Sur le Web, le meilleur côtoie le pire ; y sévissent donc l'exploitation commerciale de la naïveté des gens, la propagande haineuse et la désinformation.

En fait, la quantité phénoménale d'information disponible dans Internet soulève deux questions :

- Comment trouver l'information pertinente ?
- Comment vérifier la valeur de cette information ?

Sur ou dans Internet ?
La plupart du temps, on utilise l'expression « naviguer sur Internet ». On pourrait aussi dire, comme le suggère l'Office de la langue française, « naviguer dans Internet ». En effet, le cyberespace — là où naviguent les internautes — se rapproche plus de l'espace aérien que de la mer. Or, on navigue sur la mer, mais dans l'espace.

Comment trouver l'information pertinente ?

Quand on s'intéresse à la navigation sur le Web, l'une des premières connaissances à acquérir est l'utilisation d'un moteur de recherche (ou chercheur). Yahoo !, La Toile du Québec, AltaVista ou le célèbre Google, par exemple, sont des moteurs de recherche. Certains moteurs de recherche sont organisés comme des répertoires ou d'immenses catalogues (La Toile du Québec), alors que d'autres effectuent des recherches sur le Web lui-même ou plutôt dans un sous-ensemble de celui-ci. Alta Vista appartient à cette dernière catégorie.

L'avantage des moteurs de recherche du type La Toile du Québec est qu'ils effectuent déjà une sélection parmi tout ce qui existe sur le Web. Ensuite, ils classent les sites retenus par catégorie et sous-catégorie. Il est ainsi facile de trouver rapidement un grand nombre de sites qui se rapportent au sujet qui vous intéresse. Toutefois, ce processus de sélection comporte aussi un inconvénient : dès le départ, le choix des sites disponibles est limité. Ainsi, il est possible que le moteur de recherche n'offre pas un ou des sites qui pourraient vous intéresser.

L'avantage des moteurs de recherche du type Google, c'est leur puissance. Ils sont dotés de robots logiciels qui parcourent inlassablement le Web afin d'y collecter l'information qu'ils stockent dans de gigantesques banques de données. Quand vous utilisez leur moteur de recherche, celui-ci détermine les sites de sa banque qui correspondent à votre requête et affiche le résultat dans une page Web.

Pour trouver une information particulière, vous devez donc bien cerner le sujet qui vous intéresse. Plus le sujet est général, plus il est facile de trouver de l'information qui s'y rapporte (mais parfois très vaguement). Par contre, plus le sujet est précis, plus le nombre de documents disponibles diminue, puisque seuls ceux qui touchent de près votre sujet sont retenus.

Avec un moteur de recherche comme Google, il est possible de trouver de nombreuses ressources liées au sujet dont vous voulez traiter… et même trop, probablement ! Vous devrez alors raffiner votre recherche et soumettre des requêtes plus précises.

La façon de faire ce genre de recherche sera décrite dans les exemples présentés plus loin (pages 31-33).

Comment vérifier la valeur de l'information ?

Sur le Web, le résultat d'une recherche prend la forme d'une liste de sites offrant de l'information liée de près ou de loin au sujet qui vous intéresse. Toutefois, si les moteurs de recherche permettent de trouver de l'information, ils ne fournissent aucune indication sur la qualité de cette information.

En fait, sur la liste des sites que vous obtiendrez, il est fort probable que certains sites présentent de l'information douteuse, que d'autres sites soient bizarres et peu fiables. Certains sites peuvent même comporter de la propagande et chercher à désinformer. Comment faire le tri dans toute cette confusion ?

La qualité d'un site

Pour vérifier la valeur de l'information contenue sur un site Web, vous devez chercher à répondre à un certain nombre de questions :

1. Les propriétaires et les concepteurs du site sont-ils clairement identifiés ? Pouvez-vous leur écrire ? Répondent-ils à leurs courriels ?

2. Les propriétaires et les concepteurs du site sont-ils reconnus dans leur domaine ? S'agit-il d'autorités en la matière ou d'organismes crédibles ?

3. Le site est-il entretenu et mis à jour régulièrement ? Y a-t-il un énoncé de politique éditoriale ou une ligne directrice de publication ? Y respecte-t-on le droit d'auteur ?

Si vous ne pouvez répondre affirmativement à ces questions, il y a des risques que l'information contenue sur le site ne soit pas d'une grande valeur. Il est donc préférable de poursuivre votre recherche.

La qualité de l'information

Bien sûr, le Web regorge de textes, de sons et d'images. Toutefois, vous ne devez pas vous y laisser prendre : une présentation agréable ou variée ne garantit en rien la fiabilité de l'information présentée. Encore ici, vous devez vous poser quelques questions :

1. L'information présentée est-elle précise, complète et bien expliquée ? Des points de vue différents sont-ils examinés ?

2. L'information présentée est-elle le fruit d'une recherche sérieuse ou ne s'agit-il que de simples opinions qui ne reposent sur aucune investigation ?

3. Les sources sur lesquelles s'appuie l'information sont-elles citées de façon complète ? Dans le cas de sites Web, pouvez-vous activer les liens hypertextes ? Ces sites sont-ils crédibles ? L'information donnée sur les différents sites est-elle cohérente ?

4. Si vous consultez par vous-même d'autres sites, indépendants mais portant sur des sujets semblables, l'information disponible confirme-t-elle celle que vous aviez déjà ?

5. L'information trouvée sur le Web va-t-elle dans le même sens que celle que vous avez trouvée dans vos manuels de cours, une encyclopédie ou une autre source reconnue ?

Le Web est une source exceptionnelle de documentation. Si vous apprivoisez cet outil, vous pouvez obtenir de l'information de très grande qualité. Néanmoins,

On ne trouve pas tout sur le Web ! Certaines personnes très habiles à y naviguer ne jurent que par cet outil et négligent d'autres sources d'information essentielles (les livres, les périodiques ou les documents audiovisuels). Le Web doit être considéré comme un outil de recherche parmi d'autres, pas comme une panacée !

vous devez faire preuve de vigilance, car la grande liberté qui caractérise le « réseau des réseaux » ne s'accompagne pas nécessairement d'une attitude responsable. En effet, certains renseignements sont faux, inexacts, approximatifs, douteux, biaisés… C'est pourquoi une attitude critique est absolument essentielle.

MARCHE À SUIVRE

1. Définissez de façon précise l'objet de votre recherche : plus votre sujet sera précis et complet, meilleurs seront les résultats.

2. Faites tout d'abord une recherche avec un moteur de recherche comme La Toile du Québec. Attention, votre sujet peut appartenir à plusieurs catégories différentes ! La fonction de recherche du répertoire pourra vous aider à vous orienter.

3. Visitez chacun des sites que vous avez retenus en exerçant votre sens critique (tentez de répondre aux questions suggérées plus haut).

4. Notez soigneusement les sites qui vous semblent pertinents en les ajoutant à vos marque-pages (dans Mozilla Firefox) ou à vos favoris (dans Internet Explorer) ; classez ces repères à l'intérieur de dossiers faciles à consulter.

5. Faites une deuxième recherche en utilisant un moteur de recherche comme Google. Consultez les sites Web qui semblent intéressants et ajoutez-les à vos favoris.

6. Lorsque vous êtes satisfait de vos trouvailles, copiez vos favoris dans un dossier particulier que vous conserverez sur votre disque dur.

7. Une médiagraphie est une liste de documents cités en référence, constituée de documents sur papier, de documents audiovisuels ou de documents consultables dans Internet. Au moment de dresser cette liste, n'oubliez pas que vous devez recueillir les renseignements suivants : l'auteur du site mentionné, le titre complet, l'adresse Internet ou URL (*uniform resource locator* : chaîne de caractères normalisés servant à déterminer et à localiser des ressources consultables dans Internet et à y accéder à l'aide d'un navigateur), la date de publication et, enfin, la date à laquelle vous l'avez consulté. Notez-les soigneusement.

Exemple

Une recherche à l'aide de La Toile du Québec

Supposons que vous voulez vous renseigner sur le comportement.

1. Une fois la page d'accueil de La Toile du Québec affichée, vous consultez la liste des catégories proposées. Le sujet qui vous intéresse devrait normalement faire partie de la catégorie Sciences et santé. Vous cliquez sur ce lien.

2. La deuxième page vous permet de choisir la catégorie des sciences humaines et sociales.

3. Dans la page qui s'affiche, vous avez accès à toutes les catégories de Sciences humaines. Spontanément, vous pourriez penser que ce sujet concerne la catégorie Psychologie. Toutefois, il faut faire attention, car plusieurs sciences humaines peuvent aussi traiter du comportement, selon les aspects touchés. Vous pouvez donc consulter ce que La Toile du Québec présente dans cette catégorie mais, par la suite, vous devrez consulter d'autres catégories, par exemple Philosophie, Sexologie, etc.

4. Il est probable que le site < http://www. comportement.net > attirera alors votre attention !

En ce qui concerne votre sujet, les possibilités qu'offre La Toile du Québec ne sont pas épuisées, mais c'est un bon point de départ pour votre exploration.

Exemple

Une recherche approfondie à l'aide de Google

Supposons maintenant que vous ayez besoin d'information supplémentaire sur le sujet suivant: la pauvreté. Si vous voulez parcourir tout le Web, vous faites appel à un moteur de recherche comme Google.

1. À la page d'accueil de Google Canada < http://www.google.ca/>, vous entrez le mot «pauvreté» dans la zone de texte prévue à cet effet. Ensuite, vous cliquez sur le bouton Recherche Google.

2. Même si vous choisissez de faire la recherche au Canada et en français, ce qui réduit le nombre de réponses possibles, vous obtenez plus de deux millions de sites ! Vous pourriez consulter les 50 premiers sites, car les sites proposés sont classés par ordre de pertinence (suivant le nombre de fois que le mot clé de la recherche apparaît sur le site).

3. Pour cibler davantage votre recherche, vous devez sélectionner Recherche avancée. Dans cette nouvelle fenêtre, plusieurs options sont disponibles. En fait, la méthode la plus simple consiste à chercher deux mots en vous assurant que ces derniers seront présents dans les résultats obtenus. Ainsi, dans le champ Pages contenant tous les mots suivants, vous inscrivez: pauvreté Québec.

Le résultat obtenu se situe à moins de 392 000 sites: c'est un progrès. Toutefois, il est probable que plusieurs de ces sites ne présentent pas vraiment d'intérêt (par exemple si les deux mots clés, «pauvreté» et «Québec», n'y apparaissent qu'une fois et très loin l'un de l'autre).

4. Une autre méthode consiste à remplir le champ Pages contenant cette expression exacte: «la pauvreté au Québec». Le nombre de résultats diminue à 657 ! Dans les 10 premiers résultats figure une étude de Sylvain Schetagne, *La pauvreté dans les régions métropolitaines du Québec*. Il s'agit d'un rapport préliminaire de recherche daté de juin 1999, rempli de données pertinentes et de statistiques. Pas mal !

5. Cependant, il est possible de cibler encore davantage votre sujet de recherche. Pour ce faire, vous ajoutez des critères à l'aide de la Recherche avancée de Google. Vous remplissez le champ Emplacement – Pages dans lesquelles le ou les termes figurent. Par exemple, vous pouvez exiger que l'expression exacte figure « dans le titre de la page ».

Vous obtenez huit sites ! Ces sites seront probablement très utiles, vu l'information recherchée. Une autre façon de resserrer les résultats aurait consisté à rechercher uniquement un certain format de document. Par exemple, vous pouvez remplir les champs Format de fichier et Limiter les résultats au format de fichier. Si vous choisissez les documents au format PDF (*portable document format*), vous obtenez souvent des textes plus élaborés que les simples pages Web. Ces documents sont écrits à l'aide d'un traitement de texte ou d'un logiciel de mise en pages. Dans l'exemple présenté, vous obtenez rapidement une étude récente très fouillée sur la politique québécoise en matière de pauvreté.

EXERCICE

1. À l'aide de La Toile du Québec ou de Google, trouvez la référence et le site de la Vitrine APO (applications pédagogiques de l'ordinateur), un très bon site consacré à l'éducation et aux nouvelles technologies.

2. À l'aide du moteur de recherche de votre choix, trouvez un site consacré à la diffusion de textes classiques en sciences sociales. Notez son adresse URL (adresse électronique) et rédigez une brève description du site. Précisez qui en est le rédacteur, quel organisme le parraine et ce qu'il contient.

Une des bonnes réponses à cet exercice vous conduira vers un site extraordinaire, *Les classiques des sciences sociales* < http://classiques.uqac.ca >.

PLUS *encore!*

Il existe des moyens qui permettent d'augmenter l'efficacité d'une recherche.

- Les opérateurs booléens sont très utiles pour approfondir une recherche. Ils s'utilisent avec la plupart des moteurs de recherche sans devoir se référer à la recherche avancée.
- Les guillemets permettent de délimiter un sujet de recherche de façon très précise.
- L'astérisque (qui remplace plusieurs caractères) permet de faire une recherche générique.

Opérateur	Signe équivalent	Exemple	Résultat
AND	&	enfants AND violence enfants & violence	Les réponses contiendront les deux mots.
OR	|	enfants OR violence enfants | violence	Les réponses contiendront l'un ou l'autre des deux mots.
NOT	!	enfants NOT violence enfants ! violence	Les réponses contiendront le premier mot, mais non le second.
NEAR	~	enfants NEAR violence enfants ~ violence	Les réponses contiendront les deux mots lorsqu'ils sont à moins de 10 mots l'un de l'autre.
" "		"les enfants et la violence"	Les réponses contiendront l'expression.
*		viol*	Les réponses contiendront des mots comme «violent», «violeur», «violence».

Il est préférable de consulter les pages d'aide des différents moteurs de recherche afin d'éviter d'utiliser des opérateurs mal interprétés par le moteur. Il existe également des sites Internet où l'on vous explique de façon plus approfondie la signification des opérateurs booléens et certaines de leurs particularités. À cet effet, quelques adresses sont fournies en fin de chapitre.

CAPSULE TECHNOLOGIQUE

Les collections numériques

Le 15 décembre 2004, la firme responsable du moteur de recherche le plus utilisé, Google, a fait une annonce très spéciale. Elle venait de conclure une entente de numérisation avec cinq des plus célèbres et riches bibliothèques anglo-saxonnes. Le but de cette entente consistait à numériser non moins de 15 millions de volumes — 4,5 milliards de pages — afin de les rendre disponibles en ligne ! Le 28 avril 2005, 19 bibliothèques européennes relevaient le défi en formant une coalition. Celle-ci visait à entreprendre la « numérisation large et organisée des œuvres appartenant au patrimoine » du continent européen[1]. C'est dire que le nombre d'ouvrages disponibles en ligne va augmenter considérablement dans les années à venir. Néanmoins, il est déjà possible de consulter de nombreux documents d'archives en ligne. En voici quelques exemples.

Au Québec, nous sommes encore loin de la richesse de la documentation en ligne de la Bibliothèque nationale de France. Néanmoins, une initiative intéressante de la Bibliothèque nationale du Québec permet maintenant d'avoir accès à plusieurs documents numériques.

Des efforts considérables seront faits dans ce domaine, ne serait-ce que pour contrer l'uniformisation culturelle. Ainsi, les étudiants et le public en général profiteront de ces ajouts aux nombreux moteurs de recherche.

Les encyclopédies en ligne

La conception traditionnelle des encyclopédies — ouvrages visant à offrir un survol méthodique d'un ensemble de connaissances — est aujourd'hui dépassée par le multimédia. En effet, plusieurs encyclopédies sont aujourd'hui disponibles sur cédérom ou DVD, par exemple Encarta ou Encyclopedia Universalis. Cependant, de telles encyclopédies subissent maintenant la concurrence d'encyclopédies gratuites accessibles sur le Web. Dans ce domaine, l'initiative la plus remarquable est un projet du philosophe québécois bien connu, Jacques Dufresne. L'Encyclopédie de L'Agora est élégante, bien conçue et extraordinairement riche. Son outil de recherche est précis et puissant, et ses dossiers sont très bien conçus.

Suivant une autre approche, l'encyclopédie en ligne Wikipédia repose sur la flexibilité et la coopération des internautes. Chacun peut y publier des articles, modifier leur contenu et les utiliser dans un but éducatif ou lié à l'avancement des connaissances. Comprenant plus de 100 000 articles, cette encyclopédie s'améliore et s'enrichit sans cesse.

---

1. DE ROUX, Emmanuel, « La BNF tente de fédérer la numérisation de livres au sein des grands établissements de l'Union : 19 bibliothèques en Europe signent un manifeste pour contrer le projet de Google », *Le Monde*, document PDF en ligne, < http://www.bnf.fr/pages/zNavigat/frame/dernmin.htm?ancre=com_google.htm >, 28 avril 2005, consulté le 20 juin 2005.

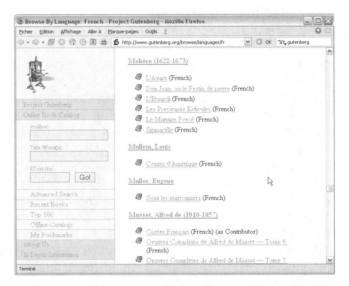

Des livres sans le papier

Les livres sous leur forme traditionnelle existeront probablement encore dans les siècles à venir. Toutefois, de plus en plus de textes numériques verront le jour. Puisque les lois sur les droits d'auteur permettent en général de considérer un texte comme appartenant au domaine public 50 à 70 ans après le décès de son auteur, de nombreux textes et traductions sont d'ores et déjà disponibles gratuitement. D'autres auteurs décident de rendre leurs textes librement accessibles. Ainsi, ils peuvent se faire connaître ou partager leur talent avec le plus grand nombre de lecteurs possible. Yahoo! en répertorie un grand nombre.

Il faut souligner l'initiative de visionnaires qui, dès les premiers pas du Web, ont décidé de numériser des ouvrages entiers afin de les rendre disponibles en format numérique. Pour les ouvrages en français, il faut souligner deux initiatives importantes : celle de l'Association des bibliophiles universels et le projet Gutenberg. De nombreux ouvrages du patrimoine culturel de l'humanité sont évidemment publiés dans d'autres langues.

Les ordinateurs de poche et d'autres dispositifs plus spécialisés permettront dans l'avenir de disposer d'une véritable bibliothèque dans le creux de la main. Il importe cependant de souligner qu'il est extrêmement important de respecter les droits d'auteur et de toujours mentionner la source des documents utilisés, notamment dans les bibliographies.

Le dossier de presse

En sciences humaines, votre tâche portera souvent sur la constitution de dossiers de presse. Dans ce genre de production, vous devez rassembler un certain nombre d'articles parus dans les médias écrits et électroniques (les quotidiens, les hebdomadaires, les mensuels ou les chaînes d'information en ligne dans Internet). Attention, il ne s'agit pas d'un assemblage pêle-mêle de coupures de presse portant sur n'importe quel sujet. Vous devez constituer votre dossier de presse en respectant une approche rationnelle et ordonnée. Pour ce faire, votre dossier doit porter sur un objet (ou un sujet) de recherche clair et précis. De plus, vous devez faire un choix parmi un grand nombre de sources d'information.

Maintenant que vous savez ce qu'est un dossier de presse, vous devez vous poser une question fondamentale: comment procéder pour constituer un dossier de presse de manière rationnelle et ordonnée?

MARCHE À SUIVRE

1. Définissez d'abord votre sujet.
2. Situez votre sujet dans le temps (la période couverte) et l'espace (le lieu géographique concerné).
3. Déterminez à quel endroit et à l'aide de quels outils vous allez trouver vos sources.
4. Vérifiez l'information disponible.
5. Confrontez vos sources.
6. Choisissez l'information pertinente.
7. Regroupez et ordonnez les articles retenus.
8. Prenez toujours en note la référence exacte de votre document.

Tout bon dossier de presse, comme toute bonne quête d'information, repose sur les deux piliers suivants: la pertinence de l'information et surtout son exactitude. Si une de ces deux conditions n'est pas remplie, votre dossier de presse perdra complètement sa valeur. Tous les journaux n'ont pas la même crédibilité. Il existe un clivage entre la presse dite «sensationnaliste» qui publie presque uniquement des articles qui s'alimentent aux trois «S» (sexe, sang et sport), et la presse sérieuse qui déploie des ressources professionnelles et matérielles en vue de couvrir l'actualité nationale et internationale à partir d'une information crédible. Mais là aussi, vous devez demeurer prudent et critique. À l'occasion, même l'information véhiculée dans la presse sérieuse manque de rigueur. D'où l'importance de toujours vérifier vos sources.

Selon la nature du travail que vous devez réaliser en lien avec votre dossier de presse, vous aurez à classer le matériel recueilli par thème ou sous-thème. Dans tous les cas, vous devrez faire une présentation qui respecte la chronologie de la parution des articles.

Tableau 2.1   Stratégie de recherche pour votre dossier de presse

Sujet de recherche: _____

Documentation requise portant sur les aspects suivants:	Documentation disponible	Documentation requise	Documentation disponible ou non
Thème général			
Sous-thèmes particuliers			

Pour constituer votre dossier de presse, vous pouvez effectuer votre recherche à l'aide du catalogue informatisé de la bibliothèque de votre établissement d'enseignement. Qu'il s'agisse d'une recherche portant sur un aspect particulier (la date d'un événement, une citation d'un personnage célèbre, etc.), d'une recherche partielle (compléter l'état de la question sur un sujet donné pour lequel vous disposez déjà de documents) ou d'une nouvelle recherche complète (exposer l'état de la question sur un sujet donné), vous devrez vous familiariser avec certains outils de recherche.

En résumé, avant de procéder à la finalisation de votre dossier de presse, assurez-vous que vous avez :

- Sélectionné les articles pertinents ;
- Regroupé les bons renseignements ;
- Ordonné le tout de manière cohérente.

CAPSULE TECHNOLOGIQUE

Les revues de presse, les journaux et les périodiques dans Internet

Depuis peu, les nouvelles technologies de l'information ont pris un essor considérable. C'est pour cette raison que de nombreux étudiants se fient uniquement à Internet pour se documenter. Bien que l'information y soit très abondante, une telle attitude comporte aussi un danger : tout ne se trouve pas sur le Web. En effet, l'information de qualité n'est pas toujours au rendez-vous, et de nombreuses sources parmi les meilleures nécessitent des débours (sites protégés). Malgré tout, Internet demeure un excellent moyen de se documenter sur de nombreux sujets appartenant aux sciences humaines. Le chercheur persévérant et habile finira souvent par trouver… quelque chose !

Pour vous aider, voici quelques références utiles concernant l'actualité et la réflexion.

Les journaux et les magazines français

Les journaux français sont souvent accessibles intégralement dans Internet. Vous y trouverez presque toujours une information très documentée et complète.

La droite : *Le Figaro*
< http://www.lefigaro.fr/ >

La gauche : *Libération*
< http://www.liberation.fr/ >

Le centre : *Le Monde*
< http://www.lemonde.fr/ >

Les férus d'actualité internationale et d'analyses approfondies aimeront l'extraordinaire publication qui suit. Nous vous recommandons le classement par thème pour les thématiques couvertes par cette revue de haut calibre : *Le Monde diplomatique*.
< http://www.monde-diplomatique.fr/ >

Pour les gens branchés, *Le Nouvel Observateur* est un incontournable ! Cet hebdomadaire propose des revues et des articles de presse vraiment intéressants.
< http://permanent.nouvelobs.com/ >

Les journaux canadiens en français

Les francophones du Canada ne sont pas en reste, car l'information quotidienne y est abondante.

Le journal préféré des intellectuels et des gens scolarisés : *Le Devoir*. On y trouve souvent des articles de fond et de nombreux dossiers. Il n'est malheureusement disponible en version intégrale que sur abonnement.
< http://www.ledevoir.com/ >

Les nouvelles et de nombreux reportages de la radio et de la télévision sont disponibles à l'adresse suivante. Vous y trouverez les reportages prestigieux d'*Enjeux,* d'autres émissions bien documentées et de nombreux dossiers.
< http://www.radio-canada.ca/ >

Un site qui couvre plusieurs publications : *La Presse, Le Soleil, Le Droit,* etc.
< http://www.cyberpresse.ca/ >

Les journaux américains

Des journaux indispensables de l'actualité américaine: le *Boston Globe*, le *New York Times* et le *Washington Post*. En particulier, le *New York Times* offre un abonnement gratuit. Il suffit de fournir quelques renseignements et une adresse de courriel valable.

< http://www.boston.com/ >
< http://www.nytimes.com/ >
< http://www.washingtonpost.com/ >

Le service de nouvelles continues le plus célèbre dans le monde entier: CNN.

< http://www.cnn.com/ >

Le guide des journaux

Si les affaires internationales vous intéressent, vous aimerez dépasser le point de vue particulier du regard canadien. Pourquoi ne pas chercher à savoir comment les autres voient l'actualité, comment ils la comprennent. Ainsi, ce service permet de connaître les sites des plus importants journaux de la planète: Giga Presse. < http://www.giga-presse.com/ >

En particulier, vous apprécierez la rubrique sur les sciences humaines.

< http://www.giga-presse.com/rubrique.php?categorie=82 >

L'actualité regroupée

Les géants Google et Yahoo! se livrent une concurrence féroce dans le domaine des revues d'actualité, pour notre plus grand intérêt.

< http://news.google.ca/nwshp?hl=fr&gl=ca >
< http://fr.news.yahoo.com/ >

Des revues de revues

D'autres sites sont spécialisés dans la collecte d'information concernant les revues savantes sur le Web. Ces sites sont innombrables, car Internet a démocratisé la publication. *Érudit* est un regroupement de telles revues; certains articles sont accessibles gratuitement, d'autres demandent que votre établissement soit abonné.

< http://www.erudit.org/revue/index.html >

Pour le monde anglophone, l'équivalent d'*Érudit* se nomme ejournals.org.

< http://www.e-journals.org/ >

Le plus ancien catalogue du Web est la *Virtual Library*. Il a été fondé par le créateur du langage Html à l'origine du Web (1991), Tim Berners-Lee. Cette vénérable institution se consacre à la connaissance sous toutes ses formes.

< http://vlib.org/AlphaVL >

Toutes les revues culturelles francophones qui s'affichent dans Internet, mais qui n'y publient pas nécessairement, sont répertoriées sur le site Ent'revues.

< http://www.entrevues.org/ >

Pour terminer ce tour d'horizon rapide, il vaut la peine de visiter le site de cette prestigieuse publication consacrée à la lecture en langue anglaise dans tous les domaines de la culture: *The New York Review of Books*. De nombreux articles sont accessibles sans abonnement.

< http://www.nybooks.com/ >

Un tournant pour la publication dans Internet

La publication savante dans Internet est à un tournant décisif. Quinze ans après la naissance du Web, la publication en ligne est plus difficile qu'il n'y paraît. De nombreuses publications sont à l'abandon. Les plus solides exigent désormais des frais pour l'accès à leur contenu intégral. Plusieurs publications sont le fait d'associations, de groupes et de mouvements politiques, philosophiques, psychanalytiques ou autres, qui s'en servent pour propager leurs intérêts et leurs idées. Il est donc très difficile pour le néophyte de s'y retrouver et de faire la part des choses. Plus que jamais le développement de l'esprit critique et l'analyse rationnelle des sources et des contenus deviennent essentiels.

Selon Laurie A. Henry, de l'université du Connecticut: «Les résultats de notre étude montre que la recherche et la localisation d'information dans Internet nécessite non seulement des habiletés intellectuelles générales mais aussi des capacités de résolution de problèmes[1].» La recherche nécessite alors diverses habiletés, par exemple la capacité de parcourir, d'écrémer et de filtrer rapidement l'information, la lecture approfondie, la lecture critique, le bon sens, la capacité de juger et la pensée critique en général, la logique et la résolution de problèmes.

---

1. Traduit de HENRY, Laurie A., «Information search strategies on the Internet: A critical component of new literacies», *Webology*, vol. 2, n° 1, avril 2005, < http://www.webology.ir/2005/v2n1/a9.html >.

Ainsi, la recherche, le tri et la consultation d'information dans Internet exigent la mise en œuvre de nombreuses capacités cognitives de haut niveau.

Vous devrez donc être aussi vigilants que curieux et toujours chercher à valider l'information recueillie avec plusieurs sources.

Pour en savoir plus

Les aides à la recherche en bibliothèque

Un guide complet :
< http://cvm.qc.ca/biblio/DD/D1.htm >

Les étapes d'un travail de recherche selon l'ENAP (École nationale d'administration publique) :
< http://www.enap.uquebec.ca/Infosphere/Definir Travailrecher.html#etap >

Les outils de recherche cités dans ce chapitre

Google Canada :
< http://www.google.ca/ >

Yahoo !, version canadienne en français :
< http://cf.yahoo.com/ >

La Toile du Québec, le répertoire des sites québécois :
< http://www.toile.com/ >

Alta Vista Canada :
< http://ca-fr.altavista.com/ >

Les sites d'apprentissage

Les moteurs de recherche — comment ça marche :
< http://www.ebsi.umontreal.ca/jetrouve/internet/ moteur1.htm >

La recherche dans Internet :
< http://www.cegep-rimouski.qc.ca/dep/biologie/methode/ aide1.html >

L'exploration du Web invisible :
< http://www.sciences.univ-nantes.fr/info/perso/permanents/ desmontils/InvisibleWeb.html >

Le guide de l'Université Laval est très accessible :
< http://www.bibl.ulaval.ca/vitrine/giri/ >

Les collections numériques

La collection numérique de la Bibliothèque nationale du Québec :
< http://www.bnquebec.ca/portal/dt/collections/ collection_numerique/coll_numerique.htm >

La collection numérique de la Bibliothèque nationale de France, Gallica :
< http://gallica.bnf.fr/scripts/Page.php?/Les_Dossiers.htm? >

Les encyclopédies en ligne

L'Encyclopédie de L'Agora, «Vers le réel par le virtuel» :
< http://agora.qc.ca/encyclopedie.nsf >

Une encyclopédie coopérative libre et gratuite, Wikipédia :
< http://fr.wikipedia.org/wiki/Accueil >

Des livres sans papier

L'Association des Bibliophiles Universels (ABU), l'accès libre au texte intégral d'œuvres du domaine public francophone dans Internet :
< http://abu.cnam.fr/ >

Le projet Gutenberg rend disponible des textes libres de droits en plusieurs langues, notamment en français, depuis 1993 :
< http://www.gutenberg.org/browse/languages/fr >

Le répertoire français de Yahoo ! contient une section riche concernant les textes publiés sur le Web :
< http://fr.dir.yahoo.com/Art_et_culture/Litterature/ Textes_publies_sur_le_Web/Liste_complete/ >

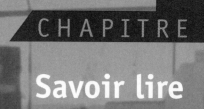

Savoir lire

C'est une chose de savoir quelles sont les meilleures sources de documentation, c'en est une autre d'exécuter un travail de documentation pour obtenir les résultats recherchés. Se documenter consiste en grande partie à faire un travail de lecture. Y a-t-il différents types de lecture ? Comment s'assurer de comprendre ce qu'on lit ? Comment noter ce qu'on doit retenir de ses lectures ? Ce chapitre a pour but de répondre à ces questions. Nous décrirons d'abord les différents types de lecture, puis des outils pertinents pour que vos lectures donnent les résultats attendus. Ces outils sont les fiches de lecture — fiches traditionnelles ou banques de données — et les réseaux de concepts. Nous expliquerons également comment utiliser un idéateur. Ainsi, vous pourrez tirer profit de vos lectures et de votre documentation.

La lecture

Lire, c'est comprendre et assimiler de l'information donnée sous forme écrite. Certes, vous pouvez lire pour le plaisir mais, en ce qui concerne vos études, la lecture prend une tout autre signification. Par exemple, vous devez lire différents documents pour faire vos travaux de recherche. Puisqu'il existe divers types de lecture, pour approfondir un sujet, vous devez savoir choisir le type qui convient le mieux selon le texte à lire et le travail à faire.

À l'ère du multimédia et d'Internet, les textes écrits demeurent toujours la source de connaissances la plus importante.

Certains étudiants n'ont aucune difficulté à lire. Par contre, lire peut être une épreuve pour ceux qui lisent lentement ou doivent relire deux ou trois fois un texte pour en saisir les éléments importants. Afin de profiter pleinement de vos lectures, vous devez lire à des moments où vous êtes capable de vous concentrer rapidement et facilement. Votre lecture sera aussi plus profitable si vous avez un coin bien aménagé pour travailler (voir le chapitre 1 à la page 14).

Les types de lecture

Avant d'entreprendre la lecture d'un texte ou d'un livre, sur un sujet connu ou non, vous devez trouver un moyen qui vous donne rapidement une idée de son contenu. Sachez que, pour lire efficacement, il faut lire avec méthode.

Par exemple, avant de vous lancer dans la lecture d'un ouvrage d'une couverture à l'autre (lecture de base), vous devez en faire une lecture sélective. Celle-ci vous permettra, par la suite, de formuler les questions auxquelles vous voulez trouver des réponses dans le texte. Vous ne devez pas lire « au hasard », mais devez chercher une information précise.

« Lecture de base », « lecture sélective » : existe-t-il plus d'une façon de lire ? En fait, quand vient le temps de se documenter, la lecture peut être de cinq types.

- La *lecture sélective* : prendre connaissance rapidement du contenu d'un ouvrage.

- La *lecture en diagonale* : parcourir rapidement un texte au complet pour en connaître les principaux thèmes, articulations et thèses.

- La *lecture de base* : lire un texte du début à la fin à un rythme normal pour en avoir une compréhension minimale suffisante.

- La *lecture active* : annoter un texte de manière à en avoir une compréhension approfondie.

- La *lecture analytique* : dégager la structure d'un texte.

La lecture sélective

La lecture sélective est une étape importante de tout travail de documentation, car c'est elle qui permet d'établir le premier contact avec un ouvrage. En quoi consiste-t-elle ? Par exemple, vous avez trouvé un livre à la bibliothèque qui vous semble utile pour approfondir un sujet : voici ce que vous devez faire.

1. Lisez la *page couverture* : vous y trouverez le nom de l'auteur, le titre de l'ouvrage et la maison d'édition.

2. Lisez attentivement la *présentation* qui est faite de l'ouvrage (généralement en quatrième de couverture).

3. Trouvez la date de la première édition et le nombre d'éditions existantes (si celle que vous avez n'est pas la première), ainsi que le titre original et la langue dans laquelle le livre a été écrit s'il s'agit d'une traduction. Habituellement, par rapport à la page de titre, ces renseignements sont regroupés sur la *page en regard*[1].

4. Lisez attentivement la *table des matières,* qui se trouve soit à la fin du livre (méthode française), soit après la préface ou l'avant-propos mais avant l'introduction (méthode américaine). Prêtez attention aux titres et aux sous-titres des chapitres afin d'avoir une idée générale de la matière couverte dans le livre.

5. Parcourez l'*index* et remarquez les mots pour lesquels est indiqué un très grand nombre d'occurrences : ce sont généralement les mots clés de l'ouvrage. Regardez la bibliographie ou l'index des auteurs cités, s'il y a lieu.

6. Si vous avez le temps, jetez un coup d'œil à l'*introduction* et à la *conclusion* du livre (et de chaque chapitre) ainsi qu'aux figures et aux tableaux, s'il y a lieu.

En faisant ce survol, vous pourrez établir la pertinence de l'ouvrage par rapport au travail que vous devez faire. La lecture sélective vous permettra aussi de déterminer les parties les plus significatives d'un texte : un texte est plus facile à lire et à comprendre si vous en connaissez à l'avance la structure.

Vous pouvez appliquer la lecture sélective en toutes circonstances : à la bibliothèque, dans une librairie, au collège ou à l'université, entre deux cours... Vu la quantité considérable de livres qui paraissent tous les ans, sans la lecture sélective, vous ne pouvez choisir rapidement les ouvrages essentiels et vous risquez de perdre beaucoup de temps. Selon la longueur et la complexité d'un ouvrage, de 10 à 15 minutes suffiront pour avoir une bonne idée du sujet et des thèmes d'un livre, ainsi que des grandes lignes de son contenu et de sa conclusion.

La lecture en diagonale

La lecture en diagonale d'un livre est un prolongement de la lecture sélective. Elle consiste à survoler toutes les pages du texte sans cependant fixer son attention sur un point particulier. Les yeux font alors un lent mouvement de gauche à droite, en diagonale, à travers chacun des paragraphes.

À cette occasion, vous ne cherchez pas à comprendre le détail du propos. Vous voulez plutôt saisir les grandes lignes de la démarche qui y est présentée. Grâce à cette méthode simple de lecture rapide, vous pouvez parcourir des centaines de pages à l'heure (cela varie selon les individus et la capacité de concentration, et selon le degré de difficulté du texte). Ainsi, vous pouvez prendre connaissance d'une quantité importante d'information en peu de temps et sélectionner les passages qui devront être lus plus attentivement par la suite.

---

1. Il s'agit de la page qui fait face à la page de titre.

La lecture de base

La lecture de base n'est ni plus ni moins ce qu'on appelle communément la lecture. Faire ce type de lecture consiste à lire un texte, plus ou moins rapidement, de la première à la dernière page.

La lecture de base est une forme de lecture qui convient à bien des usages. Cependant, lorsque vous devez rédiger un texte, préparer un exposé ou un examen, la lecture de base est nettement insuffisante. Trop de gens croient qu'il suffit de lire un texte pour en assimiler la matière : rien n'est plus faux ! La lecture active et les fiches de lecture sont des méthodes essentielles pour y arriver. Dans certains cas, même la lecture active et les fiches sont insuffisantes : vous devez alors faire une lecture analytique.

Pour comprendre un texte théorique, de toute façon, vous devez le relire plusieurs fois. Toutefois, il faut varier les types de lecture en suivant des étapes qui permettent d'approfondir le sujet traité.

La lecture active

Faire une lecture active d'un texte, c'est le lire en intervenant, durant la lecture, de manière à mieux en saisir les principales composantes. Par exemple, vous pouvez souligner les idées directrices, encercler les mots clés, mettre en évidence un passage important à l'aide d'une accolade.

Lire un texte à caractère philosophique ou scientifique, par exemple, exige une attention soutenue et un effort constant de réflexion. Dans la masse d'information que contient un ouvrage, il est souvent difficile de retenir et de comprendre l'essentiel. La lecture active est une méthode qui permet de le faire de façon efficace. Il s'agit de s'approprier un texte pour mieux en saisir le sens et, par la suite, d'en retrouver plus facilement les principaux éléments.

Avant de faire la lecture active d'un texte, vous aurez évidemment déjà fait une lecture sélective. En conséquence, vous aurez une idée précise des raisons pour lesquelles vous voulez entreprendre une lecture plus approfondie de ce texte.

Que faut-il faire ressortir ?

L'outil essentiel de la lecture active est le banal crayon à mine : il est plus pratique que le surligneur pour la simple raison que vous pouvez effacer ce que vous avez écrit ! Souvent — surtout les premières fois que vous utiliserez la lecture active —, vous aurez à effacer. En effet, ce qui semblait être au départ une idée importante pourrait très bien se révéler par la suite un élément mineur.

Faire une lecture active consiste donc simplement à lire afin de «travailler» un texte de diverses façons de la manière décrite ci-après.

1. *Soulignez d'abord l'idée principale* (ou la conclusion logique) du texte, les idées directrices — c'est-à-dire les principaux arguments qui conduisent à la conclusion — et, parfois, les arguments qui soutiennent les idées directrices.

   Un texte argumentatif de quelques pages peut comporter de quatre à sept idées directrices qui permettent d'en arriver à la conclusion (l'idée principale) et un certain nombre d'arguments en faveur de chacune de ces idées. Cela signifie qu'il y a peu de choses à souligner. Trop souligner ne donne pas un texte plus clair, au contraire ! En réalité, il est préférable de ne rien souligner si vous n'êtes pas certain d'avoir bien repéré les idées à faire ressortir et d'effectuer une deuxième lecture avant de noter quoi que ce soit.

2. *Encerclez les mots clés* — ceux qui reviennent souvent et qui sont importants pour la compréhension des idées directrices du texte — là où ils sont définis ou encore lorsqu'ils sont l'objet d'un commentaire important.

Si l'ouvrage que vous lisez comporte un index, les mots clés sont en général ceux qui affichent le plus grand nombre d'occurrences.

3. *Indiquez,* à l'aide d'une accolade, les *passages principaux.* Il peut s'agir de passages comprenant une définition importante, de l'explication d'une idée directrice ou d'un argument important, d'un exemple marquant, d'un éclaircissement, etc. Encore ici, vous devez faire preuve de la plus grande sobriété ; si le texte comporte trop d'accolades, celles-ci deviennent inutiles.

Vous pourriez aussi indiquer, à l'aide d'un trait droit, d'autres passages importants mais secondaires.

4. Ajoutez des *annotations dans la marge* : des symboles, des mots ou des expressions (en abrégé). Ces derniers indiquent la raison ou la nature de l'importance de certains passages à retenir. Voici quelques suggestions de symboles et d'abréviations pratiques.

Tableau 3.1	Symboles et abréviations
Astérisque (*)	idées les plus importantes
Flèche (↑)	passages les plus marquants
Lettre X	désaccord
Point d'interrogation (?)	doute ou incompréhension
Point d'exclamation (!)	passage qu'on approuve particulièrement
Chiffre (1, 2, 3)	énumération d'éléments
df	définition
rf	référence
id pr	idée principale
cr	critique
ex	exemple

MARCHE À SUIVRE

1. Faites la lecture sélective de l'ouvrage que vous avez choisi.
2. Faites la lecture active de l'introduction.
3. Revoyez les mots et les passages que vous avez soulignés et annotés.
4. Faites ensuite la lecture active des différents chapitres et de la conclusion.
5. Relisez et vérifiez l'ensemble des éléments que vous avez fait ressortir.

PLUS *encore!*

Si vous désirez avoir une compréhension plus poussée de l'ouvrage que vous lisez, vous pouvez ajouter les quatre étapes suivantes à la méthode que nous venons de décrire.

- L'*indication du thème de chaque page* : écrivez en un ou quelques mots, au haut ou au bas de chaque page, le thème qui y est traité.

- Le *résumé de chaque chapitre* : à la fin de chaque chapitre, rédigez un résumé du contenu abordé ; vous pouvez aussi ajouter un bref commentaire critique.

- L'*index particulier* : souvent, un livre ne vous intéressera que sous un angle particulier — un thème et quelques sous-thèmes, des faits, des dates, des événements, des statistiques, des concepts, etc. À cet effet, utilisez les pages blanches au début du livre pour noter ces éléments et la ou les pages du livre où il en est question.

- Le *lexique personnel* : dans un carnet ou sur des fiches, notez les mots nouveaux que vous avez vus dans le livre, avec la définition que vous aurez trouvée dans un dictionnaire.

Un lexique personnel

À travers vos lectures, vous devez chercher à enrichir votre vocabulaire. Les étudiants qui réussissent le mieux ont un vocabulaire riche et étendu, connaissent la définition d'un grand nombre de mots et maîtrisent les différents sens que peuvent prendre certains mots.

Il est normal que vous ignoriez la définition de certains mots ou termes techniques. L'apprentissage d'une discipline est bien souvent lié à la connaissance du langage technique qui lui est propre. Ne vous en remettez pas uniquement à votre mémoire pour apprendre la définition de ces termes qui sont nouveaux pour vous. Pour votre usage, construisez un lexique personnel et consultez-le régulièrement. Vous améliorerez ainsi votre compréhension des textes que vous lirez par la suite. De plus, vous serez mieux en mesure de rédiger des travaux où vos idées seront précises, claires et nuancées.

EXERCICE

1. Choisissez quelques courts articles et faites-en une lecture active. Quels symboles et abréviations avez-vous utilisés ? Dressez-en la liste.

2. a) Faites la lecture sélective d'un ouvrage qui pourrait vous être utile. Demandez-vous pourquoi vous voulez lire ce livre. Voulez-vous connaître le point de vue de l'auteur sur une question qui vous intéresse ? les dates où se sont déroulés certains événements ? les définitions de certains concepts ?

   b) Faites une lecture active de chaque partie de l'ouvrage. À la fin de chacun des chapitres, résumez la pensée de l'auteur ou dégagez l'information essentielle. Demandez-vous aussi si vous avez trouvé la ou les réponses aux questions formulées après votre lecture sélective.

   c) Si, après votre lecture active, vous n'avez pas compris l'un des points de vue de l'auteur, prenez le temps de parler de vos difficultés avec une personne qui pourra vous aider.

3

PLUS *encore!*

Des textes plus difficiles

Quand on veut bien comprendre un texte, la lecture active règle la plupart des difficultés courantes. Toutefois, il existe de nombreux cas qui nécessitent une méthode plus sophistiquée. Particulièrement en sciences humaines et en philosophie, deux types de difficulté sont susceptibles de se présenter : des difficultés liées aux théories et aux questions étudiées, et des difficultés liées à la façon dont les auteurs expriment leurs idées.

Vous pouvez utiliser divers moyens, selon le type de difficulté, pour régler un problème. Si les difficultés sont inhérentes à la théorie ou à l'objet du texte, consultez d'abord un dictionnaire spécialisé ou une encyclopédie. Vous pourrez ainsi clarifier les éléments de base du champ de recherche que vous abordez. Ainsi, vous vous assurerez de bien comprendre les mots clés utilisés. Ensuite, avant de vous lancer dans la lecture d'un texte plus spécialisé, parcourez un manuel d'introduction à cette discipline.

Si vous faites face au deuxième type de difficulté, le problème est plus complexe ! Certains auteurs manquent de rigueur, s'expriment de manière sinueuse, écrivent de façon inutilement compliquée pour faire paraître leurs idées plus profondes... Tous les textes ne sont pas construits suivant le modèle idéal d'une belle pyramide d'arguments bien ordonnés ! Dans ce cas, il n'est pas inutile de consulter un ouvrage de vulgarisation ou le point de vue d'autres auteurs sur le sujet dont traite le livre qui pose problème. Pour éviter autant que possible ce genre de difficulté, dans le choix de vos lectures, recherchez en priorité les auteurs reconnus pour leur clarté, leur sobriété et leur concision.

Dans tous les cas, vous ne devez surtout pas hésiter à demander conseil à des professeurs ou à des personnes-ressources (bibliothécaires, aides pédagogiques, étudiants, etc.).

La lecture analytique

La lecture analytique va un peu plus loin que la lecture active. En fait, c'est une forme de lecture active qui permet de dégager le plan qui sous-tend un texte argumentatif.

Un texte de type argumentatif peut être conçu comme une pyramide d'idées. Le but de la lecture analytique est de recomposer cette pyramide d'idées qui constitue la structure d'un texte qui vous intéresse.

La reconstruction du plan

Voici comment procéder pour dégager le plan qui sous-tend un texte.

1. Lisez d'abord le texte sans l'annoter. Ensuite, revenez-y, encerclez ou soulignez d'un double trait l'idée principale. Il est très important de trouver dès le départ l'*idée principale,* car c'est par rapport à elle que vous déterminerez si un argument particulier, pris au hasard, est ou non une idée directrice du texte.

2. Relisez le texte, uniquement dans le but d'établir quelles en sont les *idées directrices,* et soulignez-les d'un trait. Chaque idée directrice peut soutenir l'idée principale indépendamment des autres. Cependant, il arrive aussi que certaines ne le fassent que si elles sont combinées avec d'autres ; vous pouvez alors relier par un trait ces idées directrices qui se complètent.

3. En relisant le texte une troisième fois, trouvez les *arguments terminaux* (les faits, les théories, les idées) qui soutiennent les idées directrices, et soulignez-les en pointillé. Les principaux arguments entretiennent avec l'idée directrice qu'ils soutiennent le même type de rapport que les idées directrices vis-à-vis de l'idée principale.

Généralement, il n'est pas nécessaire d'aller plus loin dans l'analyse. Vous êtes maintenant en mesure de reconstruire le plan du texte et la pyramide d'idées correspondante.

MARCHE À SUIVRE

1. Faites une lecture de base du texte que vous voulez analyser.
2. Établissez, puis encerclez ou soulignez d'un double trait l'idée principale.
3. Trouvez et soulignez les idées directrices qui la soutiennent. Reliez-les d'un trait si c'est nécessaire.
4. Trouvez et soulignez en pointillé les arguments qui soutiennent les idées directrices. Reliez-les d'un trait si c'est nécessaire.
5. Établissez le plan du texte et la pyramide d'arguments.

Exemple

Voici un texte qui porte sur l'euthanasie. Nous avons mis en relief l'idée principale (gras et souligné), les idées directrices (gras) et les arguments (romain).

La mort assistée

*Le cas de Sue Rodriguez, cette femme de quarante-deux ans atteinte d'une maladie dégénérative mortelle et incurable, a mis en évidence **la nécessité de revoir la loi canadienne qui interdit l'aide au suicide.** Le 30 septembre 1993, la Cour suprême du Canada a en effet rendu un jugement divisé sur la demande de madame Rodriguez et de ses supporters de la «Société pour le droit à la mort». Madame Rodriguez s'est vu interdire le droit de requérir de l'aide médicale pour abréger ses souffrances et mettre fin à sa vie dans la dignité. Elle prétendait que la loi qui interdit l'aide au suicide est discriminatoire envers les personnes incapables de mettre elles-mêmes fin à leurs jours, en vertu des libertés individuelles garanties par la Charte canadienne des droits et libertés.*

Les cinq juges majoritaires ont invoqué «le caractère sacré de la vie» et les intérêts de l'État vis-à-vis de sa défense. Ils ont aussi mentionné les abus qu'une libéralisation dans ce domaine pourrait entraîner dans le cas des gens très malades, âgés et démunis, qui pourraient consentir sous la pression à ce que des mesures d'euthanasie active soient prises, ou même qui pourraient ne pas être consultés avant que ce soit fait (par exemple, dans le cas de personnes inconscientes ou incohérentes). Certains éthiciens favorables au jugement ont invoqué aussi qu'une telle libéralisation véhiculerait une image faussée de la mort et mettrait la société en danger.

*À notre avis, **ces arguments sont insuffisants pour soutenir la décision.** En effet, en vertu d'une législation équilibrée, les abus craints par les juges majoritaires continueraient d'être illégaux et donc d'être punissables en vertu de la loi, comme c'est le cas présentement. Il est certain qu'un consentement éclairé devrait toujours être obtenu auprès de la personne souffrante.*

Si l'image religieuse de la mort soutenue par certains était effectivement remise en question par cette libéralisation, il ne faut pas oublier que nul ne serait contraint à prendre une telle décision et que la liberté religieuse est un principe bien ancré au Canada. Ceux qui partagent une foi qui interdit le suicide continueraient évidemment d'agir selon leur conscience. Mais en vertu de quel droit devraient-ils imposer leurs vues aux autres?

Pour ce qui est du caractère sacré de la vie, il faut reconnaître que si cette valeur est largement partagée, elle n'est pas inconditionnelle pour tout le monde. Certains croient en effet que pour que la vie vaille d'être vécue, il faut qu'elle ait un degré minimal de qualité, qualité qui est justement disparue dans le cas des malades en phase terminale dont il est question dans ce jugement.

*Pour leur part, les juges minoritaires ont invoqué **l'inégalité entre les individus que cette loi autorise,** car le suicide n'est plus un acte criminel au Canada depuis 1972. Cependant, les personnes qui sont incapables de mettre elles-mêmes fin à leurs jours ne peuvent requérir l'aide de médecins dans ce but. Elles sont donc victimes de discrimination.*

*De plus, **le droit à la sécurité de la personne inclut, à leur avis, le droit de décider de son corps, des conditions et du moment de sa mort.** On parle ici évidemment de personnes mourantes ou condamnées à court terme. Plusieurs médecins croient que ce sont les patients qui devraient décider eux-mêmes de mettre fin à leurs souffrances par la mort lorsque aucun soin palliatif n'est en mesure de les soulager.*

*Il est d'ailleurs tout à fait incorrect d'assimiler **l'euthanasie active au meurtre** comme le fait le jugement majoritaire. Le meurtre est commis dans l'intention de nuire à autrui, évidemment contre son gré, alors que l'euthanasie active est faite à sa propre demande dans le but d'abréger ses souffrances, donc dans une intention humanitaire.*

*Certains médecins considèrent que la situation actuelle est injuste, puisque l'euthanasie active se pratique déjà à l'abri des regards indiscrets, notamment dans le cas de personnes fortunées. **En légalisant l'aide au suicide, on pourrait bien mieux la contrôler en la réglementant,** ce qui est impossible aujourd'hui et laisse une large place à l'arbitraire.*

*Par conséquent, **il faut condamner le jugement qui vient d'être rendu et réclamer que le Parlement canadien légifère en cette matière** en s'inspirant, par exemple, de l'expérience hollandaise. On devrait d'ailleurs étudier plus à fond la pratique de l'eutha-*nasie humanitaire dans ce pays reconnu pour son progressisme et son ouverture d'esprit.

Une fois ce travail terminé, il est facile de reconstruire la pyramide des principaux arguments et le plan du texte.

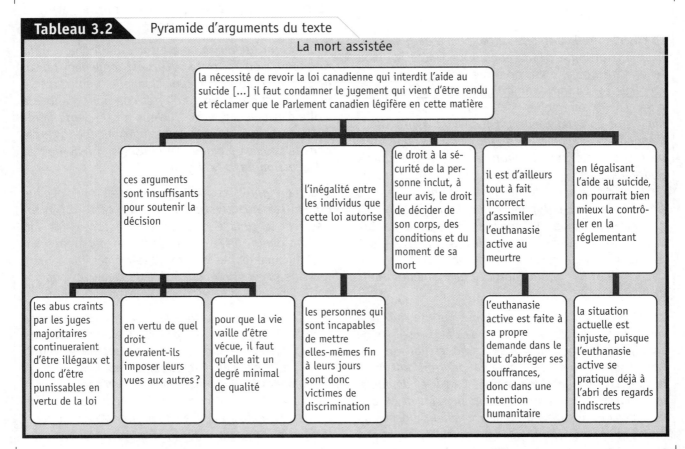

Tableau 3.2   Pyramide d'arguments du texte

La mort assistée

la nécessité de revoir la loi canadienne qui interdit l'aide au suicide [...] il faut condamner le jugement qui vient d'être rendu et réclamer que le Parlement canadien légifère en cette matière

- ces arguments sont insuffisants pour soutenir la décision
- l'inégalité entre les individus que cette loi autorise
- le droit à la sécurité de la personne inclut, à leur avis, le droit de décider de son corps, des conditions et du moment de sa mort
- il est d'ailleurs tout à fait incorrect d'assimiler l'euthanasie active au meurtre
- en légalisant l'aide au suicide, on pourrait bien mieux la contrôler en la réglementant

- les abus craints par les juges majoritaires continueraient d'être illégaux et donc d'être punissables en vertu de la loi
- en vertu de quel droit devraient-ils imposer leurs vues aux autres ?
- pour que la vie vaille d'être vécue, il faut qu'elle ait un degré minimal de qualité
- les personnes qui sont incapables de mettre elles-mêmes fin à leurs jours sont donc victimes de discrimination
- l'euthanasie active est faite à sa propre demande dans le but d'abréger ses souffrances, donc dans une intention humanitaire
- la situation actuelle est injuste, puisque l'euthanasie active se pratique déjà à l'abri des regards indiscrets

Plan de l'argumentation du texte — La mort assistée

0. ...la nécessité de revoir la loi canadienne qui interdit l'aide au suicide [...] il faut condamner le jugement qui vient d'être rendu et réclamer que le Parlement canadien légifère en cette matière...

1. ...ces arguments sont insuffisants pour soutenir la décision.

   1.1. ...les abus craints par les juges majoritaires continueraient d'être illégaux et donc d'être punissables en vertu de la loi...

   1.2. ...en vertu de quel droit devraient-ils imposer leurs vues aux autres ?

On peut aussi reformuler le tout dans ses propres mots.

0. IDÉE PRINCIPALE : Il est nécessaire de revoir la loi canadienne qui interdit l'aide au suicide : il faut condamner le jugement qui vient d'être rendu et réclamer que le Parlement canadien légifère en cette matière.

1. PREMIÈRE IDÉE DIRECTRICE : Les arguments qui justifient la décision majoritaire sont insuffisants pour la soutenir.

   1.1. Les abus craints par les juges majoritaires continueraient d'être illégaux et donc d'être punissables en vertu de la loi.

   1.2. Personne ne peut imposer ses croyances aux autres.

1.3. ... pour que la vie vaille d'être vécue, il faut qu'elle ait un degré minimal de qualité...

2. ...l'inégalité entre les individus que cette loi autorise...

2.1. ...les personnes qui sont incapables de mettre elles-mêmes fin à leurs jours [...] sont donc victimes de discrimination.

3. ... le droit à la sécurité de la personne inclut, à leur avis, le droit de décider de son corps, des conditions et du moment de sa mort.

4. Il est d'ailleurs tout à fait incorrect d'assimiler l'euthanasie active au meurtre...

4.1. ... l'euthanasie active est faite à sa propre demande dans le but d'abréger ses souffrances, donc dans une intention humanitaire.

5. En légalisant l'aide au suicide, on pourrait bien mieux la contrôler en la réglementant...

5.1. ... la situation actuelle est injuste, puisque l'euthanasie active se pratique déjà à l'abri des regards indiscrets...

Ici les idées sont exprimées sous forme d'extraits du texte.

1.3. Pour que la vie vaille d'être vécue, il faut qu'elle ait un degré minimal de qualité.

2. DEUXIÈME IDÉE DIRECTRICE : La loi actuelle favorise une inégalité entre individus.

2.1. Les personnes qui sont incapables de mettre elles-mêmes fin à leurs jours sont victimes de discrimination.

3. TROISIÈME IDÉE DIRECTRICE : Selon l'opinion des juges minoritaires, le droit à la sécurité de la personne inclut le droit de décider de son corps, des conditions et du moment de sa mort.

4. QUATRIÈME IDÉE DIRECTRICE : Il est tout à fait incorrect d'assimiler l'euthanasie active au meurtre.

4.1. L'euthanasie active est faite à la demande du malade et dans le but d'abréger ses souffrances, donc dans une intention humanitaire.

5. CINQUIÈME IDÉE DIRECTRICE : En légalisant l'aide au suicide, on pourrait bien mieux la contrôler en la réglementant.

5.1. La situation actuelle est injuste, puisque certaines personnes ont déjà la possibilité d'avoir recours à l'euthanasie active.

3

PLUS *encore!*

Peut-on appliquer cette méthode de plan d'argumentation à tous les textes ?

Il faut prendre soin de n'appliquer cette méthode qu'aux textes argumentatifs. Cette méthode est inappropriée dans le cas d'un texte littéraire et elle doit être modifiée dans le cas d'un texte informatif.

Lorsqu'il s'agit d'un texte informatif (un manuel de cours, par exemple), vous ne chercherez pas à dégager le plan de l'argumentation ; il n'y en a pas ! Par contre, vous pouvez vouloir connaître sa structure : vous vous contenterez alors d'établir quels sont les thèmes et les sous-thèmes traités. Autrement dit, pour un texte informatif, la lecture analytique consiste à faire une « table des matières » détaillée de l'information que le texte présente.

Par ailleurs, un texte peut comporter des parties informatives et des parties argumentatives. Vous commencerez alors par établir une « table des matières » détaillée, puis vous préparerez le plan et la pyramide de l'argumentation de la ou des parties argumentatives.

En outre, tous les textes n'ont pas la structure simple des exemples que nous avons donnés ici. Certains textes abordent deux ou plusieurs problématiques et aboutissent à plus d'une conclusion. En conséquence, ils comportent plusieurs idées principales et, de ce fait, ils doivent être représentés à l'aide de pyramides à plusieurs sommets! D'autres textes (ou des parties de texte) comportent non pas un (comme dans les exemples présentés ici), mais deux ou même plusieurs niveaux d'arguments. Vous devez alors les représenter au moyen des pyramides à quatre, cinq ou six niveaux (ou plus!).

Enfin, certains textes possèdent une argumentation non linéaire. Des arguments soutiendront deux ou plusieurs idées directrices. D'autres arguments, en faveur d'une certaine idée, pourront être dispersés dans le texte; l'argumentation sera alors entrecoupée, abandonnée puis reprise plus loin. Dans ce cas, vous devez reconstruire le plan du texte pour le rendre plus clair, avec toutes les possibilités d'erreur que cela comporte. Il faut donc se poser la question suivante: que veut démontrer l'auteur? Vous choisirez alors l'information à retenir en fonction de la réponse. Ainsi, il est possible que vous constatiez qu'une grande partie du texte est secondaire du point de vue qui vous intéresse et que vous pouvez l'ignorer dans votre recherche.

EXERCICE

Préparez la pyramide des arguments et le plan du texte qui suit.

L'éducation sexuelle des jeunes

On a entendu récemment plusieurs arguments en faveur de l'abolition des cours d'éducation sexuelle dans les écoles secondaires. On a dit que ces cours grugeaient du temps pour l'apprentissage de base en français, qu'ils empiétaient sur un domaine éducatif réservé aux parents et qu'ils incitaient les jeunes à avoir des rapports sexuels trop tôt ou encore à adopter des comportements déviants. La question se pose donc: doit-on abolir les cours d'éducation sexuelle dans les écoles secondaires?

Les cours d'éducation sexuelle au secondaire représentent un apport éducatif important. En effet, ils suppléent au manque d'information provenant de la famille. De plus, ils permettent de promouvoir un comportement sexuel responsable chez les jeunes. Ces aspects contribuent à la formation intégrale de la personne.

Contrairement à ce que ses adversaires laissent entendre, ces cours laissent aux jeunes la possibilité de faire leurs propres choix en matière de comportement sexuel. Ils leur présentent divers modèles de comportement et leur laissent le choix de leur propre comportement: sexualité précoce ou tardive, homosexualité ou hétérosexualité, fidélité sexuelle ou partenaires multiples.

En faisant la promotion du condom et du «sexe sécuritaire» en général, les cours d'éducation sexuelle contribuent à prévenir les maladies transmises sexuellement. On peut penser que sans leur apport, l'épidémie de sida qui frappe les jeunes aurait une ampleur bien plus importante que celle que l'on constate maintenant.

Malgré le fait que le nombre de grossesses précoces non désirées soit encore bien trop élevé, particulièrement en milieux populaires, ces cours permettent de le diminuer. Grâce à l'information qu'elle fournit sur l'usage des moyens contraceptifs, l'éducation sexuelle limite le nombre d'avortements et de grossesses chez les adolescentes qui ne sont certes pas en mesure d'avoir des enfants alors qu'elles sortent elles-mêmes à peine de l'enfance.

On voit donc qu'il y a tout lieu de maintenir les cours d'éducation sexuelle au secondaire. Il importe aussi de faciliter l'acquisition des condoms au moyen de l'installation de distributeurs dans les polyvalentes. Il faudrait cependant améliorer le matériel pédagogique utilisé et possiblement augmenter le nombre d'heures de classe, de façon à ne pas nuire aux apprentissages de base faits à l'école.

Adapter les méthodes aux besoins, non l'inverse

Il n'y a pas de méthode universelle de lecture : le type de lecture choisi dépend du but poursuivi. Le travail scolaire exige une lecture sélective et une lecture active. Néanmoins, il serait grandement exagéré de prétendre que vous devez toujours préparer des fiches ou des analyses de texte. Bien que ces méthodes soient très efficaces, elles exigent beaucoup de travail. En fait, toutes les méthodes sont profitables et entretiennent entre elles des rapports dynamiques. Vous pouvez commencer un livre avec la lecture sélective, puis le lire en diagonale. Vous le reprendrez pour le plaisir en pratiquant la lecture de base. En vue d'un travail, vous en ferez une lecture active, puis vous analyserez les passages les plus importants. Au bout du compte, le livre finira par vous appartenir.

PLUS *encore!*

Un mot sur la lecture rapide

Il n'y a pas de miracle en matière de lecture.

Bien des gens lisent lentement. Les différentes méthodes de lecture rapide permettent d'améliorer la vitesse de lecture, et nous les recommandons sans réserve.

Par exemple, vous ne devez jamais prononcer les mots lus, pas même « dans votre tête », car cela ralentit considérablement la lecture.

Cependant, ces méthodes ont leurs limites. À partir d'une certaine vitesse, des nuances se perdent et la lecture rapide devient une lecture en diagonale, donc souvent une lecture incomplète. En fait, la capacité de comprendre un texte n'a rien à voir avec la vitesse de lecture. C'est bien de lire vite... dans la mesure où l'on comprend ce qui est lu !

MARCHE À SUIVRE

1. Quand vous cherchez de la documentation, faites d'abord une lecture sélective des ouvrages que vous repérez.

2. Si un ouvrage vous semble pertinent, faites une lecture en diagonale.

3. Quand un livre ou un texte vous intéresse, pour différentes raisons, faites une lecture de base.

4. Dans tous les autres cas, faites une lecture active.

5. Si un ouvrage est important pour votre recherche (en tout ou en partie), préparez des fiches de lecture (voir ci-après).

6. Si un ouvrage ou une partie d'un ouvrage est essentiel à votre recherche, faites une lecture analytique.

EXERCICE

Rendez-vous à votre librairie ou à votre bibliothèque préférée pour une visite qui durera une heure. (Si vous le voulez, durant cette période, vous pouvez faire la lecture sélective de quatre à six livres!)

1. D'abord, choisissez un ou deux livres dans un domaine donné. Faites-en une lecture en diagonale (30 minutes).

2. Établissez un petit bilan : notez sur papier les grandes lignes de ce que vous avez appris (20 minutes).

3. Il vous reste 10 minutes. Utilisez-les pour... vous étonner de tout ce que vous pouvez apprendre en si peu de temps, mais avec un peu de méthode!

Les fiches de lecture

Vous devez effectuer un travail de recherche. Vous avez choisi un certain nombre de livres ou de textes à lire pour vous documenter : au fur et à mesure de vos lectures, vous prendrez donc des notes. Vous pouvez utiliser des feuilles de différents formats (ce que vous avez sous la main) ou bien des fiches de format uniforme. Selon vous, laquelle de ces deux méthodes sera la plus pratique et la plus efficace ?

La méthode des fiches de lecture est indispensable si vous visez une compréhension approfondie d'un ouvrage. Elle vous permet aussi d'organiser l'information recueillie durant vos lectures à partir de thèmes précis pour qu'elle soit facile à consulter par la suite. En outre, cette méthode vous sera utile lorsque vous ne pourrez pas faire une lecture active d'un livre parce que vous ne pouvez pas l'annoter.

Vos fiches pourraient très bien être des feuilles ordinaires coupées en deux ou encore des petits cartons de la dimension de votre choix. Cependant, la pratique a démontré que le support matériel le meilleur et le plus durable est encore la fiche de carton blanche lignée de dimensions standards illustrée ici.

Les fiches doivent être lignées. Une ligne de couleur différente sépare l'en-tête (où sera inscrit le thème et le sous-thème) du corps de la fiche. Vous pouvez numéroter chaque fiche dans le coin supérieur droit (par ordre chronologique des lectures).

Selon vos besoins vous classerez vos fiches dans un fichier par numéro, thème, référence, sous-thème ou type.

Les fiches doivent avoir au moins les dimensions indiquées : plus petites, elles ne contiennent pas suffisamment d'information ; plus grandes, elles ne sont pas aussi pratiques. On ne prend des notes qu'au recto d'une fiche, le verso étant réservé aux commentaires ultérieurs qu'une relecture pourrait vous inspirer. Normalement, les fiches sont blanches. (Vous pouvez utiliser des fiches de couleur, plus chères mais, dans ce cas, vous devez adopter un système de classification par couleur qui restera toujours le même.)

Figure 3.1 Exemple de fiche

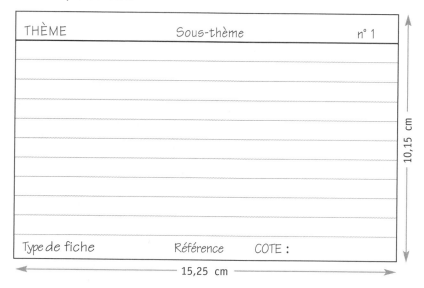

Les thèmes et les sous-thèmes

Le classement par thème et sous-thème est la clé de tout fichier : c'est ce qui permet de classer et de repérer les fiches et, si c'est nécessaire, de modifier à tout moment l'organisation du fichier.

Le thème d'une fiche indique le contenu général de la fiche (ce dont elle parle en général, son objet ou votre sujet de recherche). Le sous-thème indique son contenu particulier (ce dont elle parle précisément, son objet particulier ou l'angle d'étude sous lequel est étudié votre thème). Les thèmes et les sous-thèmes sont toujours des noms ou des expressions nominales.

Voici quelques exemples de thèmes et de sous-thèmes.

REPRODUCTION CHEZ LES MAMMIFÈRES — rongeurs
CLASSES SOCIALES — classe moyenne
LANGAGE ET PENSÉE — innéisme
ÉQUILIBRE DANS LES SYSTÈMES CHIMIQUES — procédé Haber
ROMANTISME — Angleterre
ÉCONOMIE DE MARCHÉ — profit
MOTIVATION — importance de l'entourage
ÉTAT — pouvoir exécutif
ÉDUCATION — taux de réussite
PROBLÈME ÉCOLOGIQUE — pollution de l'air
DIALECTIQUE — la contradiction

Les différents types de fiches

Les fiches se différencient en fonction du genre d'information qu'elles contiennent et, par conséquent, de l'utilisation que vous pouvez en faire[2]. Les différents types de fiches sont :

- Les fiches de référence ;
- Les fiches de citation ;
- Les fiches de résumé ;

- Les fiches de commentaire ;
- Les fiches mixtes ;
- Les fiches de réflexion.

Figure 3.2 Fiche de référence

ANCIEN RÉGIME	Enfance et vie familiale	n° 1

ARIÈS, Philippe, <u>L'enfant et la vie familiale sous l'ancien régime</u>, 2ᵉ éd., Paris, Seuil, (1960), 1973, 318 p.

Commentaire général

Ce livre de Philippe Ariès est fort intéressant. L'auteur développe un point de vue marquant dans l'historiographie par l'originalité de sa méthode et de ses sources. Cet ouvrage a contribué à l'émergence d'un champ d'analyse nouveau en histoire : l'histoire des mentalités.

Référence   COTE : HQ 792 F7A7

Sur une *fiche de référence,* vous indiquez d'abord les éléments bibliographiques qui permettent de retracer un ouvrage. Dans le coin inférieur droit, vous précisez le nom de la bibliothèque d'où vient cette source et la cote de l'ouvrage. S'il y a lieu, sous la référence, vous tirez un trait et indiquez quelques commentaires généraux : d'abord des indications descriptives, puis des appréciations.

Figure 3.3 Fiche de citation

ANCIEN RÉGIME	Enfance et vie familiale	n° 2

ARIÈS, P., <u>L'enfant...</u>, p. 177.

« Le sentiment de l'enfance ne se confond pas avec l'affection des enfants : il correspond à une conscience de la particularité enfantine, cette particularité qui distingue essentiellement l'enfant de l'adulte même jeune. »

Citation   COTE : HQ 792 F7A7

Sur une *fiche de citation,* vous indiquez tout d'abord la référence abrégée de l'ouvrage et la ou les pages exactes d'où est tirée la citation en question. Ensuite, sous un trait, vous écrivez la citation et la placez entre guillemets. Bien entendu, la référence complète aura d'abord été notée sur une fiche de référence.

---

2. Au chapitre 8, nous verrons comment il est possible de récupérer (en tout ou en partie) certaines fiches qui sont présentées ici.

Une *fiche de résumé* ressemble à une fiche de citation, mais ici la citation textuelle est remplacée par un résumé de la partie du texte qui est à retenir.

Figure 3.4 Fiche de résumé

ANCIEN RÉGIME	Enfance et vie familiale	n° 3

ARIÈS, P., L'enfant..., p. 29–186.

La première partie du livre traite du sentiment de l'enfance et aborde les sous-thèmes des âges de la vie (découverte de l'enfance, des habits, des jeux des enfants et de la protection de l'innocence des petits). Pour chacun des sous-thèmes, Ariès présente un portrait de l'évolution du sentiment de l'enfance. Il conclut que ce sentiment était inexistant au Moyen Âge, les enfants étant, à cette époque très tôt mêlés aux adultes sans s'en distinguer fondamentalement. Les changements entre l'enfance et l'âge adulte se produiront dès les premiers siècles de l'âge moderne.

Résumé   COTE : HQ 792 F7A7

Une *fiche de commentaire* contient un commentaire personnel et critique sur un passage d'un texte. La fiche comporte évidemment la référence abrégée de l'ouvrage et permet de repérer la page où se situe le passage en question. Tout commentaire doit être placé entre crochets.

Figure 3.5 Fiche de commentaire

ANCIEN RÉGIME	Enfance et vie familiale	n° 4

ARIÈS, P., L'enfant..., p. 177.

[La mentalité décrite par l'auteur est très différente de la nôtre qui est largement héritée de la période romantique. L'auteur a raison de souligner le fait que l'enfant est perçu comme un être incomplet. Il faut préciser cette conscience.]

Commentaire   COTE : HQ 792 F7A7

Quelquefois, il n'est pas utile de séparer résumé, citation et commentaire. Vous préparez alors une *fiche mixte* en n'oubliant pas de mettre les citations entre guillemets et les commentaires entre crochets.

Figure 3.6 Fiche mixte

ANCIEN RÉGIME	Enfance et vie familiale	n° 5

ARIÈS, P., L'enfant..., 318 p.

« Le sentiment de l'enfance ne se confond pas avec l'affection des enfants : il correspond à une conscience de la particularité enfantine, cette particularité qui distingue essentiellement l'enfant de l'adulte même jeune. » (p. 177)

[La mentalité décrite par l'auteur est très différente de la nôtre qui est largement héritée de la période romantique. L'auteur a raison de souligner le fait que l'enfant est perçu comme un être incomplet. Il faut préciser cette conscience.]

Mixte   COTE : HQ 792 F7A7

Figure 3.7 Fiche de réflexion

ANCIEN RÉGIME	Enfance et vie familiale	n° 6
ARIÈS, P., L'enfant..., 318 p.		
[J'ai trouvé le livre d'Ariès fort intéressant parce qu'il exploite un domaine qui nous touche tous (naissance du sentiment de l'enfance et de la vie de famille). Je trouve la démarche de l'auteur peu scientifique car, contrairement aux autres historiens, il n'utilise pas dans son livre des sources primaires quantitatives, mais plutôt des sources qui appartiennent au domaine de la créativité (œuvres littéraires et iconographies...). Néanmoins, ce livre a été marquant pour l'historiographie à cause de l'originalité de la méthode et des sources.]		
Réflexion	COTE: HQ 792 F7A7	

Une *fiche de réflexion,* contrairement à celles dont nous venons de parler, ne renvoie pas obligatoirement à un texte précis. Vous y notez une réflexion personnelle, liée au thème et au sous-thème inscrits sur la fiche, qui vous sera utile quand viendra le temps de rédiger le travail pour lequel vous vous documentez.

MARCHE À SUIVRE

Vous avez des lectures obligatoires à faire ou vous vous documentez sur un sujet en vue d'un travail à rédiger.

1. Préparez d'abord une fiche de référence pour chacun des ouvrages que vous consulterez.

2. Durant vos lectures, préparez des fiches de tous types. Le nombre de fiches dépendra soit de l'utilité des ouvrages par rapport au travail que vous avez à faire, soit de leur importance à l'intérieur de la discipline dans laquelle vous pensez poursuivre vos études.

3. Classez vos fiches régulièrement: d'abord par numéro, ensuite selon les besoins de votre travail.

4. Si vous effectuez un travail, utilisez vos fiches pour établir votre plan.

5. À l'aide de votre plan et de vos fiches, rédigez votre texte.

6. Reclassez toutes vos fiches pour pouvoir vous y référer facilement par la suite.

EXERCICE

1. Choisissez un thème qui vous intéresse dans un domaine qui pourrait vous être utile.

2. Trouvez cinq monographies (deux à caractère général et trois plus particulières), un article d'encyclopédie, un article de journal, deux articles de revues spécialisées et un document gouvernemental ou international en relation avec ce thème.

3. Préparez vos six fiches de référence.

4. Produisez une cinquantaine de fiches de tous types à partir des textes et des livres que vous avez choisis.

CAPSULE TECHNOLOGIQUE

Des fiches informatisées ? C'est facile !

Certains peuvent se demander s'il est encore sensé de préparer des fiches sur carton à l'époque des micro-ordinateurs. Ce l'est sûrement, mais il sera peut-être plus facile de trouver l'information collectée à l'aide des fonctions de recherche d'un ordinateur qu'à partir des thèmes et des sous-thèmes de vos fiches cartonnées, surtout lorsque votre collection de fiches dépassera 250 !

De fait, il existe plusieurs techniques pour préparer des fiches informatisées, et certains se tourneront vers les bases de données comme Access ou Filemaker. Il existe pourtant une solution plus facile et tout aussi puissante : les logiciels d'information personnelle en arbre. Ces logiciels se présentent comme un traitement de texte qui dispose de la capacité de classer l'information sous forme de notes organisées. Dans l'exemple suivant, nous utilisons Keynote, un gratuiciel très polyvalent souvent utilisé dans le monde de l'éducation. Son interface n'a malheureusement pas encore été traduite en français.

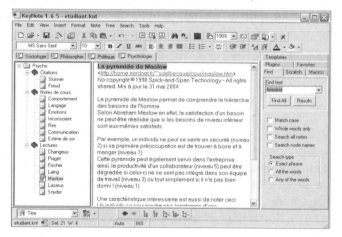

Les fonctions de ces logiciels de fiches électroniques sont à la base les mêmes que celles des fiches traditionnelles : classer des notes de lecture, organiser l'information, structurer les références et les citations. Cependant, les logiciels contemporains permettent aussi de trouver rapidement l'information et de le faire à partir de l'ensemble du texte plutôt que des descripteurs seulement. Les possibilités de classement sont pour ainsi dire sans limites : par thème, auteur, idée, etc. Vous pouvez reproduire aisément les fiches et les regrouper de différentes façons. Vous pouvez aussi en exporter le contenu dans un traitement de texte afin de le récupérer dans votre travail de recherche ou votre dissertation. De plus, vous avez la possibilité de conserver des notes importantes tout au long de vos études et de les réutiliser dans un autre cours ou lors de l'épreuve synthèse de programme. La longueur des notes n'a plus d'importance ; vous n'êtes plus limité à un format précis. En effet, les fiches peuvent établir des liens avec d'autres documents ou des pages Web contenant une information plus complète, et ce, grâce aux liens hypertextes.

Bref, un étudiant organisé, qui prend l'habitude d'utiliser un logiciel pour saisir ses fiches de lecture, peut rapidement disposer d'une précieuse banque d'information personnelle.

Pour télécharger Keynote, un gratuiciel pratique, consultez l'adresse suivante :
< http://www. tranglos.com/free/keynote.html >.

Pour télécharger TreePad Lite, un autre gratuiciel, rendez-vous à l'adresse suivante :
< http://www. treepad.com/treepadfreeware/ >.

Les mots, les concepts et les significations

Un objet peut être concret (par exemple une table, une maison) ou abstrait (par exemple les mathématiques, la liberté). Définir un objet consiste à déterminer, à l'aide d'une formule (un ensemble de mots), les caractères qui lui appartiennent. On appelle cette formule une définition. Définir un mot, qui nomme un objet (concret ou abstrait), c'est donc trouver la définition qui nous donne le ou les sens que ce mot peut prendre dans un contexte donné.

Les mots ont toujours un sens premier. Par exemple, si quelqu'un dit « voilà une maison », tout le monde comprend immédiatement qu'il parle d'un bâtiment qui peut servir d'habitation. Cependant, à l'exception de mots très techniques, les mots ont généralement plusieurs sens figurés. On dira d'une église que c'est « la maison de Dieu », d'une entreprise que c'est « une bonne maison », etc. Seul le contexte à l'intérieur duquel un mot est employé permet de connaître le sens dans lequel il doit être compris. Certains diront que tout cela est bien compliqué ; pourtant, c'est cette diversité et cette souplesse qui constituent la plus grande richesse d'une langue.

Certains mots sont concrets parce qu'ils désignent d'abord des objets concrets ou des actions observables (par exemple table, rouge ou écrire). En général, on les comprend facilement parce qu'on peut se représenter aisément ce qu'ils veulent dire. D'autres sont plus abstraits, par exemple le mot « liberté ». Personne n'a jamais vu ou touché la liberté. Pour bien comprendre ce qu'est la liberté, vous devez donc pouvoir en donner une définition aussi claire que possible, surtout que, selon le contexte dans lequel il est utilisé, ce mot peut cacher tout un monde de significations possibles. On peut penser aux expressions suivantes : la liberté sous caution, avoir la liberté de faire quelque chose, prendre des libertés avec quelqu'un, liberté de presse, etc.

Exemple

Le mot « profit »

Grawitz[1] (1983) définit le mot « profit » d'abord comme « une différence entre les dépenses et les recettes » d'une entreprise et ensuite, pour les marxistes, comme « un supplément de valeur ajouté par le travail humain aux matières premières ».

Ce mot, dont la signification (gagner de l'argent à la suite d'un investissement) semble de prime abord évidente — dans ce cas, certains diront même que « cela tombe sous le sens » —, peut, en réalité, désigner deux concepts différents. Selon le premier, le profit est une juste rémunération de l'investissement ; selon le second, c'est la matérialisation de l'exploitation du travail : nuance importante à connaître !

1. GRAWITZ, Madeleine, *Lexique des sciences sociales*, 8e éd., Paris, Dalloz, 1983, p. 310-302.

Les concepts

Parmi les mots utilisés, certains désignent des concepts, qui sont des objets abstraits de connaissance. Les concepts ont par conséquent des définitions qui peuvent :

- Regrouper plusieurs impressions sensibles sous un seul terme (par exemple, « arbre » s'applique à tous les arbres) ;

- S'appliquer à des opérations de l'esprit (par exemple, calculer) ;
- Désigner quelque chose d'abstrait qui a un sens à l'intérieur d'une théorie donnée (par exemple, temps, liberté, aliénation).

En sciences pures, les concepts utilisés ont en général une définition très précise, ce qu'on appelle une définition univoque (c'est-à-dire un et un seul sens accepté par tous). En sciences humaines, par contre, les mots ont un caractère équivoque. Ils possèdent souvent une diversité de significations qui s'explique à cause de deux facteurs : les désaccords théoriques entre les courants de pensée et l'incessant travail d'interprétation qui touche tous les termes importants et qui produit à la fois la richesse et l'ambiguïté des définitions.

Il ne faut jamais oublier que les mots sont des inventions culturelles, et qu'ils peuvent donc être inadéquats dans d'autres contextes que celui où ils ont d'abord été créés et utilisés. Par exemple, certains mots acquièrent avec le temps ou le lieu une connotation méliorative, péjorative, etc. Si on néglige ce fait, on risque, en les utilisant, de dire quelque chose de très différent, voire le contraire de ce qu'on veut exprimer. Pensons par exemple aux mots péripatéticienne ou péripatéticien…

Maîtriser le sens des mots

Dans la mesure où le but de toute communication est la compréhension, il importe de connaître la définition la plus précise possible d'un mot dans un contexte donné. Un mot utilisé d'une façon inadéquate entraînera de la confusion — ou pire, une fausse impression de compréhension.

Vous devez donc toujours vous assurer du sens des mots que vous lisez ou écrivez. Les dictionnaires généraux ou spécialisés, lorsqu'un domaine particulier vous intéresse, sont donc des outils essentiels à consulter. Cependant, un dictionnaire, quel qu'il soit, ne peut faire tout le travail de recherche de sens pour vous. Pour être certain de bien comprendre ou de bien utiliser un mot, vous devez connaître le contexte. Dans le cas contraire, comme nous l'avons vu avec l'exemple du mot « profit », le danger de tout « comprendre de travers » vous guette…

MARCHE À SUIVRE

Vous lisez, écrivez, mais vous hésitez devant la définition d'un mot ou d'un concept important.

1. Vérifiez le sens propre et les sens figurés du terme dans un dictionnaire général.

2. Vérifiez les diverses acceptions qu'en donne un dictionnaire spécialisé.

3. Si vous avez lu ce mot, établissez laquelle de ses significations possibles est utilisée dans le contexte.

4. Si vous écrivez un texte ou préparez un exposé, déterminez dans quel sens le mot y sera utilisé et indiquez-le (en introduction ou dans une note).

EXERCICE

1. Choisissez un mot, utilisé dans un cours ou l'une de vos lectures, dont le sens ne vous semble pas évident.

2. Sur une fiche ou une feuille, notez la signification qu'en donnent un dictionnaire général et deux dictionnaires spécialisés.

3. Comparez ces définitions. Quelles sont les différences entre les diverses significations? Pourquoi existent-elles?

4. Expliquez ces différences dans un court texte (une ou deux pages).

La lecture et le réseau de concepts

Quand vous faites la lecture active d'un texte ou d'un ouvrage, par exemple en vue d'un travail, vous encerclez les mots clés, c'est-à-dire les mots importants qui sont à la base des idées développées dans le texte. Ces termes sont, en contexte, utilisés dans un sens très précis appartenant au domaine de connaissances dont traite le texte. En fait, la plupart des mots clés désignent les concepts sur lesquels s'édifie la pensée de l'auteur.

À l'intérieur d'un texte, les concepts entretiennent des rapports particuliers entre eux, et le sens du texte se trouve dans l'ensemble de ces rapports. Il est donc utile de faire la lecture d'un texte en notant les concepts qui y sont abordés et en cherchant à représenter graphiquement — à l'aide de flèches et de figures — les rapports que l'auteur établit entre eux. Cette représentation graphique, c'est ce qu'on appelle un « réseau de concepts ».

Les réseaux de concepts

Pour bien comprendre ce que vous lisez, ou encore pour bien ordonner les idées à transmettre — à l'aide d'un texte écrit ou d'un exposé oral —, le réseau de concepts s'avère un outil précieux.

Un réseau de concepts est une représentation graphique d'un certain nombre d'idées liées entre elles. Composé de mots, de figures géométriques et de flèches, un tel réseau peut représenter un texte, un plan d'exposé, un ensemble de connaissances dans une discipline ou même toute une discipline[3].

Le matériau de base d'un réseau de concepts, comme celui d'un texte ou d'un exposé oral, ce sont les mots. Pour bien comprendre ce qui vous est communiqué et pour dire clairement ce que vous voulez exprimer, vous devez maîtriser le sens des mots utilisés. Cela signifie que vous devez connaître précisément la définition qu'on peut donner de certains mots dans le contexte où ils sont employés. Le tableau 3.3 présente un réseau de concepts issu du texte sur l'éducation sexuelle des jeunes (voir l'exercice de la page 52).

---

3. Voir à ce sujet : CAMPEAU, Robert *et al.*, *Démarche d'intégration en sciences humaines*, Montréal, Gaëtan Morin Éditeur, 1997, p. 32-33 et 63-111.

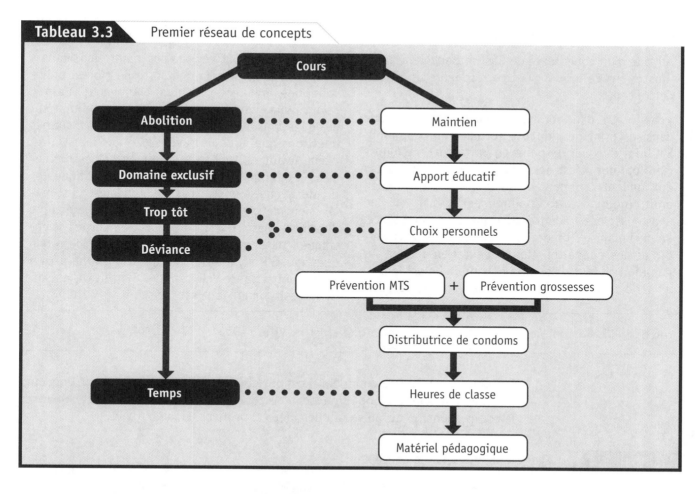

Tableau 3.3 Premier réseau de concepts

Le réseau de concepts du tableau 3.3 reprend les principaux éléments de l'exemple et met en parallèle (à l'aide d'une ligne en pointillé) les arguments pour et contre correspondants. D'un coup d'œil, vous pouvez voir comment chacune des argumentations est développée et constater qu'elles ne sont pas totalement symétriques.

À l'abolition s'oppose le maintien; au domaine exclusif des parents s'oppose l'apport éducatif de l'école; aux objections morales (trop tôt, déviance) s'oppose la primauté des choix que le jeune doit faire. À l'objection du temps non disponible pour cet apprentissage, on répond qu'il faut augmenter les heures de classe.

En outre, il apparaît clairement que des concepts utilisés pour présenter des arguments favorables à l'éducation sexuelle à l'école — la prévention et sa conséquence, la disponibilité des condoms — n'ont pas de contrepartie, ici, dans l'argumentation opposée. Cette asymétrie pourrait nous amener à nous interroger sur ce que pourrait être l'argument opposé à la prévention (l'abstinence?). Ainsi, il serait possible d'approfondir notre compréhension du problème et de l'opposition qui en découle.

Comme vous pouvez le voir, un réseau de concepts permet une saisie simultanée et complète de tous les éléments d'un texte, ce que la lecture ne permet pas puisqu'elle est linéaire.

Exemple

À l'aide d'un court texte de Gaston Bachelard, nous illustrerons ce à quoi peut correspondre un réseau de concepts.

«La science, dans son besoin d'achèvement comme dans son principe, s'oppose absolument à l'opinion. S'il lui arrive, sur un point en particulier, de légitimer l'opinion, c'est pour d'autres raisons que celles qui fondent l'opinion; de sorte que l'opinion a, en droit, toujours tort. L'opinion pense mal; elle ne pense pas: elle traduit des besoins en connaissance. En désignant les objets par leur utilité, elle s'interdit de les connaître. On ne peut rien fonder sur l'opinion: il faut d'abord la détruire. Elle est le premier obstacle à surmonter. Il ne suffirait pas, par exemple, de la rectifier sur des points particuliers en maintenant, comme une sorte de morale provisoire, une connaissance vulgaire éphémère. L'esprit scientifique nous interdit d'avoir une opinion sur des questions que nous ne comprenons pas, sur des questions que nous ne savons pas formuler clairement. Avant tout, il faut savoir poser des problèmes. Et quoi qu'on dise, dans la vie scientifique, les problèmes ne se posent pas d'eux-mêmes. C'est précisément ce *sens du problème* qui donne la marque du véritable esprit scientifique. Pour un esprit scientifique, toute connaissance est une réponse à une question. S'il n'y a pas eu de question, il ne peut y avoir connaissance scientifique. Rien ne va de soi. Rien n'est donné. Tout est construit.»

BACHELARD, Gaston, *La formation de l'esprit scientifique*, Paris, Vrin, (1938), 1970, p. 14.

Le tableau 3.4 illustre comment il est possible de produire un réseau de concepts représentant cette citation. Un réseau de concepts permet en effet de schématiser la compréhension qu'on se fait des idées exprimées dans un texte.

Tableau 3.4 Exemple d'un réseau de concepts

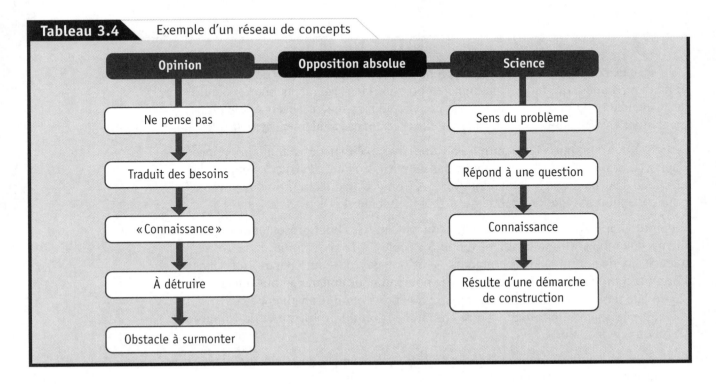

Le réseau de concepts comme outil de réflexion

Le réseau de concepts n'est pas uniquement un outil que vous pouvez utiliser pour arriver à une meilleure compréhension d'un texte que vous avez à lire. Vous pouvez aussi l'utiliser lorsque vous devez rédiger un travail ou présenter un exposé. Vous inversez alors le processus expliqué précédemment. Au lieu de partir d'un texte et d'en extraire un réseau de concepts, vous procédez ainsi :

- Vous partez des idées que vous voulez exprimer et des différents concepts à aborder ;

- Vous créez le réseau de concepts qui correspond à l'argumentation à développer ;

- Puis, à partir du schéma obtenu, vous rédigez votre texte ou présentez votre exposé.

Le grand avantage d'un tel réseau de concepts est la flexibilité. Par exemple, avant de commencer à rédiger, vous pouvez «jouer» avec les différents concepts, pour en arriver à une analyse de la question étudiée qui soit claire et satisfaisante. Concrètement, cela signifie que vous pouvez facilement réorganiser un réseau de concepts : ajouter ou enlever des mots, les regrouper ou les séparer, modifier leur disposition, abolir des liens ou en dessiner de nouveaux. Il n'y a pas de limites... sauf celle de la feuille de papier !

PLUS *encore !*

Pourquoi le réseau de concepts est-il si utile ?

Le réseau de concepts remplit plusieurs fonctions. L'une d'entre elles est appréciable : il permet d'activer aisément plusieurs éléments d'information emmagasinés dans votre mémoire à long terme.

Un réseau de concepts est une représentation structurée de tous les éléments d'un texte, d'un problème, d'un projet, etc. À ce titre, il permet de visualiser tous les éléments et de les situer les uns par rapport aux autres. Cette visualisation est en soi un procédé mnémotechnique qui facilite l'apprentissage et la rétention d'information éparse.

Le réseau de concepts soutient aussi la pensée d'autres manières. Au cours de son élaboration, il fournit un appui concret à la réflexion. Il permet de mettre au jour notre véritable conception des rapports qui existent entre les éléments importants d'un texte ou d'un problème. En particulier, il fait apparaître certaines incompréhensions, la confusion ou l'absence de réflexion par rapport à certains éléments. Vous réaliserez alors que certains points que vous pensiez maîtriser sont obscurs. En effet, quand vous n'êtes pas en mesure d'indiquer clairement le rapport qui peut être établi entre deux concepts, par exemple, cela signifie souvent que vous ne le connaissez pas assez ou que vous êtes incapable de l'expliquer suffisamment.

Étapes

1. Écrivez tout d'abord les termes représentant les concepts importants du texte à représenter, de l'idée à développer ou du texte à écrire.

2. Faites ensuite les regroupements généraux appropriés, par exemple à l'aide de figures géométriques disposées selon un certain principe d'association des concepts : chronologique, dialectique, analytique, etc.

3. Indiquez les principaux liens entre les concepts à l'aide de diverses lignes ou flèches.

4. Notez les rapports secondaires de la même manière.

5. Révisez le tout, élément par élément, en vérifiant qu'il ne manque aucun lien, si tous les concepts importants sont inscrits ou si tous les rapports sont indiqués.

CAPSULE TECHNOLOGIQUE

Savoir utiliser un idéateur

Un idéateur ou gestionnaire d'idées est un outil logiciel qui permet de dessiner des réseaux de concepts et différents types de diagramme. Il permet de représenter graphiquement différentes relations entre des concepts : les concepts sont indiqués à l'aide de formes et les relations, avec des lignes et des flèches.

Dans des logiciels de traitement de texte complets comme Microsoft Word ou Open Office, vous trouverez un outil de dessin permettant de créer des réseaux de concepts comportant des formes, du texte, des lignes, des flèches et même des connecteurs, c'est-à-dire des lignes qui conservent les liens entre les formes quand vous les déplacez. C'est tout ce dont vous avez besoin pour dessiner des réseaux de concepts : des mots, des formes et des lignes. Il existe évidemment de nombreux logiciels spécialisés. Ces outils sont généralement faciles d'usage et d'apprentissage.

La force première d'un idéateur est de permettre la représentation d'idées complexes et abstraites dont vous pouvez alors prendre connaissance d'un seul coup d'œil. C'est en quelque sorte un instrument permettant de dessiner des *cartes mentales*. De fait, les différents types de diagramme sont des outils plus appropriés que les textes pour représenter simultanément les liens divers qui existent entre des idées. Derrière tout texte, discours ou théorie, il y a une organisation de concepts : des concepts liés les uns aux autres de différentes façons. C'est ainsi que notre esprit se représente les choses abstraites et, grâce aux idéateurs, il est maintenant possible à tous de construire facilement des cartes mentales bien faites.

Les différents usages de l'idéateur

Dans un contexte scolaire, les usages possibles de l'idéateur sont pratiquement illimités. Nous présentons ci-après quelques exemples.

L'idéateur : un outil pour vérifier votre compréhension
Une argumentation, une théorie, un exposé ou un récit est composé de concepts liés entre eux ; ce sont ces concepts et ces liens qui en forment les éléments essentiels. On peut même dire qu'un auteur ou un conférencier cherche, à travers son discours, à transmettre un certain schéma mental, une représentation ordonnée des concepts qu'il veut communiquer. D'un autre côté, le lecteur ou l'auditeur s'efforce de reconstruire cette représentation. Cela signifie qu'il veut *comprendre* ou faire correspondre son schéma mental à celui que l'auteur ou le conférencier a voulu transmettre. Par conséquent, représenter graphiquement ce que vous comprenez d'un sujet est une bonne façon de vérifier ce que vous saisissez vraiment. De plus, il faut insister sur le caractère synthétique d'un diagramme : c'est une photographie instantanée, *non linéaire,* de la pensée : l'idéateur met cette pensée en mouvement.

L'idéateur: un outil pour établir des plans et raffiner les explications

C'est justement le caractère dynamique de l'idéateur, comme son nom l'indique, qui en fait un excellent outil pour *penser*. Vous pouvez, en une seule page, tracer le plan d'un texte, d'un projet ou d'un exposé. Si des éléments sont manquants, vous *verrez* littéralement un vide: une étape escamotée, un élément oublié, une relation inadéquate. L'idéateur vous permettra de rajuster rapidement le tir. Un diagramme joue en quelque sorte le rôle d'une carte routière: il vous indique les chemins les plus directs et les impasses. Comme une carte *représente* un territoire, un réseau de concepts *représente* votre pensée. L'idéateur vous permet donc de corriger vos plans et de raffiner vos explications.

L'idéateur: un outil de communication

On trouve partout des diagrammes et des graphiques produits à l'aide d'un idéateur. En rendant leur création plus accessible et plus conviviale, l'idéateur a joué un rôle essentiel dans l'élaboration et la diffusion des connaissances. Une série d'idées incohérentes est plus facilement visible et critiquable à partir d'une représentation graphique qu'à partir d'un discours, justement en raison du caractère synthétique de la représentation visuelle.

Un réseau de concepts élaboré à l'aide d'un idéateur est donc un très bon instrument pour communiquer ses idées, sa vision des choses. Un simple schéma peut aisément servir de support à un exposé et ensuite d'aide-mémoire.

Ainsi, à l'instar des agendas électroniques, des bases de données, des tableurs et des traitements de texte, les idéateurs occupent une place importante dans le nouvel environnement informatique du travail intellectuel et de la communication. Les idéateurs sont donc aussi appelés à occuper une place importante à l'école.

Exemple

Voici trois exemples d'utilisation d'un idéateur.

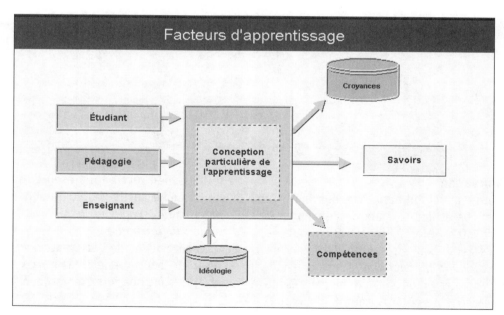

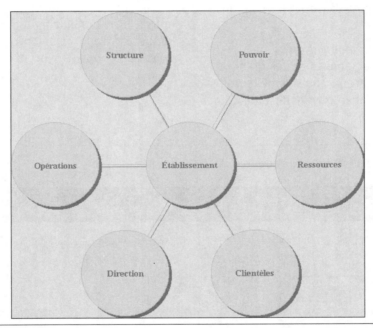

Logiciel recommandé

Inspiration est un logiciel qui permet de dessiner à la fois des diagrammes et des réseaux de concepts, et de produire des plans hiérarchiques. Bien que ce logiciel soit très évolué, il est simple d'utilisation. Le *diagramme* et le *plan hiérarchique* y sont considérés comme de simples vues sur un même réseau d'idées. C'est un véritable organisateur d'idées, pouvant aussi bien servir à représenter qu'à produire des idées et même des textes complets.

Le diagramme vu sous la forme d'un plan hiérarchique

L'avantage évident de cet idéateur est sa capacité à représenter, sous forme linéaire, ce qui est d'abord représenté sous une forme graphique, et inversement.

MARCHE À SUIVRE

1. Dans un premier temps, utilisez un idéateur pour représenter ce que vous comprenez au sujet de textes importants (littéraires ou argumentatifs).

2. Ensuite, exercez-vous à représenter des exposés magistraux sous forme de schémas et de graphiques plutôt que de chercher à noter mot à mot.

3. Utilisez un idéateur pour préparer vos travaux, vos plans, vos exposés et vos textes, afin de les structurer d'une façon claire.

4. Enfin, l'idéateur vous servira quand vous devrez présenter à vos camarades de classe ou à vos enseignants les résultats de vos recherches sous forme synthétique.

EXERCICE

1. Choisissez un texte ou un exposé que vous trouvez particulièrement difficile. En utilisant une méthode de lecture active décrite précédemment, faites ressortir les principaux concepts utilisés. Ensuite, inscrivez chacun de ces concepts (de préférence désignés à l'aide d'un seul mot ou d'une expression simple) dans une forme géométrique disponible dans votre idéateur. Situez les concepts les uns par rapport aux autres en suivant un principe de familiarité. Enfin, tracez des liens entre les concepts.

2. Montrez votre réseau de concepts à votre enseignant ou à un étudiant qui semble bien comprendre la matière en question. Avez-vous oublié un concept? Que pense votre interlocuteur des relations que vous avez établies? Certaines relations sont-elles absentes, d'autres inadéquates, d'autres enfin occupent-elles une place exagérée? Dans l'ensemble, votre diagramme représente-t-il les principaux éléments du texte?

3. Refaites votre diagramme en tenant compte des suggestions de votre interlocuteur. Votre compréhension du sujet devrait s'en trouver grandement améliorée.

Pour en savoir plus

BOUCHER, Francine et Jacqueline AVARD, *Réussir ses études : Guide d'autogestion*, Boucherville, Les Éditions de Mortagne, 1984, p. 269-270.

BOUTHAT, Chantal, *Guide de présentation des mémoires et thèses*, Montréal, Université du Québec à Montréal, Décanat des études avancées et de la recherche, 1993, p. 16.

GOULET, Liliane et Ginette LÉPINE, *Cahier de méthodologie*, 4e éd., Montréal, Université du Québec à Montréal, 1987, p. 61-62.

INSPIRATION SOFTWARE INC., *Inspiration 7.5*, logiciel en ligne, < http://education.demarque.com >, consulté le 19 juin 2005.

LAMY, Denis, *Un idéateur pour enseigner*, en ligne, < http://www.uqtr.uquebec.ca/~lamyd/ideateur/ >, consulté le 19 juin 2005.

Savoir prendre des notes

Bien avant de chercher de la documentation dans les livres, les documents audiovisuels ou sur le Web, c'est durant vos cours que vous apprendrez les bases d'une discipline ou d'un domaine particulier. Les notes de cours sont donc un outil indispensable pour votre travail. Or, selon un spécialiste des techniques d'apprentissage: «30 minutes après avoir suivi le cours, on a oublié tout près de 50% des informations données en classe. [...] Après un mois, c'est près de 80% de l'information qui aura été oubliée.» (Bégin, 1992, p. 101).

4

La mémoire étant une faculté qui oublie, la prise de notes est une activité fondamentale pour ceux qui s'engagent sérieusement dans des études postsecondaires. Grâce à vos notes de cours, vous pourrez retracer et retenir des faits, des dates, des chiffres, des noms d'auteurs, des noms propres, des théories, des données statistiques, des explications, des définitions et autres. Toutefois, la prise de notes est une activité qui ne s'improvise pas. Elle suppose une préparation tant matérielle qu'intellectuelle.

La préparation matérielle

Sur quoi écrire ?

À la maison, au collège ou à l'université, vous devez prendre vos notes sur des **feuilles mobiles lignées.** Ces feuilles sont ensuite faciles à classer dans une chemise ou un classeur à anneaux. Par contre, si vous devez travailler à l'extérieur, il est préférable de prendre vos notes dans un cahier à reliure spirale ; vous éviterez ainsi que vos feuilles mobiles… s'envolent !

Pour un travail déterminé, les feuilles doivent avoir le même format, ce qui facilite le classement. Dans le but de gagner du temps, vous n'écrivez que sur un seul côté des feuilles. Ainsi, vous pourrez placer toutes vos notes sur votre table de travail et avoir une vue d'ensemble de la matière à étudier. Il est conseillé d'attendre au moment de la relecture de vos notes de cours pour utiliser le verso des feuilles. Profitez-en pour ajouter un commentaire, une réflexion, une référence ou un éclaircissement.

Vous numérotez les feuilles mobiles et indiquez (dans le coin supérieur gauche) la matière et la date (par exemple Littérature, 30 janvier 2006). Enfin, pour faciliter le classement, vous utilisez des feuilles ou des fiches de couleur selon les thèmes ou les sujets traités.

Avec quoi écrire ?

À l'ère de l'ordinateur, le crayon à mine et la gomme à effacer ont toujours leur utilité, par exemple pour noter divers renseignements sur des feuilles ou des documents de toutes sortes.

Pour vos notes de cours, vous utilisez un stylo à encre bleue ou noire avec lequel vous aimez écrire (rappelez-vous cependant qu'il est plus facile de photocopier un document écrit en noir). Des stylos de couleurs différentes vous permettront d'organiser vos notes pour mieux les visualiser. Par exemple, vous pourriez souligner en rouge les titres et indiquer en vert les passages correspondant à des définitions importantes.

À votre collection de stylos et de crayons, ajoutez des stylos correcteurs ou du correcteur liquide, des marqueurs ou des surligneurs.

Vous devez toujours avoir sous la main des crayons et des stylos de rechange. Il serait dommage que vous soyez forcé d'arrêter de travailler parce que vous êtes privé d'outils de travail, dans un moment où vous êtes particulièrement efficace et inspiré ! Le même conseil s'applique pour les feuilles mobiles ou tout autre outil d'usage courant.

La préparation intellectuelle

Prendre des notes de cours consiste à noter l'essentiel de la matière vue durant un cours sur des feuilles mobiles ou dans un cahier. Le but principal de la prise de notes est de faciliter la mémorisation des exposés du professeur ou des lectures que vous ne pouvez retenir en entier du premier coup. De bonnes notes de cours vous aideront à mieux comprendre et à organiser cette matière et, bien sûr, à mémoriser ce qui est important.

Prendre des notes durant les cours peut sembler évident et simple à première vue. Néanmoins, c'est une source de stress pour certains élèves, car de bonnes notes de cours sont indispensables à la réussite des études. Les élèves qui maîtrisent ce processus ont une longueur d'avance sur les autres. Ils réussissent à noter correctement et rapidement les points essentiels dans diverses situations, qu'il s'agisse d'un cours magistral, d'un exposé oral ou d'une présentation audiovisuelle. Ainsi, pour disposer de notes de cours pertinentes, il est indispensable de vous doter d'une technique de prise de notes qui vous permettra de vous relire à tout moment.

Que faut-il noter ?

La plupart des élèves savent qu'ils doivent prendre des notes durant leurs cours. Toutefois, trop peu savent comment procéder : certains en prennent trop, d'autres pas assez. En outre, certains étudiants ont de la difficulté à déterminer ce qui mérite d'être noté. Prendre des notes de cours nécessite l'utilisation d'une méthode simple et efficace, qui s'acquiert avec le temps et la persévérance.

En matière de prise de notes, il n'y a pas de règles universelles ou absolues. Il existe différentes techniques avec lesquelles vous êtes ou serez plus ou moins à l'aise. À vous de choisir celles qui vous permettent d'adopter une attitude active en classe. Une attitude active signifie que tout en écoutant l'exposé de votre enseignant, vous cherchez à comprendre son propos ou sa démonstration. En même temps, vous écrivez l'information que vous jugez utile. Vous pourrez ultérieurement approfondir la matière et la réflexion sur le sujet. Autrement dit, durant un cours, vous devez écouter avec beaucoup d'attention et résumer la matière enseignée dans vos propres mots. Puisque vos notes doivent être utilisables, vous devez les prendre de manière brève et fidèle, et les disposer de façon aérée. Vous pourrez ensuite vous y référer à loisir. Il est clair que la prise de notes est une activité complexe qui suppose un long entraînement. Plus vous adopterez une attitude d'écoute active, plus vous deviendrez habile à prendre des notes concises dans un minimum de temps.

Des notes brèves

Il ne faut pas tout noter. Tout n'est pas d'égale importance et, dans une présentation, il y a inévitablement des redites. Puisque l'idée importe plus que la lettre, vous devez écouter et chercher à comprendre avant de vous demander ce qu'il faut noter. Ainsi, vous écrivez une idée une fois qu'elle a été suffisamment développée et que vous l'avez comprise. Vous notez cette idée dans vos propres mots (sauf lorsqu'il s'agit de définitions de concepts). Vous devez consigner les idées principales, les articulations essentielles, les connaissances nouvelles, les tableaux les plus importants, les références et les points sur lesquels vous voulez revenir. Vous pourrez revoir les détails durant vos lectures ultérieures.

Par exemple, l'utilisation de symboles et d'abréviations vous facilitera la tâche (voir les tableaux 4.1 et 4.2 à la page 77). Un système d'écriture télégraphique peut également être utile. Vous supprimez les mots superflus dans une phrase et rédigez des phrases courtes. Vous pouvez aussi schématiser (sous forme de graphique ou de réseau de concepts) certaines parties de l'exposé de votre professeur.

Des notes fidèles

Pour prendre correctement vos notes, vous devez d'abord chercher à saisir le fond, ensuite vous attarder à la façon de l'exprimer. Les idées essentielles sont généralement celles qui sont répétées, exprimées avec insistance et qui font partie de la conclusion.

Vous avez avantage à prendre en note le plan de l'exposé de votre professeur. Dans vos propres mots, vous résumez les idées essentielles et notez les exemples. Vous transcrivez intégralement les citations et les définitions. Vous devez reproduire fidèlement les schémas, car ceux-ci permettent de synthétiser les idées émises et sont un moyen visuel efficace pour retenir l'essentiel («une image vaut mille mots», dit le proverbe). De plus, vous notez toute l'information difficile à mémoriser du premier coup (les chiffres, les dates, les statistiques, les noms propres, les définitions, etc.).

Pour éviter de confondre le compte rendu et vos commentaires personnels, indiquez ces derniers au bas de la page ou mettez-les entre crochets.

Des notes bien organisées

Après un cours ou une conférence, vous ne devez pas attendre des jours avant de relire et de classer vos notes. En les relisant ou en les mettant au propre, vous avez l'occasion de les compléter de mémoire. Vous pouvez aussi organiser l'information : souligner les titres, numéroter les sections, clarifier les passages obscurs, encercler les mots clés et indiquer les idées principales. Durant le cours, autant que faire se peut, vous prenez vos notes sans égard à leur disposition. En fait, il est préférable d'accumuler plus de notes mal disposées que pas assez de notes très bien présentées.

Des notes aérées

Le débit de certains professeurs est parfois très rapide. Vous n'avez pas toujours la possibilité de tout noter. Par conséquent, il est préférable de vous limiter à utiliser un style télégraphique et de prendre des notes aérées. En laissant des espaces libres, vous pourrez y inscrire l'information manquante. Durant l'exposé du professeur, vous ne devez surtout pas vous arrêter de prendre des notes parce qu'il parle trop vite. Vous vous concentrez sur l'exposé, le résumez dans vos mots et n'hésitez pas à demander à un camarade de classe de vous aider à compléter vos notes.

Garder l'esprit critique

Il ne faut jamais tout accepter sans réfléchir ! Il convient donc de noter vos questions et de les poser. Vous écrivez aussi vos commentaires. En outre, pour assurer un suivi entre les cours, vous devez relire vos notes régulièrement afin de saisir le fil de la démarche générale du cours. Vous pouvez poser des questions sur cette démarche, émettre vos doutes, vos craintes et donner votre opinion. La plupart du temps, le professeur vous en saura gré, car il pourra « rectifier le tir », s'il y a lieu. Il pourra apporter de nouvelles explications, modifier sa façon de présenter l'information, etc. Il est également important d'établir des liens entre les notes et les lectures. Bref, vos notes doivent être plus qu'une simple mise en mémoire sur papier, mais être un outil dynamique d'apprentissage.

Les symboles et les abréviations

Vous pouvez gagner du temps en utilisant des symboles et des abréviations. Ces derniers vous éviteront d'avoir à écrire intégralement des mots et des concepts qui reviennent fréquemment durant un exposé.

Abréger un mot consiste à retrancher une partie des lettres de ce mot. Les principales méthodes d'abréviation sont les suivantes :

- L'abréviation la plus courante consiste à supprimer les dernières lettres d'un mot, qu'on coupe après une consonne et avant une voyelle, par exemple réf. (référence), écon. (économie), org. (organisation). On peut aussi amputer un mot de sa finale, par exemple philo (philosophie), pol (politique), stat (statistique). L'utilisation du point abréviatif peut être superflue quand il s'agit de notes de cours ;

- On peut aussi garder la première et la dernière lettre, ainsi que la lettre du milieu, par exemple fct (fonction), tjs (toujours) ;

- Dans certains cas, on peut se limiter à une seule lettre lorsqu'il s'agit d'un mot souvent utilisé, par exemple F (femme), H (homme), O (offre) et D (demande) ;

- Il existe également des abréviations figées où l'on ne garde que quelques consonnes du mot, par exemple qqn (quelqu'un), qqch. (quelque chose), qqf. (quelquefois), etc.

En plus des symboles et des abréviations qui sont fournies dans les tableaux 4.1 et 4.2, des listes d'abréviations existent dans de nombreux ouvrages de référence. Il vous suffira de les consulter pour réunir celles qui vous semblent les plus appropriées à vos prises de notes. En somme, l'important est de créer un système de prise de notes simple, clair… et qui ne varie pas d'un cours à l'autre. (Il faut cependant noter que l'utilisation de ces symboles et de ces abréviations n'est pas de mise lorsque vous présentez un travail à votre professeur.)

4

MARCHE À SUIVRE

Avant le cours

1. Pour chaque cours, assurez-vous d'avoir un cahier de notes distinct ou des feuilles mobiles réunies dans un classeur à anneaux. N'oubliez pas vos crayons à mine ou vos stylos.

2. Faites connaissance avec la matière qui sera abordée. Pour avoir une première idée, lisez votre plan de cours et consultez les sections des livres obligatoires qui traitent de cette matière. Avant chaque nouvelle séance hebdomadaire, prenez le temps de relire vos notes de cours des semaines précédentes. Cette manière de procéder vous permettra de discerner plus rapidement l'essentiel de l'accessoire. Vous aurez déjà une première idée du vocabulaire conceptuel et, dans certains cas, vous serez en mesure d'anticiper ce que le professeur exposera.

Pendant le cours

1. Installez-vous à un endroit où vous n'aurez pas de difficulté à suivre ou à comprendre l'exposé du professeur. Asseyez-vous à côté d'une personne qui semble n'avoir aucune difficulté à prendre des notes.

2. Écoutez attentivement l'exposé en mettant l'accent sur la compréhension de ce qui est dit plutôt que sur les notes à prendre. Pour vous approprier la matière transmise, ayez en tête les sept questions traditionnelles : Qui (des noms ou des personnages importants) ? Quoi (les principaux éléments) ? Quand (le moment des événements) ? Où (le lieu) ? Comment (les liens à établir) ? Pourquoi (l'origine, la cause, la raison des événements) ? Combien (le nombre, la quantité, les parties) ?

3. Soyez attentif à certaines des expressions du professeur et surveillez ses déplacements. Les marqueurs de relation comme « d'abord », « en effet », « en outre », « c'est pourquoi », « néanmoins », « en conclusion » indiquent que cette matière semble plus importante que lorsque le professeur insiste moins. Quand ce dernier se donne la peine de transcrire au tableau certaines idées, explications, définitions ou données quantitatives, il se peut que cette matière se retrouve quelques semaines plus tard sur votre feuille d'examen. Ici encore il ne s'agit pas de tout prendre en note. Sous forme abrégée, notez les points principaux de l'exposé (quelques éléments permettant d'établir un système d'abréviation sont présentés plus loin).

Après le cours

1. Relisez et retravaillez vos notes après le cours ou le soir même. Demandez-vous si vos notes couvrent complètement la matière vue en classe.

2. Au besoin, complétez-les, soulignez les mots clés et les idées principales, corrigez les définitions, ajoutez des exemples ou des données. Annotez-les dans la marge. Ajoutez vos commentaires et vos réflexions au verso.

3. Comparez vos notes avec celles de vos camarades de classe. Enfin, après le cours ou le soir même, ajoutez les mots manquants.

4. Classez vos notes soigneusement par cours et par ordre chronologique.

5. Révisez vos notes régulièrement.

Tableau 4.1	Quelques symboles utiles				
↑	: progression, accroissement	!	: étonnant, excellent	$	: argent, intérêt économique
↓	: déclin, régression	Q	: question	~	: non, négation
←	: est produit, causé par...	?	: interrogation, doute	/	: deux faces d'une même médaille
→	: produit, cause, implique	+	: plus	±	: plus ou moins
∞	: infini	–	: moins	∅	: rien, néant, ensemble vide
°	: degré	Σ	: somme	◇	: possible, autorisé
∀	: tous les...	ψ	: psy...	□	: nécessaire, obligatoire
∃	: il existe, il y a des...	>	: plus grand que	†	: décès, mort
∴	: donc	<	: plus petit que	♥	: amour, affinité
≡	: est équivalent, pareil à...	≤	: plus petit ou égal à...	Δ	: Dieu
∈	: est contenu, appartient à	≥	: plus grand ou égal à...	1/2	: à moitié, à demi
∉	: n'appartient pas à	≈	: environ	1/3	: au tiers
X	: désaccord, c'est incorrect	↔	: relation réciproque	1/4	: au quart
√	: accord, c'est correct	≠	: n'est pas..., différent	3/4	: aux trois quarts, presque totalement
*	: à noter, important	{	: ensemble	Ω	: le monde
≅	: plus ou moins égal à...	W	: un ou l'autre (ou bien... ou bien...)	ω	: l'univers
#	: numéro	V	: et/ou		
%	: probabilité, pourcentage	Λ	: et		

Tableau 4.2	Quelques abréviations utiles				
Avt	: avant	gd	: grand	pv	: pouvoir
bp	: beaucoup	géo	: géographie	px	: prix
C	: contre	gvt	: gouvernement	Q	: question
Ca	: Canada	H	: homme	Qc	: Québec
cad	: c'est-à-dire	hab	: habitant	qd	: quand
cap	: capital	ht	: haut	qq	: quelque
chap	: chapitre	int	: intérieur	qqf	: quelquefois
chgt	: changement	jr	: jour	quelc	: quelconque
comm	: communication	km	: kilomètre	R	: résumé
conc	: conclusion	l	: largeur	Rap	: rapport
Cq	: critique	L	: longueur	soc	: sociologie
cqfd	: ce qu'il fallait démontrer	ltps	: longtemps	ste	: suite
csq	: conséquence	m	: mètre	SVP	: s'il vous plaît
ct	: court terme	moy	: moyen	svt	: suivant
D	: demande	nb	: nombre	tjs	: toujours
dc	: donc	nbx	: nombreux	ts	: tous
df	: définition	ns	: nous	tt	: tout
ds	: dans	O	: offre	tte	: toute
dv	: devoir	P	: pour	V	: voir
dvt	: devant	pa	: population active	vs	: vous
ex	: exemple	pol	: politique	x	: variable
ext	: extérieur	psy	: psychologie	y	: deuxième variable
F	: femme	pt	: point	z	: troisième variable

4

Exemple de prise de notes

Lundi le 6 février 2006, vous avez suivi un cours d'*Histoire de la civilisation occidentale*. Au préalable, vous avez pris le temps de lire les pages du recueil de textes concernant la matière qui devait être vue en classe. En lisant le plan de l'exposé, vous avez réalisé que certaines données (en particulier les points suivants : 3.0 l'analyse historique et les types de documents ; 4.0 les étapes de la recherche historique et 5.0 les trois périodes préhistoriques et les quatre grandes périodes historiques) sont très bien détaillées dans votre recueil de textes.

Au tableau, le professeur dresse le plan de son exposé.

1.0 L'utilité de la discipline historique

2.0 La définition du temps et de la chronologie

3.0 L'analyse historique et les types de documents (voir le tableau 1 du recueil de textes) :
- 3.1 Figurés
- 3.2 Écrits
- 3.3 Imprimés
- 3.4 Audiovisuels

4.0 Les étapes de la recherche historique (voir le tableau 2 du recueil de textes) :
- 4.1 La problématique et l'hypothèse
- 4.2 La collecte des documents
- 4.3 La critique des sources (interne et externe)
- 4.4 L'analyse et l'interprétation
- 4.5 La communication des résultats

5.0 La préhistoire et l'histoire (voir le tableau 3 du recueil de textes) :
- 5.1 Les trois périodes préhistoriques
  - Paléolithique
  - Mésolithique
  - Néolithique
- 5.2 Les quatre grandes périodes historiques
  - L'Antiquité
  - Le Moyen Âge chrétien
  - Les temps modernes
  - L'époque contemporaine

Tableau 1

Sources documentaires disponibles pour la recherche historique

Les documents figurés : les dessins, les illustrations, les sculptures, les cartes géographiques, etc.
Les documents écrits (écrits à la main ou manuscrits)
Les documents imprimés (reproduits à l'aide d'une machine)
Les documents audiovisuels : les cassettes ou les cédéroms (qui conservent le son), les photos (qui conservent l'image), les cassettes vidéo ou les DVD (qui conservent le son et l'image)

Tableau 2

Cinq grandes étapes du travail de l'historien

1.0 La formulation de la problématique et de l'hypothèse à partir de ses connaissances théoriques et conceptuelles personnelles
  1.1 La problématique
    1.1.1 Le sujet
    1.1.2 Délimiter le sujet dans un cadre de recherche
    1.1.3 Formuler une question de recherche
    1.1.4 Formuler des questions
  1.2 L'hypothèse
    1.2.1 Formuler la réponse anticipée à la ou aux questions

2.0 Le repérage et la collecte des documents
  2.1 Déterminer les données requises ou nécessaires
  2.2 Effectuer la collecte des données
  2.3 Évaluer la qualité de l'information recueillie par rapport à l'hypothèse

3.0 La critique des sources (interne — le contenu ; externe — la provenance et l'authenticité)

4.0 L'analyse et l'interprétation des documents
  4.1 Interpréter les résultats
  4.2 Confirmer, infirmer ou réécrire l'hypothèse

5.0 La rédaction et la communication des résultats

Source : Adapté de DIONNE, Bernard et Michel GUAY, *Histoire et civilisation de l'Occident,* 2e éd., Laval, Éditions Études vivantes, 1993, p. 17.

Tableau 3

Temps cosmique, temps terrestre et temps humain

Sur la base de savants calculs, il a été établi, pour l'instant, que la formation du système solaire remonte au Bing Bang qui se serait produit il y a 15 milliards d'années. La Terre se serait formée voilà 4 milliards d'années. Le premier ancêtre possible de l'homme, *Orrorin tugenensis* (l'ancêtre du millénaire), aurait vu le jour il y a 6 millions d'années.

Les trois périodes préhistoriques

Paléolithique : de –3 millions à –10 000
  –2,5 millions : *Homo habilis*
  –1,7 million : *Homo erectus*
  –500 000 : Maîtrise du feu
  –350 000 –300 000 : *Homo sapiens* (Neandertal)
  –150 000 : *Homo sapiens sapiens* (Cro-Magnon)

Le temps humain : 50 000 ans
  –40 000 : *Homo sapiens sapiens* (homme moderne) en Europe (début de l'agriculture, premières grandes civilisations)
  –40 000 à –30 000 : Arrivée des premiers hommes en Amérique
  –17 000 : Peintures rupestres des grottes de Lascaux en France
  –15 000 : Vénus de Brassempouy
  –12 000 à –10 000 : Passage de l'Europe de la glaciation à un climat tempéré

Mésolithique : De –10 000 à –7 000 en Orient et en Afrique et de –8 000 à –3 500 en Europe occidentale
  –8 000 : Premiers groupes humains dans la vallée du Saint-Laurent

Néolithique : –8000 : Apparition de l'agriculture et de l'élevage
  de –7 000 à –5 000 : En Orient et en Afrique
  de –7 000 à –5 000 : Premières sociétés agricoles dans l'aire mésoaméricaine du Mexique septentrional au nord de l'Amérique du Sud
  –6 500 : Début de la révolution néolithique en Europe

L'âge des métaux : À partir de –5 000 en Orient et en Afrique et à partir de –2 500 en Europe occidentale
  –5 000 à –4 000 : Premières sociétés agricoles en Grèce
  –4500 : Premières sociétés agricoles en Germanie et aux Pays-Bas
  –4 000 : Début de l'agriculture en Angleterre
  –3 500 : Invention de la roue (Mésopotamie) et de la voile (Égypte)

Les quatre grandes périodes dites historiques

L'Antiquité : De –3 000 à 476 après J.-C. (année de la chute de Romulus Augustule, le dernier empereur romain, 475-476)

Le Moyen Âge chrétien : Du Ve siècle à 1453 (chute de Constantinople) ou à 1492 (découverte de l'Amérique)

Les temps modernes : De la découverte de l'Amérique (1492) ou de la Renaissance à la Révolution française de 1789

L'époque contemporaine : De la Révolution française de 1789 à aujourd'hui

Sources :
ANGRINGON, Pierre et Jacques G. RUELLAND, *Civilisation occidentale : Histoire et héritages,* Montréal, Les Éditions de la Chenelière, 1995, 497 p.
DIONNE, Bernard et Michel GUAY, *Histoire et civilisation de l'Occident,* 2e éd., Laval, Éditions Études vivantes, 1993, 533 p.
LANGLOIS, Georges et Gilles VILLEMURE, *Histoire de la civilisation occidentale,* Montréal, Beauchemin, 1992, 408 p.

Le professeur fait son exposé :

Le temps et la démarche de l'analyse historique

« Il ne saurait faire de doute que la discipline historique peut nous aider à comprendre le monde dans lequel nous évoluons. Qu'on le veuille ou non, sans la connaissance du passé il nous est impossible de donner un sens aux événements que nous vivons. En nous lançant à la recherche du passé, nous sommes en mesure d'établir une datation et de réaliser la portée de certains grands événements qui se sont produits au fil du temps.

Mais, qu'est-ce que le temps ? Le temps correspond à une unité de référence ou de mesure (un point de repère) en vue de situer le mieux possible une succession d'événements. Pour nous permettre de nous situer dans le temps, nous utilisons un système qui a pour nom la « chronologie » (c'est-à-dire la présentation d'une succession d'événements dans le temps). Au sujet du temps humain, il importe de prendre note que les historiens le divisent en deux grands moments ou deux grandes périodes : la préhistoire et l'histoire. La préhistoire est la période qui précède la découverte de l'écriture. Cette période comporte trois sous-périodes (ou âges) selon le matériau dominant : l'âge de pierre (le paléolithique), l'âge de bronze (le mésolithique) et l'âge du fer (le néolithique). Pour ce qui est de la période dite « historique », en règle générale, elle se divise en quatre grandes périodes (l'Antiquité, le

4

Moyen Âge chrétien, les temps modernes et l'époque contemporaine) marquées par de grands événements d'ordre politique et institutionnel.

L'analyse historique ne s'improvise pas. Elle se fait pour l'essentiel à l'aide de documents. Un document est toute trace laissée par l'activité des hommes et des femmes. Sans document, il n'est pas toujours possible de faire de l'histoire ou le récit d'un événement. Il existe quatre types de documents: les documents matériels (tous les objets que les humains ont produits ou utilisés au cours de leur vie); les documents figurés (les dessins, les illustrations, les sculptures, les cartes géographiques, etc.); les documents écrits (écrits à la main ou manuscrits), les documents imprimés (reproduits à l'aide d'une machine); et, finalement, les documents audiovisuels (les cassettes ou les cédéroms [qui conservent le son], les photos [qui conservent l'image] ou les cassettes vidéo et les DVD [qui conservent le son et l'image]).

Pour retracer l'évolution des sociétés passées, les historiens se penchent sur les traces laissées par les humains. Ainsi, ils procèdent à la manière d'Hérodote ou d'un grand reporter. Ils font une enquête (c'est le sens du mot *istorié*). Les deux éléments essentiels de la démarche historique sont donc l'enquête et les documents. L'absence de l'un de ces deux éléments est susceptible de rendre infructueuse la démarche analytique en histoire. L'historien suivra généralement les cinq étapes suivantes: 1) la formulation d'une problématique et d'une hypothèse; 2) le repérage ou la collecte de documents; 3) la critique des sources, qui est de deux types, la critique interne portant sur le contenu du document et la critique externe portant sur la provenance du document (son authenticité); 4) l'analyse et l'interprétation des documents; 5) finalement, la présentation (orale ou écrite) des résultats de recherche.»

Le texte qui précède correspond aux notes de cours. Le professeur vous l'a peut-être lu en entier. Quoi qu'il en soit, ce qu'il vous a communiqué a été dit à une vitesse pouvant aller de trois à quatre fois plus vite que votre capacité à prendre des notes (Lemaître et Maquère, 1986, p. 88). De votre bureau, vous n'entendez des sons. Et ces sons ne sont pas toujours parfaitement audibles.

Reconnaissons-le, la prise de notes ne va pas de soi. Elle comporte des difficultés réelles. Il serait nettement exagéré que vous cherchiez à vouloir tout noter. Vous n'avez pas le choix, vous devez vous montrer sélectif.

Voici à quoi peut correspondre votre prise de notes de ce même cours du 6 février 2006.

Hist. 1   06.02.06

Disc. hist. peut ns aider à comprendre le monde

Conn. du passé ns permet de donner un sens aux évén.

   Datation
   Réaliser portée des grds évén.

Le Temps?

   Df unité de mesure. Permet de situer succ. d'évén.

Chronologie: présentation succ. d'évén.

Temps humain: 1. Préhistoire (avant l'écriture)
               2. Histoire (depuis l'écriture)

Préhistoire: Paléoli...
              Mésoli...
              Néoli...

Histoire:
   Ant.
   MAC
   Tm
   Ép. cont.

Analyse hist. requiert des doc.
   Doc: traces du passé
   4 types de doc.
      1. matériels
      2. figurés
      3. écrits
      4. audiovisuels

Histoire: analyse du passé à travers des traces ou doc. (voir Hérodote: enquête [istorié]).

5 étapes au trav. de l'his.
   1. Prob. et hyp.
   2. Coll. de donn.
   3. Crit. Sour.
      Int. (contenu)
      Ext. (authenticité)
   4. Analyse et interprétation
   5. Comm.

EXERCICE

1. Choisissez un documentaire télévisé dont le sujet vous intéresse. Écoutez-le et (si ce n'est pas déjà fait) enregistrez-le sur cassette vidéo (ou DVD). Prenez des notes.

2. Visionnez-le une deuxième fois pour vérifier vos notes. Manque-t-il des points importants? Les notes sont-elles assez brèves? Sont-elles claires? Sont-elles exactes?

3. Écrivez, dans un style télégraphique ou à l'aide d'abréviations, la phrase suivante: «Le régime politique canadien correspond à une monarchie constitutionnelle.»

En conclusion

Dans un cours, si des problèmes se posent, examinez vos notes. Vous pourrez sûrement déterminer où se situent les difficultés et dresser la liste des questions que vous devriez poser pour mieux comprendre la matière. N'hésitez pas à consulter votre professeur, et montrez-lui vos notes pour qu'il puisse vous aider.

La prise de notes est un entraînement qui exige beaucoup de pratique. Pour améliorer votre efficacité, prenez des notes lorsque vous assistez à des activités libres (une conférence, une réunion, un débat contradictoire, etc.). À la lecture de ce que vous aurez consigné par écrit, demandez-vous si vos notes sont complètes ou non.

Si vous répondez par la négative, déterminez quels aspects vous devez modifier pour améliorer votre technique de prise de notes. Ne vous découragez surtout pas, car la persévérance est essentielle à la réussite.

Pour en savoir plus

BÉGIN, Christian, *Devenir efficace dans ses études,* Montréal, Beauchemin, 1992, 199 p., collection «Agora».

BOUCHER, Francine et Jacqueline AVARD, *Réussir ses études: Guide d'autogestion,* Boucherville, Les Éditions de Mortagne, 1984, 359 p.

HOFFBECK, Gérard et Jacques WALTER, *Prendre des notes vite et bien,* 2e éd., Paris, Dunod, 1996, 122 p.

LE BRAS, Florence, *Comment prendre des notes,* Alleur, Marabout, 1992, 152 p.

LEMAÎTRE, Pierre et François MAQUÈRE, *Savoir apprendre,* Paris, Chotard et associés, 1986, 303 p.

SIMONET, Renée et Jean SIMONET, *La prise de notes intelligente,* Paris, Les Éditions d'organisation, 1988, 136 p.

4

Savoir étudier

L'étude est une étape cruciale de la préparation de tout examen, mais c'est aussi une pratique fondamentale pour la personne qui poursuit... des études ! Belle tautologie, direz-vous ! Voilà pourtant une activité que bien des étudiants négligent ou pratiquent de manière brouillonne, ce qui entraîne des résultats plus ou moins satisfaisants.

L'étude implique un effort méthodique de concentration dans le but de comprendre et de retenir une matière de même que de développer diverses aptitudes techniques et intellectuelles. Étudier est une opération complexe durant laquelle l'intellect est tout entier mobilisé dans un effort pour apprendre et savoir.

Dans ce chapitre, nous vous proposerons quelques règles à suivre pour étudier efficacement. Nous parlerons de la mémoire et de divers moyens pour faciliter la mémorisation. Ensuite, nous aborderons un sujet que redoutent la plupart des étudiants : les différents types d'examen. Enfin, nous présenterons succinctement certaines ressources disponibles dans votre établissement d'enseignement qui sont mises sur pied pour favoriser votre réussite scolaire.

L'étude

L'étude suppose un effort méthodique. Avant de se présenter à un examen, on ne saurait se contenter d'une brève relecture du manuel de cours et de ses notes. Le but de l'étude est l'assimilation et surtout une meilleure compréhension de la matière d'un cours. Il n'y a pas de raccourci possible : étudier exige une grande concentration et beaucoup de temps.

Comment étudier efficacement

Une bonne préparation à un examen se fait... bien avant l'examen ! En fait, l'étude en vue d'un examen n'est que la dernière étape d'une série de trois étapes, les deux autres — parfois « oubliées »... — étant la participation aux cours et la révision régulière de la matière. Il convient donc de mettre toutes les chances de votre côté pour réussir non seulement vos examens, mais vos cours eux-mêmes. Pour y arriver, vous devez faire les lectures, les exercices ou les autres activités d'apprentissage qu'exigent vos cours. De plus, vous devez revoir la matière régulièrement durant la session en vous appliquant à en retenir les éléments principaux (les concepts, les théories, les techniques, les méthodes de résolution de problèmes, etc.).

Étudier en tant que tel consiste donc à faire une révision en utilisant divers moyens. Voici ceux que nous vous suggérons.

- Relire les différents documents utilisés dans un cours. Cette relecture vise à corriger, à la lumière des connaissances acquises durant les cours, les erreurs d'interprétation que vous avez pu faire au départ. Il ne s'agit donc pas ici de simplement parcourir des textes et vos notes de cours, mais de lire attentivement, en soulignant à la mine, par exemple, les thèmes, les concepts, les définitions, les idées directrices (voir La lecture active, chapitre 3, p. 44).

- Résumer et synthétiser par écrit les points principaux. Ainsi, vous complétez vos notes de cours et concentrez votre attention sur les points véritablement importants. Au besoin, vous pouvez construire des réseaux de concepts (voir le chapitre 3, p. 62) ou d'autres types de schémas ou de tableaux. Faire une telle lecture régulièrement vous permettra de distinguer ce qui nécessite une clarification. Vous pourrez alors poser vos questions au professeur ou à d'autres étudiants.

- Réciter ces synthèses à haute voix et, de mémoire, tenter de reconstituer vos schémas et vos tableaux.

- Faire des exercices de simulation ; formuler diverses questions sur des points importants et tenter d'y répondre adéquatement, sans l'aide de vos livres ou de vos notes.

Ces différents moyens vous permettront de développer des capacités intellectuelles essentielles non seulement à la réussite de vos examens, mais aussi au succès de vos études. Par exemple, vous apprendrez à maîtriser le raisonnement logique, à appliquer vos connaissances à de nouveaux domaines et à réfléchir de façon critique.

EXERCICE

1. Choisissez une matière qui vous pose souvent problème.

2. À la fin de chaque cours, résumez en quelques lignes la matière qui a été vue. Ces résumés aideront à développer votre capacité de distinguer le principal du secondaire. Ils vous aideront aussi à bien saisir ce que vous avez compris et à noter ce qui n'est pas clair.

3. Relisez régulièrement vos résumés, à la lumière de la matière que vous verrez dans les cours ultérieurs.

La mémoire et la mémorisation

La mémorisation des idées directrices et des concepts émis durant un cours est fondamentale. Ce procédé n'est pas seulement important dans le contexte d'un examen. La capacité de retenir l'information facilite également la rédaction et l'expression orale. On dit parfois qu'une chose n'est bien comprise qu'après trois fois : la première fois, on la perçoit ; la deuxième fois, on y porte attention ; la troisième fois, on la retient. Examinons un peu les mécanismes psychologiques qui sont en cause.

Les psychologues distinguent trois types de mémoire : la mémoire sensorielle, la mémoire à court terme et la mémoire à long terme. La mémoire sensorielle ne dure qu'une seconde et ne permet de retenir que les sensations immédiates. La mémoire à court terme est une mémoire liée au travail. Sa capacité est limitée à environ sept éléments pendant 20 secondes, mais son temps de réponse est très rapide. La répétition permet certes de la prolonger, mais elle n'étend pas ses capacités. Ce type de mémoire nous informe des événements qui viennent juste de se produire. Cependant, comme sa capacité est limitée, elle se vide régulièrement. Dans le contexte qui nous intéresse, c'est donc la mémoire à long terme dont nous avons le plus besoin.

La mémoire à long terme enregistre de l'information significative en vue de son stockage et de sa réactivation éventuelle. Elle nous permet de stocker de l'information pour son utilisation ultérieure. Sa capacité est phénoménale, et l'information qui y est conservée peut y demeurer pendant des décennies. Afin de stimuler la rétention de l'information à long terme, on peut utiliser quelques procédés éprouvés qui reposent sur la compréhension de son fonctionnement.

Le premier élément concerne l'attention. Vous n'avez aucune chance de retenir l'information à laquelle vous êtes peu ou pas attentif. De plus, pour qu'une information s'inscrive dans votre mémoire, vous devez pouvoir la rattacher à ce que vous savez déjà. Pour qu'une information soit assimilable, elle doit prendre une signification personnelle ou être associée à quelque chose qui vous est familier. Vous pouvez même créer des associations de toutes pièces. Pour qu'une information soit retenue, celle-ci doit être structurée en blocs autour d'éléments essentiels et de catégories, ce qui facilite son encodage. Par ailleurs, il faut rappeler les vertus de la répétition et de la visualisation. Vous devez aussi éviter les interférences qui nuisent à la mise en mémoire. Fait curieux, on a tendance à mieux retenir ce qui vient en premier et en dernier, plutôt que les éléments médians. Par contre, on retient également assez facilement les éléments inhabituels. Des facteurs émotionnels peuvent aussi aider à conserver certains souvenirs (des événements particulièrement tristes ou réjouissants).

Il est évident que certaines personnes ont une meilleure mémoire que d'autres. Toutefois, cette capacité ne provient pas uniquement d'une faculté innée. En fait, ces personnes utilisent mieux leurs capacités. Il est donc possible d'apprendre à améliorer sa mémoire et à l'exercer fréquemment afin de l'optimiser.

Les principes généraux

- Soyez très attentif en classe et durant vos lectures !
- Investissez-vous personnellement dans ce que vous apprenez : répétez-vous les raisons pour lesquelles vous avez besoin de connaître telle ou telle matière.
- Portez intérêt à ce que vous apprenez grâce à votre imagination : si vous étudiez le Moyen Âge, imaginez que vous êtes chevalier ou dame de la cour !
- Regroupez les notions à retenir sous forme de schéma, de formule ou de groupe d'éléments.
- Associez ce que vous apprenez à ce que vous savez déjà.
- Liez ce que vous apprenez à des exemples et à des faits connus ou qui font partie de votre vécu.
- Prenez des notes, préparez des fiches de lecture et classez-les.
- Lisez certains passages à haute voix et répétez-les.
- Évitez les interférences en vous concentrant sur un bloc de connaissance à la fois. N'étudiez qu'une matière par séance.
- Utilisez des moyens mnémotechniques !

Les moyens mnémotechniques

L'association visuelle avec un itinéraire

Supposons que vous devez retenir une liste d'achat de fournitures scolaires. Imaginez un itinéraire connu et placez les articles à acheter sur ce parcours, de manière extravagante. Par exemple, vous devez prendre le métro. En arrivant à la station, vous passez sous un compas géant. La rame de métro circule sur d'énormes règles à mesurer. Dans le wagon, les gens sont assis sur des cahiers à spirale gigantesques, ainsi de suite. Essayez, vous constaterez l'efficacité de ce truc ancien comme le monde.

La méthode des images saugrenues

Tout le monde connaît la suite de mots « roche, papier, ciseau, allumette ». Supposons que vous devez retenir une liste de quatre valeurs cardinales : le bien, la beauté, la vérité, la prudence. Vous craignez de l'oublier en raison du stress d'un examen. Créez les associations suivantes mentalement :

- Roche = bien : un homme riche donne une pierre précieuse à un pauvre ;
- Papier = beauté : une reproduction sur papier de la Vénus de Milo ;
- Ciseau = vérité : le colonel Moutarde avec le ciseau dans la bibliothèque ;
- Allumette = prudence : une affiche intitulée « Attention aux feux de forêt ! ».

La méthode des associations verbales

Créez des suites de mots avec les concepts que vous souhaitez apprendre. Disons que vous devez apprendre les noms des quatre bases de la molécule d'ADN : Adénine, Thymine, Guanine et Cytosine. Vous pouvez créer une phrase amusante comme : « Adèle prend le Thé avec Gérard dans la Crypte. » Imaginez-les et vous retrouvez ainsi la suite ATGC, qui a maintenant une signification spéciale pour vous !

Les pense-bêtes

La popularité indéniable des papillons adhésifs (*post-it*) s'explique entièrement par le besoin de stimuler sa mémoire. Dans le monde moderne, la vie de chacun peut être palpitante mais souvent complexe. Entre le métro et le boulot, les études et les loisirs, vous risquez facilement d'oublier l'appel téléphonique que vous devez faire à votre professeur. Pourquoi ne pas placer un petit papillon adhésif dans votre agenda ou sur votre écran d'ordinateur ? En outre, de nombreux logiciels peuvent simuler virtuellement cette fonction, et certains sont gratuits. Vous trouverez utile de prendre l'habitude de dresser des listes quotidiennes de ce que vous voulez faire. Si vous reportez aussi les tâches non accomplies d'un jour à l'autre, votre efficacité en sera augmentée.

Afin de ne rien oublier, il convient de dresser des listes et d'utiliser ces petits trucs qui mettent la mémoire en alerte. Afin de rester motivé, vous pouvez étudier en groupe. Dans ce cas, un étudiant pose les questions et vérifie les réponses, et les autres répondent à tour de rôle. Quelle que soit la méthode choisie, n'oubliez jamais que vous devez étudier dans la perspective de comprendre la matière et non seulement d'être en mesure de la répéter.

MARCHE À SUIVRE POUR RÉUSSIR SES EXAMENS

1. Soyez très attentif en classe et prenez des notes bien structurées.

2. Étudiez régulièrement durant la session.

3. Ne laissez aucun point obscur en suspens : durant les cours, posez des questions pour obtenir des éclaircissements ; demandez une rencontre individuelle avec votre professeur si, après quelques tentatives, vous ne comprenez toujours pas.

4. Faites un retour critique sur tous vos travaux.

5. Pour vous préparer à un examen, prévoyez de deux à trois séances d'étude durant les deux semaines précédant l'examen.

   • Première séance : R majuscule ou r minuscule ? Il faut vérifier la règle. Relisez les textes importants et vos notes de cours. Concentrez-vous sur les points essentiels, les concepts clés et les processus les plus utiles.

   • Deuxième séance : Faites des résumés, des tableaux et des schémas sur les points les plus importants. Répétez-les, posez-vous des questions et tentez d'y répondre.

- **Troisième séance :** Reprenez les opérations précédentes en vous attaquant à de nouveaux blocs de connaissance. Insistez particulièrement sur ce qui vous semble le plus difficile. À la toute fin, faites rapidement une révision d'ensemble.

PLUS *encore !*

Attendre la veille d'un examen pour étudier ? Une anecdote…

Dans un établissement d'enseignement, des étudiants devaient subir un examen. Celui-ci comportait cinq pages avec des questions à choix multiple, des questions à développement et des questions d'opinion. Les étudiants disposaient de trois heures ; ils avaient droit à leurs notes de cours, à leurs livres et à un dictionnaire. Une demi-heure avant la fin du temps alloué, environ le quart des étudiants avaient remis leurs réponses. Soudain, une panne d'électricité a plongé la classe dans l'obscurité. Le professeur a décidé qu'il fallait évacuer la classe et, comme les vacances approchaient et qu'il n'y aurait pas de reprise, il a expliqué comment l'examen serait noté. L'examen portait sur 50 points. Si un étudiant avait répondu à des questions totalisant 35 points, par exemple, il serait évalué sur 35, puis la note serait ramenée sur 50. La méthode de calcul accordait ainsi des chances égales à tous.

La correction de l'examen a permis de relever les données ci-après. La classe comptait 40 étudiants ; 10 ont été évalués sur 50, 10 sur 40 à 50, 10 sur 35 à 40, et les 10 autres sur 30 à 35. Le dernier groupe aurait dû être favorisé par les circonstances, puisque les questions laissées sans réponse étaient les plus difficiles : leur taux de succès aurait donc dû être plus élevé qu'il l'aurait été après les trois heures allouées. Or, à quelques exceptions près, les meilleurs résultats ont été obtenus parmi les 20 étudiants ayant répondu à un plus grand nombre de questions. Les 10 étudiants ayant répondu à un plus petit nombre de questions ont eu des résultats faibles et les 10 derniers des résultats franchement médiocres. Pourquoi ?

Un examen mesure la capacité d'une personne par rapport à des aptitudes particulières et à une certaine matière enseignée. Contrairement à ce que croient la plupart des gens, cette capacité n'augmente pas avec le temps alloué pour une épreuve. Les retardataires avaient pris plus de temps que les autres pour répondre aux questions les plus faciles (auxquelles on s'attaque toujours en premier) ; pourtant leurs résultats ont été inversement proportionnels à leur temps de réponse. On peut comprendre qu'une personne « lente » prenne une demi-heure de plus qu'une autre pour terminer un examen et obtenir des résultats semblables : la première est légèrement plus performante, c'est tout. Cependant, les résultats indiquent que les plus « lents », dans ce cas-ci, manquaient probablement de préparation : une demi-heure avant la fin, ils ont obtenu des résultats semblables à ceux qu'ils auraient obtenus sans la panne. On peut supposer que leur retard indiquait déjà une difficulté de compréhension de la matière en général.

Il est donc juste d'affirmer que la préparation à un examen doit commencer bien avant le jour de l'examen, une étude intensive de dernière minute ne pouvant corriger des mois de nonchalance…

N'étudier que les « questions d'examen » ?

Tenter de prévoir les questions d'examen à partir des exposés du professeur est un exercice difficile et risqué qui peut vous faire perdre un temps précieux. En général, même si les points sur lesquels le professeur a insisté durant les cours devaient se retrouver dans un examen, ce n'est pas toujours le cas. De plus, certains professeurs ne peuvent résister à la tentation d'insérer, parmi d'« honnêtes » questions, une question plus difficile ou imprévisible (communément appelée une « colle »).

Concentrez plutôt votre étude sur le contenu du cours. Dans un premier temps, n'omettez aucun élément. Ensuite, sélectionnez avec soin les éléments que vous considérez comme importants et dignes d'une plus grande attention. Cependant, devant un point qui vous semble peu digne d'attention, n'oubliez jamais ceci : ce n'est pas votre point de vue qui compte, mais celui du professeur. Enfin, posez-vous les questions suivantes : sur quels points a-t-il insisté ? quels éléments lui semblaient dignes d'intérêt ? quels auteurs revenaient le plus souvent dans ses exposés ?

Cet exercice sera certes plus profitable que de vous limiter à essayer de deviner les questions qui seront posées... Vous devez apprendre à considérer les examens d'un point de vue différent. Considérez-les comme des épreuves stimulantes plutôt que de penser qu'il s'agit de mesures de contrôle particulièrement désagréables. Les examens vous donnent l'occasion d'approfondir votre apprentissage et d'intérioriser les connaissances propres aux disciplines qui vous intéressent.

Les examens

Pour juger de la qualité d'un apprentissage — l'assimilation de la matière et l'acquisition des habiletés —, outre les travaux individuels (voir le chapitre 7) ou les travaux en équipe (voir le chapitre 10), vos professeurs vous font subir des épreuves écrites et orales (voir Les examens écrits et oraux, p. 92).

Après un déclin relatif, on constate aujourd'hui un certain retour aux examens comme méthode d'évaluation. En effet, les examens comportent de nombreux avantages. Ils sont très efficaces pour évaluer la mémorisation et la compréhension d'un sujet, ainsi que la capacité de s'exprimer sur ce sujet. Et si les examens sont plutôt impopulaires auprès des étudiants, c'est en partie parce qu'ils nécessitent beaucoup de rigueur et surtout parce qu'ils sont une source de stress.

Réussir un examen

L'échec à un examen est souvent attribuable à un manque de préparation ou à une préparation inappropriée. Il peut aussi résulter d'un manque de méthode durant l'examen ou encore du stress. Par conséquent, il est important d'acquérir des méthodes de travail adéquates. Nous verrons ici quelques règles qui vous aideront à résoudre de tels problèmes.

1. **La préparation commence dès le premier cours.** Les examens étant habituellement annoncés lors de la présentation du plan de cours, vous avez la possibilité

de planifier leur préparation. Ainsi, vous devez éviter d'accumuler du retard durant la session, assister à tous les cours et faire toutes les lectures, les activités et les travaux au moment voulu (voir le chapitre 1).

2. **L'étude et la préparation doivent être systématiques.** Un examen comporte en général une bonne marge d'imprévu (on ne connaît ni les questions ni leur degré de difficulté). Puisque le temps pour s'y préparer est limité, vous devez procéder de façon systématique. Ainsi, vous pourrez répondre à un large éventail de questions concernant la matière du cours.

3. **Assurez-vous d'avoir tout ce dont vous avez besoin.** Ayez des crayons à mine, des stylos bleu et noir, des tablettes de papier ligné et non ligné, du liquide correcteur et une gomme à effacer. Selon le type d'examen, d'autres outils seront nécessaires ou utiles (demandez à votre professeur ceux qui sont permis) : un dictionnaire, une grammaire, un lexique, les livres de cours ou le cahier de textes, les notes de cours et les travaux ou exercices antérieurs, les notes de lecture et de préparation ou les fiches, une règle, un ensemble de géométrie et une calculatrice. S'il n'y a pas d'horloge dans la classe, portez votre montre : vous pourrez ainsi gérer le temps qui vous est alloué.

4. **Suivez scrupuleusement les consignes.** Tout examen comporte des consignes précises qui vont de la dimension du papier au type de réponse attendu. Toute erreur dans l'interprétation des consignes peut entraîner un échec.

5. **Lisez et relisez attentivement les questions.** La condition préalable à toute analyse correcte d'une question — et, partant, à toute réponse adéquate — est une lecture attentive visant une compréhension approfondie (voir Les questions et les réponses, p. 99).

6. **Commencez par le plus important.** Un examen présente normalement différents degrés de difficulté. Pour gagner du temps, répondez d'abord aux questions les plus simples et à celles que vous maîtrisez le mieux. Dans le cas d'un exposé, présentez d'abord l'information de base. Au cours d'un examen oral, apportez des réponses exactes aux questions avant de développer un aspect particulier.

7. **En toutes circonstances, restez calme !** Tout examen mesure non seulement vos connaissances et vos aptitudes, mais aussi votre capacité de produire un travail donné dans un temps limité et donc votre résistance à la pression. Celle-ci peut vous faire paniquer, vous rendre incapable de réfléchir et de retrouver une information que vous connaissez sur le bout des doigts. Dans ces situations, les techniques physiques et mentales de contrôle du stress peuvent être très utiles.

À l'approche d'un examen final, prévoyez entre trois et six heures d'étude selon votre degré de maîtrise et la difficulté de la matière. Divisez ce temps en périodes d'un maximum de deux heures. Une trop longue période d'étude intensive, la veille d'un examen par exemple, ne compensera jamais le manque d'assiduité au cours et la révision régulière de la matière. L'étude effectuée la veille d'un examen a pour but d'étendre et de consolider les acquis, non d'assurer l'apprentissage de base de la matière.

EXERCICE

« Entraînez-vous ! »

Si vous devez faire un exposé, présentez-le d'abord à des amis. Dans le cas d'un examen écrit, révisez avec des camarades de classe, posez-vous à tour de rôle des questions et vérifiez l'exactitude de vos réponses. S'il s'agit d'un examen oral, ayez une discussion en groupe sur les sujets touchés en procédant de la façon suivante : à tour de rôle, chaque personne est sur la sellette, les autres lui posent une question et, à la fin, les réponses sont corrigées en groupe.

MARCHE À SUIVRE

1. Suivez vos cours avec assiduité; réalisez en temps utile les activités prévues au programme (les lectures, les travaux, les recherches, etc.).

2. Prévoyez à votre agenda des temps de préparation pour chaque examen (voir le chapitre 1); ajoutez toujours du temps pour les imprévus.

3. Veillez à vous laisser au moins une journée libre entre la fin de la préparation et le moment de l'examen.

4. Le jour précédant l'examen, préparez tous les outils dont vous aurez besoin.

5. Présentez-vous à l'épreuve un peu à l'avance, reposé et détendu.

6. Suivez les consignes.

7. Analysez attentivement les questions (voir Les questions et les réponses, p. 99).

8. Commencez par le plus facile ou le plus important.

9. Utilisez tout le temps mis à votre disposition : révisez vos réponses, soignez les formulations, peaufinez votre travail!

10. En cas de problème, prenez trois grandes respirations !

PLUS *encore!*

Comment peut-on éviter le stress à l'approche d'un examen ?

Toute épreuve provoque un stress. Toutefois, le stress n'est pas nécessairement négatif. Selon le célèbre spécialiste Hans Selye, «le stress est le piment de la vie». Seuls les morts ne vivent aucun stress! Le stress est motivant, il nous pousse à agir, à lutter et à réussir. C'est uniquement lorsque le stress vécu excède nos capacités d'adaptation qu'il devient négatif et même destructeur. Si vous savez que votre préparation est inadéquate, le plus petit stress semblera excessif... et le sera dans les faits.

Or, vouloir réussir un cours n'est pas une motivation suffisante en soi pour accepter et surmonter le stress que provoquent un examen difficile, un professeur exigeant ou une recherche ardue. Il faut plus que cela. La motivation peut venir d'un désir d'apprendre, de se surpasser, de surmonter un obstacle difficile, d'être bien évalué ou simplement de sentir qu'on progresse. Toute motivation est bonne si elle nous encourage à affronter une épreuve.

Le stress doit devenir un stimulant pour l'étude et être source d'énergie pour l'apprentissage. La motivation et la préparation adéquate sont donc deux conditions qui vous permettront de mieux gérer votre stress.

Dans les études comme dans la vie, il faut savoir relaxer! Quand vous n'êtes pas en train d'étudier, oubliez tout cela! Ne laissez pas l'examen prévu devenir une obsession. Ne cherchez pas non plus à atteindre la perfection. Contentez-vous de faire votre possible, ce qui, la plupart du temps, est une garantie de succès, pourvu que vous travailliez avec méthode. Variez vos sujets d'étude, ménagez-vous des moments de détente, pratiquez une activité physique. Ainsi, vous pourrez vous présenter à un examen avec une attitude calme et confiante.

Finalement, au moment de l'examen, ne pensez pas au succès, à l'échec, aux capacités de votre voisin ou à l'injustice que cette épreuve peut représenter. Concentrez-vous, répondez systématiquement et ne pensez jamais au résultat : si vous avez étudié et que vous arrivez à vous concentrer, tout ira pour le mieux. Toutefois, si vous n'obtenez pas les résultats escomptés, analysez les causes (où sont les manques, dans votre préparation, par exemple). Ensuite, attaquez-vous en priorité à ces difficultés. L'échec provoque un stress, et il dépend de vous que ce dernier soit négatif ou constructif.

Source : Basé sur SELYE, Hans, *Stress sans détresse*, Montréal, Les Éditions La Presse, 1974, 175 p.

Les examens écrits et oraux

Il existe plusieurs types d'examens écrits qui se déroulent ou non sous la surveillance d'un professeur. L'examen oral, pour sa part, consiste en une entrevue individuelle avec un professeur (voir le chapitre 9 à la page 206). Au début du présent chapitre, nous avons présenté quelques principes qui s'appliquent aux examens en général. Nous décrirons maintenant les caractéristiques et les méthodes propres aux principaux types d'examens écrits.

De façon générale, les examens écrits se présentent sous les formes suivantes :

1. L'examen à réponses courtes exige des réponses brèves et précises à des questions univoques ;

2. Les questions à choix multiple font partie d'un examen à correction objective ; celui-ci propose plusieurs réponses à chaque question parmi lesquelles il faut choisir ;

3. Un examen à développement demande de commenter, d'évaluer ou d'expliquer ; il nécessite parfois l'interprétation de théories. En outre, les questions sont imposées et se rapportent à des textes de référence ;

4. L'examen mixte comporte des questions de divers types ;

5. Enfin, l'examen maison peut être un examen qui se déroule à l'extérieur de la salle de classe, une période plus ou moins longue étant allouée pour le faire.

Les examens à réponses courtes sont tout indiqués lorsque le but de l'épreuve est de vérifier l'assimilation de la matière et le sérieux de l'étude. Bien que les examens mixtes soient intéressants à cause de leur polyvalence, ce sont les examens à développement qui mobilisent le plus la compréhension et la pensée critique des étudiants. Les examens à développement sont souvent utilisés en philosophie et en sciences humaines.

Exemple

Voici quelques exemples de questions qui illustrent les différents types d'examens dont nous venons de parler. Les questions à réponses courtes sont marquées d'un astérisque (*); les questions à développement, de deux astérisques (**); les questions à développement exigeant aussi une évaluation critique sont marquées de trois astérisques (***).

1. Il existe différents types de lecture, nommez-en trois.*

2. Vrai ou faux. En sciences humaines, les définitions des mots et des concepts sont «univoques»?*

3. Thucydide s'intéresse à trois types de causes. Nommez-les.*

4. L'imagination s'oppose-t-elle à la connaissance de la réalité? Expliquez votre réponse.***

5. Pourquoi André Breton conclut-il son texte par cet énoncé: «Ce n'est pas la crainte de la folie qui nous forcera à laisser en berne le drapeau de l'imagination»?**

6. Quelle est la place de l'imaginaire dans l'appareil psychique selon Marcuse?**

7. Comment Platon qualifie-t-il l'art?**

8. Pourquoi Levi-Strauss s'oppose-t-il à la conception de Platon?**

9. Pourquoi, selon Hegel, l'art est-il supérieur à la nature?**

10. Pourquoi, selon Hegel, nos relations à l'œuvre d'art ne sont-elles pas de l'ordre du désir?**

11. Comment Freud caractérise-t-il l'artiste et son œuvre?*

12. Marcuse écrit, dans *Éros et civilisation*, «... la fonction critique de l'art porte en elle sa propre défaite». Expliquez cet énoncé.**

13. À l'aide d'une métaphore, l'enfance, Marx explique comment nous pouvons encore aujourd'hui apprécier les œuvres d'art du passé. Bloch insiste sur la nature intemporelle des grandes œuvres d'art. Dubuffet parle de la nature antisociale et subversive de l'art véritable, tout en montrant l'importance des usagers de l'art. Bourdieu insiste sur les barrières qui empêchent les enfants des classes populaires d'accéder à l'art moderne. Enfin, Musil montre que dans un monde parfait l'art serait inutile. Bref, l'art est un produit social et historique. Commentez la phrase suivante de Castoriadis, dans *L'institution imaginaire de la société*, «... l'art ne découvre pas, il constitue...».***

5

L'examen oral

L'examen oral vise les mêmes objectifs que l'examen écrit. Toutefois, il permet également d'évaluer d'autres aptitudes, comme celle de s'exprimer verbalement. En général, l'examen oral porte uniquement sur les grandes lignes d'un cours ou d'un sujet particulier qui lui sert de thème. Par contre, la vivacité des réponses, l'aisance dans la discussion, la capacité d'aller au-delà des connaissances acquises dans de nouvelles directions ou d'étendre le champ des applications étudiées compteront pour beaucoup dans le succès ou l'échec d'un examen oral.

Bien des étudiants croient que l'examen oral est une forme d'évaluation «facile», qui demande peu de préparation et permet d'accumuler des points en «disant ce qu'on pense». Évidemment, le dialogue permet une plus grande souplesse et laisse à l'expression personnelle une place beaucoup plus importante que l'écrit. Cependant, **que les idées soient exprimées oralement ou par écrit, les exigences pour ce qui est de la précision, de la cohérence et de la clarté sont les mêmes.** Les conseils suivants vous aideront à vous préparer pour réussir un examen oral.

Réussir un examen oral

- **Faites une préparation complète.** L'examen oral peut comporter des questions à réponses courtes, des questions à développement et des questions à développement critique. Bien sûr, les réponses ne peuvent être aussi complexes que dans un examen écrit puisqu'il faut répondre sur-le-champ. Par contre, l'examen oral permet de couvrir une très large matière en moins de temps. La préparation doit donc être aussi approfondie que dans le cas d'un examen écrit.

- **Habituez-vous à parler des sujets sur lesquels vous serez interrogé.** La préparation à ce type d'examen ne peut être exclusivement livresque, car il y a une grande marge entre savoir une chose et en parler. Saisissez toutes les occasions possibles : durant les cours, les ateliers et les tables rondes, les entrevues individuelles (que vous solliciterez) avec un professeur, après les cours avec des camarades de classe et, finalement, durant votre préparation. Préparez-vous en groupe ou, si vous le faites individuellement, révisez à voix haute.

- **Attention à la prise de contact.** Présentez-vous à l'examen un peu en avance et, si l'étudiant précédent retarde votre entretien, ne manifestez aucune impatience. Lorsqu'on vous appelle, installez-vous sans précipitation et établissez le contact pour créer une ambiance de confiance et de respect mutuel. Ensuite, attendez que l'évaluateur soit prêt à vous questionner. Évitez le verbiage, la flatterie et les attitudes artificielles dans le but d'impressionner : vous risquez d'obtenir l'effet contraire.

- **Détendez-vous : parlez normalement.** Au moment de l'examen, vous ne devez faire preuve d'aucune précipitation. Prenez quelques secondes pour réfléchir à chaque question. Au besoin, demandez à l'examinateur de répéter sa question. Parlez avec un débit régulier en regardant l'examinateur bien en face. Évitez les tics qui manifestent une nervosité excessive. Faites des pauses. Adoptez un style posé mais dynamique.

- **Prêtez attention aux questions.** Écoutez attentivement chaque question et cherchez à la schématiser mentalement (voir La carte mentale, chapitre 9, p. 212). Ne répondez que si vous avez compris la question ; mieux vaut hésiter que de se tromper. Il est certes beaucoup plus difficile de schématiser une question mentalement que par écrit, mais les questions d'un oral sont généralement plus courtes et moins complexes. Par contre, il ne suffit pas d'écouter attentivement une question pour la comprendre.

Tentez de visualiser mentalement les rapports à établir entre les principaux éléments des questions. Utilisez les mêmes figures et symboles que ceux que vous utiliseriez par écrit (entraînez-vous à le faire en classe, quand le professeur pose des questions). Schématisez mentalement la question. Ainsi, lorsque vous hésiterez dans le cours d'une réponse, vous pourrez vous référer à votre schéma mental et reprendre le fil de la réponse. D'ailleurs, la plupart des examinateurs accepteront que vous preniez quelques notes durant l'examen oral. Il est bien plus efficace de noter les questions sous forme schématique, car le schéma vous fournit alors le canevas de la réponse.

- **Structurez vos réponses.** Celles-ci doivent être présentées de façon ordonnée :

  1. Répondez brièvement et directement à la question ;

2. Donnez une explication graduelle des différents éléments ;

3. Ajoutez un point de vue personnel à titre d'illustration ou de critique.

- **Un peu plus vaut mieux que pas assez : mais pas trop !** Vos réponses doivent être complètes. L'erreur la plus fréquente consiste à se perdre dans des détails alors que des points importants n'ont pas encore été abordés. Assurez-vous de dire l'essentiel. Si vous hésitez sur l'ampleur à donner à la réponse, il vaut mieux en mettre un peu plus, mais jamais trop. Dans ce dernier cas, vous donneriez l'impression de « tourner autour du pot », ce qui pourrait nuire à l'attention de l'évaluateur.

- **Saisissez les occasions de mettre vos capacités en évidence.** Tout l'intérêt de l'examen oral consiste en cette possibilité qui vous est fournie d'étonner par votre vivacité intellectuelle et votre imagination. Une repartie efficace, une illustration inattendue, un raisonnement rigoureux, une critique pertinente : toutes ces réponses peuvent faire une forte impression sur l'examinateur, et c'est bien souvent ce qui différencie un examen simplement réussi d'un excellent examen.

Au cours d'un examen oral, vous devez d'abord reconnaître les « bonnes occasions » pour pouvoir les saisir puis les exploiter. La plupart des questions exigent de donner une certaine information. Si rien d'autre n'est précisé, contentez-vous de fournir les réponses. Cependant, il est très rare qu'un examen oral en reste là, car ce dernier aurait bien peu d'intérêt pédagogique. Toutes les questions qui nécessitent un développement ou une critique sont des portes ouvertes à l'affirmation de vos qualités intellectuelles, de même que toutes les répliques impromptues qui invitent à un véritable dialogue.

Lorsque l'occasion vous semble bonne et que le sujet est connexe, vous pouvez avancer et développer une idée personnelle, sans toutefois vous attarder. Cependant, si votre intervention suscite l'intérêt de l'évaluateur, alors développez votre point de vue. De même, si la question ou l'échange s'y prêtent, vous pourrez faire la critique d'une théorie, d'une interprétation ou d'un auteur étudiés en classe en prenant soin d'expliquer et de justifier votre point de vue. Si vous avez suffisamment approfondi un point particulier, vous pourrez même formuler une hypothèse et la justifier en montrant sa pertinence dans le cadre de la problématique du cours.

EXERCICE

L'étude en groupe est un excellent exercice préparatoire pour un examen oral.

1. Formez, par exemple, un groupe de quatre personnes. Chacune aura d'abord fait sa propre révision.

2. Deux à deux, simulez un examen oral de 10 à 15 minutes. Donnez la chance à chaque personne de jouer le rôle de l'évaluateur.

3. Ensuite, en groupe, discutez des points les plus importants ou les plus difficiles.

MARCHE À SUIVRE

1. Préparez-vous adéquatement (voir La mémoire et la mémorisation, p. 85). Étudiez en groupe en utilisant des techniques de simulation et de discussion libre, puis faites une dernière révision individuelle.

2. À l'examen, ayez une attitude respectueuse. Soyez calme mais dynamique.

3. Écoutez attentivement les questions. Tentez de les schématiser mentalement.

4. Donnez des réponses complètes. Présentez d'abord l'essentiel, et ensuite donnez des explications supplémentaires sur les principaux éléments.

5. Parlez posément.

6. Saisissez les occasions de mettre vos capacités en évidence.

7. Ne précipitez pas votre sortie.

L'examen à réponses courtes ou les questions à choix multiple

Nous ne nous attarderons pas sur l'examen à réponses courtes ou les questions à choix multiple. Cependant, mentionnons quelques conseils qui vous aideront à répondre à ce type de question.

1. **Analysez les questions,** et notez les premières idées de réponses qui vous viennent à l'esprit.

2. Selon la durée de l'examen, **prévoyez le temps que vous accorderez à chaque question,** et gardez du temps à la fin pour faire une révision. Respectez cette répartition.

3. Répondez aux questions **en commençant par les plus courtes** et les plus faciles. Cependant, veillez à respecter l'ordre suivant : répondez d'abord aux questions à réponses courtes, ensuite aux questions à correction objective. S'il s'agit d'un examen mixte, vous répondez ensuite aux questions à développement.

4. Dans une première étape, **sautez les questions auxquelles vous ne pouvez répondre d'emblée.** Revenez-y quand vous aurez répondu aux autres.

EXERCICE

1. Choisissez un texte sur lequel vous serez probablement interrogé au cours d'un examen. Demandez à un ou à deux camarades de classe de faire l'exercice avec vous.

2. Chacun de votre côté, relisez plus à fond une partie du texte ou un chapitre, et préparez quelques questions sur la matière étudiée.

3. Posez vos questions aux autres, à tour de rôle ; répondez sans recourir au texte. Vérifiez ensemble l'exactitude des réponses.

L'examen à développement

L'**examen à développement** est une épreuve qui demande de rédiger en classe, dans un temps limité, des explications ou de brefs commentaires sur une question ou un thème. Éventuellement, l'accès à une documentation diversifiée sera permis (des notes de cours, des textes ou des manuels de classe, des dictionnaires et d'autres ouvrages de référence). Le but de ce genre d'examen est de vérifier la compréhension et la capacité de réflexion critique. Les paramètres permettant de mesurer ces habiletés sont semblables à ceux qu'on applique au commentaire ou à la dissertation.

Un examen à développement est un travail qui exige une révision générale de la matière. Il suppose donc une lecture active des textes obligatoires du cours. De plus, vous devez maîtriser les principaux sujets abordés durant les semaines couvertes par l'examen. Cet examen permet de mesurer l'efficacité du travail que vous êtes en mesure d'effectuer dans un temps limité tout en respectant un cadre de réflexion précis. Bref, un tel examen permet d'évaluer vos habiletés lorsque vous devez réfléchir à un sujet imposé, recueillir et systématiser rapidement l'information nécessaire, développer une réflexion personnelle sur un sujet précis en un temps limité, rédiger rapidement et bien gérer le temps alloué.

La gestion du temps, le stress et l'efficacité

La préparation générale exigée ici est la même que pour les autres genres d'examen. Toutefois, il importe d'aborder la question de la gestion du temps durant un examen à développement, puisqu'il s'agit là d'une cause fréquente d'échec.

Supposons que le temps alloué à un examen à développement est de trois heures. Durant ce temps, vous devez répondre à trois questions d'une page chacune. Vous avez pris le temps nécessaire pour vous préparer, et vous avez installé devant vous tous les outils auxquels vous avez droit avant la distribution du questionnaire. Les trois heures qui vous sont allouées **doivent être utilisées au complet et efficacement.**

S'il y a trois questions, prévoyez 50 minutes par question. Les 30 minutes ainsi « épargnées » seront ajoutées au temps prévu pour répondre à la question la plus difficile. Cela signifie donc, pour chacune des questions, que l'analyse de la question et la collecte de l'information pertinente devront se faire en 10 minutes, ce qui vous laisse 20 minutes pour la rédaction du brouillon et 20 minutes pour sa révision et la rédaction au propre (dans le cas de la dernière question, vous disposerez d'une demi-heure supplémentaire). Ainsi, vous ne vous sentirez pas bousculé (ce qui entraîne souvent la perte de temps… par manque de temps!). Et s'il vous reste encore du temps, fignolez les réponses les plus difficiles, complétez une réponse, relisez l'ensemble une dernière fois pour vérifier s'il ne reste pas de fautes.

La gestion du stress est aussi un élément fondamental de succès, particulièrement dans le cas d'un examen à développement. Pour y arriver, vous avez avantage à suivre certaines des règles énoncées précédemment (voir Marche à suivre et Comment peut-on éviter le stress à l'approche d'un examen?, p. 91).

Finalement, un mot sur les questions : **si vous analysez une question de manière appropriée, notamment une question à développement, vous avez déjà fait la**

moitié du travail! Évitez de vous précipiter afin de ne pas passer à côté de la question ou de répondre de manière incomplète. Vous devez prendre le temps requis pour analyser et schématiser les questions. Une réponse appropriée est une réponse précise, produite dans les délais accordés; elle apporte tous les éléments essentiels sur une question ou un thème précis — et seulement ces éléments. Selon sa formulation ou les consignes données, elle peut également comporter un élément de réflexion personnelle. L'examen à développement, outre le fait d'imposer une limite de temps et de documents permis, vise en fait à évaluer non seulement les réponses, mais aussi votre capacité de répondre!

MARCHE À SUIVRE

1. Analysez soigneusement les consignes, puis chacune des questions (voir Les questions et les réponses, p. 99).
2. Établissez le temps que vous prendrez pour chaque question, et respectez-le. Commencez par les questions les plus faciles.
3. Pour chaque question:
   - Regroupez l'information pertinente;
   - Dressez le plan de votre réponse;
   - Rédigez un brouillon;
   - Révisez-le, puis écrivez votre texte au propre.

Exemple

Voici un exemple typique d'examen de philosophie ne comportant que des questions à développement.

- Indiquez bien votre nom et le numéro de la question sur chaque feuille, en haut à droite.
- Répondez à deux questions parmi les suivantes (de une à deux pages par question).

1. Quelles sont les conséquences de la finitude sur la condition humaine?
2. Comment peut-on dire d'un instant qu'il est éternel?
3. En quoi la mort permet-elle de donner un sens à la vie?
4. Dites ce qu'évoque pour vous le thème de «l'éternel retour».

EXERCICE

1. Choisissez quelques questions, par exemple dans vos manuels de cours.
2. Pour chacune des questions, tentez de donner une réponse d'une demi-page en 30 minutes.

L'examen maison

L'examen maison, consiste généralement à rédiger un commentaire. Nous ne ferons ici que quelques remarques qui vous aideront à vous orienter selon le nombre de pages requis pour le travail demandé.

On distingue le commentaire court et le commentaire plus long. Si tous les types de commentaire obéissent aux mêmes règles de base, ils imposent aussi certaines contraintes dont il faut tenir compte.

Le commentaire court porte généralement sur un point précis d'un texte ou d'un thème. Il suppose d'emblée que le professeur ne cherche pas à connaître l'ensemble de vos connaissances sur ce point. L'erreur la plus fréquente à éviter est de faire un résumé de texte ou un résumé de cours. Par exemple, supposons qu'un professeur demande «une réflexion sur le processus de *dualisation* des sociétés développées». Si un ou plusieurs textes du cours portaient sur ce point, lequel a probablement été abordé et discuté en classe, il est évident que le professeur ne cherche pas à évaluer la lecture de ces textes ou ce que vous en avez retenu ou compris. Il veut plutôt savoir comment vous êtes capable de prolonger le contenu du cours et des textes dans une direction originale et pertinente. Par exemple, vous devrez développer un aspect particulier du problème en l'appliquant à une situation nouvelle qui éclaire un aspect méconnu de la question, le confronter avec un autre point de vue, etc.

Dans le cas du commentaire plus long, on suppose au contraire qu'une élaboration plus importante est attendue. Le professeur voudra plus de références, des résumés plus substantiels et, surtout, une réflexion plus approfondie et un plus grand nombre d'éléments originaux. L'introduction établira clairement la problématique, la conclusion sera riche et réfléchie et, enfin, le développement se divisera en autant de sections que le sujet l'exigera.

Exemple

Voici un exemple de question qui peut apparaître dans un examen maison. Lisez attentivement le sujet et les différentes consignes.

Un chef d'État étranger effectue une visite protocolaire au pays. Il décide de se faire accompagner par une délégation de jeunes étudiants de son pays. Vous êtes choisi pour expliquer aux étudiants étrangers certains aspects de la vie politique au Canada et au Québec. Qu'allez-vous leur dire?

Rédigez votre intervention (en quatre ou cinq pages) en vous basant sur les concepts suivants: l'État canadien, l'État québécois, le fédéralisme, la souveraineté, l'autonomie, la nation, les classes sociales, la classe dominante, la classe politique, l'idéologie, les minorités, le peuple.

Les questions et les réponses

Bien analyser une question est la première démarche à entreprendre pour réussir tous les types de travaux que vous devrez exécuter, car c'est la question qui amorce et oriente le processus de recherche. L'analyse d'une question consiste à relever et à définir précisément ses composantes (ce qui est demandé) et à établir les relations précises qui existent entre elles. Elle consiste aussi à clarifier les opérations intellectuelles particulières que nécessite la réponse (ce que vous devez faire).

Les réponses doivent combler les attentes exprimées dans les questions en faisant preuve d'une certaine qualité de réflexion. La réponse optimale est la meilleure réponse qu'on puisse apporter à une question particulière dans l'espace permis. Elle doit être directe, complète et concise. De plus, la réponse doit correspondre de façon précise aux opérations exigées implicitement ou explicitement par la question, et à aucune autre.

Comment analyser une question

Toute question à développement pose le problème de la perspective d'explication à adopter. Par exemple, devez-vous chercher les causes d'un phénomène ou les conséquences d'une proposition théorique? Ensuite, il faut établir l'objet de connaissance précis de la question: devez-vous analyser une interprétation ou exposer une théorie? développer une idée ou clarifier une méthode? Finalement, vous préciserez la ou les opérations attendues dans la réponse: faut-il justifier ou évaluer? décrire ou expliquer? montrer ou critiquer? **Comprendre une question signifie que vous êtes en mesure de poser ce triple diagnostic.** La figure 5.1 pourra vous servir d'aide-mémoire au moment de vérifier votre compréhension d'une question.

Figure 5.1

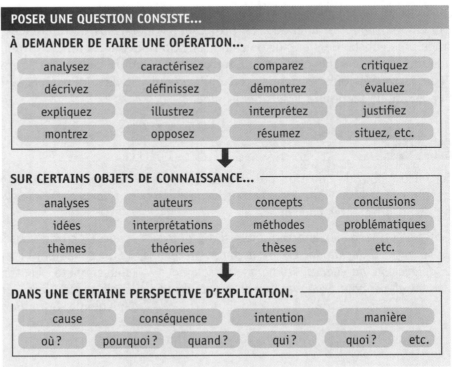

Ce schéma contient en fait une méthode simple d'analyse des questions. Prenons un exemple. Supposons qu'on vous demande ceci: «Montrez la pertinence et les limites des principes généraux de l'éducation physique dans l'Antiquité.»

D'abord, vous pouvez établir l'opération demandée:

Figure 5.2

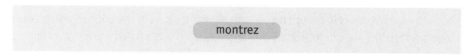

Ensuite, vous poursuivez avec les autres éléments de la question :

Figure 5.3

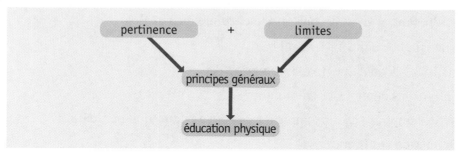

Vous notez ainsi les différentes dimensions de l'objet de la question : la *pertinence* ; et les *limites* ; de quoi ? des *principes généraux* ; de quoi ? de l'*éducation physique*.

Maintenant, il vous reste à clarifier la perspective d'explication. Vous devez donc répondre aux questions « quoi ? » et « quand ? ». Ainsi, on veut savoir quelque chose (quoi ?) à un moment donné (quand ?). Le schéma général de la question sera donc le suivant :

Figure 5.4

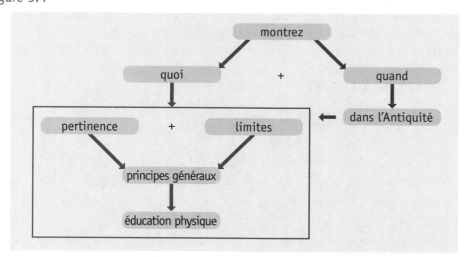

Procédez toujours de la même façon en distinguant les trois étapes (sur trois niveaux) et en schématisant le contenu à l'aide d'un système de boîtes, de flèches et de symboles. Quand vous répondez à la question, vous gardez à l'esprit ces différentes dimensions et, à la fin, vous pouvez vérifier si la réponse donnée respecte bien l'opération, les objets de connaissance (éléments de la question) et la perspective.

Comment répondre à une question

Une fois la question bien comprise, avant de commencer à rédiger votre réponse, considérez d'abord l'espace dont vous disposez. Il est très différent de répondre à une question en six lignes, en une page ou en cinq pages! Cependant, quel que soit l'espace disponible, votre réponse doit couvrir toutes les dimensions qui ressortent dans la schématisation de la question. À tout le moins, vous avez l'obligation de couvrir les éléments essentiels, et ce, dans un ordre logique et adapté à la question. Pour y arriver, vous respecterez quelques règles :

• Allez tout de suite à l'essentiel ;

• Justifiez adéquatement votre réponse ;

• Limitez les citations au minimum ;

• Ne développez pas d'exemple à moins que la question ne l'exige ;

• Définissez vos termes ;

• Donnez une réponse complète ;

• Évitez les répétitions ;

• Donnez une réponse exacte ;

• Adoptez un style sobre, sans artifice ;

• Appuyez-vous toujours sur les références du cours.

Comme pour toute rédaction de texte, il est préférable de dresser un plan de rédaction (si le temps le permet) avant de commencer à rédiger. Ce plan suivra fidèlement le schéma qui illustre la question : vous considérerez chacune des opérations (s'il y en a plusieurs) l'une après l'autre et, dans chaque cas, les divers éléments dans l'ordre. Vous terminerez par une brève conclusion récapitulative.

MARCHE À SUIVRE

La question

1. Lisez la question attentivement.

2. S'il y a lieu, vérifiez le sens des mots qui ne vous semblent pas clairs.

3. Schématisez la question selon le modèle proposé ici.

4. Vérifiez votre schéma en le comparant à la question, corrigez-le au besoin.

La réponse

1. Recueillez l'information nécessaire dans la documentation autorisée.

2. Dressez un plan de réponse.

3. Rédigez votre réponse, et vérifiez si elle suit bien le schéma de la question que vous avez établi.

4. Révisez votre texte.

Voici deux exemples de schémas établis à partir de questions. Ils vous permettront de bien comprendre le processus de schématisation visant à répondre de façon adéquate.

1. Quelles sont les caractéristiques de la méthode expérimentale telle qu'elle s'est développée à l'époque moderne?

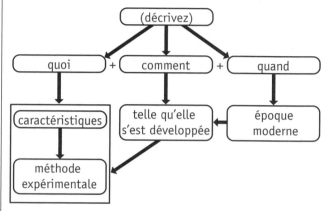

Notez que, dans cet exemple, l'opération demandée est sous-entendue.

2. Expliquez la citation suivante: «Toute science doit surmonter divers obstacles épistémologiques pour construire son objet.»

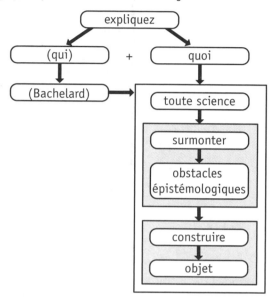

Ici l'auteur de la citation, qui n'est pas nommé, est un élément implicite devant être précisé. Vous devez le déduire à partir de la citation donnée.

EXERCICE

1. a) Établissez un **schéma d'analyse** de la question suivante:

Qu'allez-vous répliquer à un conférencier qui soutient le point de vue suivant: «L'assertion de Marx et d'Engels selon laquelle "l'histoire de toute société jusqu'à nos jours est l'histoire de la lutte des classes" constitue encore aujourd'hui une vérité scientifique incontestable»?

b) Examinez maintenant la réponse apportée à cette question en 32 lignes, en 17 lignes, puis en 10 lignes (les réponses ci-après). Comparez chacune de ces réponses avec le schéma de la question que vous avez construit. Les réponses contiennent-elles tous les éléments demandés dans la question?

1re réponse: 32 lignes

Il ne saurait faire de doute que le facteur de «la lutte des classes» a marqué, à certains moments, l'histoire de certaines sociétés. Toutefois, soutenir qu'il s'agit d'une «vérité scientifique incontestable», comme le conférencier l'avance, c'est une autre chose. Une telle formule ne me paraît pas fondée.

Rappelons que les connaissances scientifiques ont la particularité, comme l'indique Karl Popper, d'être réfutables. De plus, la « vérité », en sciences humaines, ne peut être établie avec le même degré d'exactitude que dans le domaine des sciences pures. En physique, en chimie, en biologie, par exemple, la « vérité » (ou plutôt la « connaissance ») est possible dans la mesure où plusieurs expériences effectuées dans des conditions identiques donnent les mêmes résultats. Les phénomènes historiques, pour leur part, n'ont pas la particularité d'être reproductibles d'un endroit à l'autre sur la planète.

L'histoire est une matière qui donne lieu à de nombreuses interprétations, et le point de vue de Marx et d'Engels est une perspective d'analyse parmi plusieurs autres. Il est certes plus intéressant d'analyser l'histoire à la lumière de l'approche de la lutte des classes des fondateurs du socialisme (et préalablement mise de l'avant par Augustin Thierry et François Guizot) qu'à partir des écoles historiques axées autour des « Grands personnages », de la « Providence », de la « Nation », etc. Cependant, le point de vue de Marx et d'Engels selon lequel « l'histoire de toute société jusqu'à nos jours est l'histoire de la lutte des classes » n'a pas pour effet d'épuiser la réalité historique, qui est fort complexe, ou de constituer une « vérité scientifique incontestable ».

Si j'avais à réécrire la célèbre formule du *Manifeste du Parti communiste* à la lumière de 25 siècles d'historiographie et des conflits contemporains, j'avancerais que ce sont certaines personnes qui se mobilisent autour d'enjeux communs qui font l'histoire. Ces personnes appartiennent certes à des groupes comme des classes sociales, mais elles sont aussi porteuses de nombreuses autres identités comme le sexe, la langue, la religion, le groupe d'âge, etc.

Faire de la lutte des classes une « vérité scientifique incontestable » relève davantage d'un point de vue dogmatique que d'un point de vue scientifique. Le moteur de l'histoire des civilisations orientale et occidentale ne se résume pas dans une phrase de 15 mots.

2e réponse : 17 lignes

Je ne conteste pas l'idée que le facteur de « la lutte des classes » a marqué, à certains moments, l'histoire de certaines sociétés. Cependant, je ne soutiendrai jamais qu'il s'agit, comme l'affirme le conférencier, d'une « vérité scientifique incontestable ».

Comme l'indique Karl Popper, les connaissances scientifiques ont la particularité d'être réfutables. De plus, la « vérité » en sciences humaines ne peut être établie avec le même degré de certitude qu'en sciences pures. Les phénomènes historiques, contrairement aux phénomènes biologiques, physiques et chimiques, ne sont pas reproductibles d'un endroit à l'autre sur la planète.

Il est certes plus intéressant d'analyser un phénomène historique à la lumière de la lutte des classes qu'à partir du point de vue de certaines écoles historiques selon lesquelles l'histoire est en mouvement à cause des « Grands personnages », de la « Providence », de la « Nation », etc. Toutefois, affirmer que le facteur de la lutte des classes correspond à une « vérité scientifique incontestable » correspond à énoncer un point de vue dogmatique.

Je suis d'avis que le principe moteur de l'histoire des civilisations orientale et occidentale ne se résume pas dans une phrase de 15 mots.

3ᵉ réponse : 10 lignes

Le facteur de « la lutte des classes » a certes marqué l'histoire de certaines sociétés. Cependant, avancer qu'il s'agit d'une « vérité scientifique incontestable » est une formule qui relève davantage d'un point de vue dogmatique que de la connaissance scientifique.

Les faits historiques ne sont pas reproductibles d'un endroit à l'autre sur la planète (comme c'est le cas en biologie, en chimie et en physique). Il s'agit plutôt de faits qui sont soumis à de nombreuses interprétations dont le principe moteur varie d'une école à l'autre.

L'histoire du monde oriental et du monde occidental ne se résume pas dans une phrase de 15 mots.

PLUS *encore !*

Il est possible de reformuler un énoncé interrogatif de diverses manières, soit pour le simplifier, soit pour le clarifier. On peut aussi chercher à rendre plus explicites certains éléments qui restent sous-jacents à l'énoncé. Ainsi, à la place de « dites quels sont... », on écrira « énumérez » ; plutôt que de demander « rassemblez les divers éléments », on préférera « synthétisez » ; ainsi de suite. Ces expressions sont plus faciles à saisir visuellement.

Certains de vos professeurs vous demanderont, par exemple :

- « De discuter plus à fond la pensée d'un auteur sur tel sujet » ;
- « D'exposer vos connaissances sur tel problème ou telle question » ;
- « De critiquer le point de vue de tel auteur sur un aspect donné » ;
- « De décrire les caractéristiques d'un phénomène précis » ;
- « De montrer les causes à l'origine de tel événement » ;
- « De critiquer le point de vue de tel auteur ».

Avant de commencer à rédiger votre réponse, réfléchissez bien au sens exact de la question à laquelle vous devez répondre. Voici quelques indications qui pourront vous être utiles :

- Si l'on vous demande de **critiquer,** vous devez *faire l'examen d'une chose pour en souligner les qualités et les défauts.* Votre réponse débutera de la façon suivante : « Dans la critique qui suit, j'entends faire ressortir le caractère juste de... et le caractère erroné de... » ;
- Si l'on vous demande de **discuter,** vous devez *examiner en faisant ressortir le pour et le contre.* Votre réponse débutera de la manière suivante : « Sur tel ou tel aspect... je suis pour ; sur tel ou tel aspect... je suis contre » ;
- Si l'on vous demande d'**exposer,** vous devez *présenter ce que vous savez ou avez appris sur un sujet.* Votre intervention écrite ou orale commencera ainsi : « L'exposé qui suit porte sur... Je présenterai les aspects suivants... » ;
- Si l'on vous demande de **montrer,** vous devez *mettre en évidence les causes ou les facteurs à l'origine de...* Votre réponse débutera ainsi : « Les causes de tel phénomène résident dans... ».

5

Tableau 5.1	Verbes souvent utilisés
Consigne	**Nature du travail demandé**
Analyser	Décomposer une œuvre, un texte en ses éléments essentiels, afin d'en saisir les rapports et de donner un schéma de l'ensemble.
Apprécier	Porter un jugement sur...
Argumenter	Prouver par arguments. Argument : Raisonnement destiné à prouver ou à réfuter une proposition.
Caractériser	Indiquer avec précision, dépeindre les caractères distinctifs de...
Commenter	Expliquer par un commentaire ; faire des remarques, des observations sur...
Comparer	Examiner les rapports de ressemblance et de différence.
Considérer	Envisager par un examen attentif, critique.
Critiquer	Faire l'examen (des ouvrages d'art ou d'esprit) pour en faire ressortir les qualités et les défauts.
Décrire	Représenter dans son ensemble.
Définir	Déterminer par une formule précise ; préciser l'idée de...
Dégager	Isoler (un élément, un aspect) d'un ensemble.
Démontrer	Établir la vérité de quelque chose d'une manière évidente et rigoureuse ; fournir une preuve de, faire ressortir.
Développer	Exposer en détail, étendre en donnant plus de détails.
Discuter	Examiner quelque chose par un débat, en étudiant le pour et le contre.
Éclairer	Rendre clair, intelligible.
Étudier	Chercher à comprendre par un examen.
Évaluer	Porter un jugement sur la valeur de...
Examiner	Considérer avec attention, avec réflexion ; regarder très attentivement.
Expliquer	Faire connaître, comprendre nettement, en développant.
Exposer	Présenter en ordre un ensemble d'idées, de faits.
Illustrer	Rendre plus clair à l'aide d'exemples.
Juger	Soumettre au jugement de la raison, de la conscience ; prendre nettement position sur une question.
Justifier	Montrer quelque chose comme vrai, juste, réel, par des arguments, des preuves.
Montrer	Faire constater, mettre en évidence.
Prouver	Faire apparaître ou reconnaître quelque chose comme vrai, réel, certain au moyen de preuves.
Source : Le Petit Robert.	

Les ressources disponibles et les mesures de soutien dans votre maison d'enseignement pour favoriser votre réussite scolaire

Au cours des dernières années, les maisons d'enseignement postsecondaires ont dégagé des ressources ou mis en place des équipements pour favoriser la réussite scolaire. La plupart des universités offrent des activités permettant à certains étudiants d'améliorer la qualité du français écrit. Du côté des cégeps, des centres d'aide et de réussite en français, en philosophie, en mathématiques, en langues secondes ou des laboratoires en sciences humaines ont vu le jour. Bref, dans les matières de la formation générale comme de la formation spécifique, il existe maintenant des services qui s'adressent aux étudiants soucieux d'améliorer leurs résultats scolaires et de réussir leurs études. Ces centres d'aide ou laboratoires sont des lieux de rencontre entre des professeurs ou des moniteurs et des élèves aux prises avec certaines difficultés. Les étudiants peuvent y travailler individuellement ou en équipe. Ils peuvent aussi obtenir une aide individuelle d'encadrement adaptée à leurs besoins. De plus, des brochures ou des ateliers portant sur la prise de notes, les techniques d'amélioration des études, la gestion du temps, la préparation aux examens, la gestion du stress, etc. sont disponibles (consultez le site Web de votre établissement d'enseignement).

Dans les universités comme dans les cégeps, une personne-ressource vous aidera à faire les bons choix dans votre cheminement scolaire. À l'université, il s'agit du directeur de votre programme d'études et, au cégep, de votre aide pédagogique individuel (API). Tout au long de vos études collégiales ou universitaires, ces personnes vous assureront que vous faites les bons choix de cours et que vous vous conformez au règlement de votre programme d'études. Dans les cégeps, les API sont à votre disposition si vous vous interrogez sur votre choix de programme d'études ou votre choix de cours. Ils peuvent vous conseiller adéquatement si vous décidez de changer de programme d'études.

Vous avez la possibilité de rencontrer les professeurs durant leurs périodes de disponibilité. Ainsi, vous avez l'occasion d'obtenir une aide précieuse, ce qui peut faire la différence entre un échec et une réussite.

Pour en savoir plus

BOUCHER, Francine et Jacqueline AVARD, *Réussir ses études : Guide d'autogestion*, Boucherville, Les Éditions de Mortagne, 1984, p. 281-311.

GOULET, Liliane et Ginette LÉPINE, *Cahier de méthodologie*, 4e éd., Montréal, Université du Québec à Montréal, 1987, p. 149-156.

Nous vous invitons à consulter le site Internet de votre collège ou de votre université pour connaître les différents services d'aide offerts. Vous pouvez également prendre connaissance du guide de la Toile du Québec intitulé *Ressources pour l'étudiant* à l'adresse < http://www.toile.com./guides/education/ressources_etudiant >.

Savoir rédiger

Vous avez un texte à produire. Au préalable, vous avez recueilli de la documentation, fait des lectures, pris des notes. La prochaine étape consiste à dresser le plan et à rédiger le texte. Sachant ce que vous voulez communiquer, vous allez écrire votre texte. Ensuite, vous réviserez cette première version: vous aurez alors la version finale de votre texte, celle qui sera lue par la ou les personnes à qui votre texte est destiné.

On ne commence pas à écrire un texte sans en avoir une vision d'ensemble, même si cette vision est nécessairement incomplète au moment d'amorcer la rédaction. De la même manière, on n'entreprend pas la rédaction d'un paragraphe sans connaître les grandes lignes de ce que celui-ci doit contenir. Et, plus encore, on n'ébauche pas une phrase sans avoir une idée de ce qu'on veut dire. Bref, la rédaction est un processus qui se déroule selon un plan d'ensemble qui se précise au fur et à mesure qu'on avance. En général, quand on a de la difficulté à écrire (le «syndrome de la page blanche»), il y a de fortes chances que ce soit parce qu'on n'arrive pas à concevoir clairement l'information qu'on veut transmettre.

6

Quelques conseils de base

Voici quelques conseils susceptibles de vous faciliter la tâche quand vient le temps de rédiger un texte.

Rédigez un brouillon. Lancez-vous, et ne cherchez pas la perfection du premier coup, sinon vous risquez de ne rien écrire du tout ! Ce n'est qu'après une longue pratique que l'écriture devient plus facile. L'important, c'est d'abord de produire une matière que vous pourrez ensuite façonner.

Cherchez le mot juste. On n'utilise jamais trop son dictionnaire ! La piètre qualité de plusieurs textes tient à la confusion des idées qui y sont exprimées, souvent à cause d'un manque de vocabulaire. Vous devez donc toujours vérifier le sens des mots utilisés en consultant un dictionnaire général ou, mieux encore, un dictionnaire spécialisé, par exemple en sciences humaines.

Rédigez des phrases courtes, simples mais complètes. Normalement, une phrase doit toujours comporter un sujet, un verbe et un complément : voilà ce qu'est une phrase complète. Vos phrases seront en général plus élaborées ; évitez néanmoins les phrases inutilement complexes. Le but premier d'un texte argumentatif est de communiquer l'information. Même si les qualités littéraires du texte ne sont pas à négliger, vous devez d'abord vous attacher à exprimer les idées de façon claire. Par exemple, il est préférable de renoncer à une figure de style mal maîtrisée plutôt que de l'utiliser de façon maladroite.

La phrase n'est pas seulement une unité syntaxique, c'est aussi et surtout une unité de sens. Elle doit exprimer complètement une et une seule idée. Plusieurs étudiants produisent des textes confus non par manque d'inspiration, mais au contraire parce qu'ils ont trop d'idées et qu'ils essaient de tout dire en même temps. En général, pour exprimer clairement trois idées, il est préférable d'utiliser trois phrases.

Par ailleurs, vous devez aussi vous assurer que l'idée est exprimée de façon complète. Une fois qu'un texte est écrit, vous n'êtes plus là pour expliquer au lecteur : « Oui, mais j'ai voulu dire que... ». En fait, une phrase complète doit livrer d'elle-même tout son sens. N'oubliez jamais que rien ne va de soi (les autres ne sont pas dans votre tête !). Ainsi, il vaut mieux trop expliciter que pas assez.

Privilégiez les phrases informatives et explicatives. Les phrases remplissent diverses fonctions dans le processus de communication. Le plus souvent, l'objectif principal d'un texte consiste à transmettre de l'information et à défendre des idées d'une manière rationnelle et logique. Par conséquent, vous devez préférer les phrases informatives et explicatives plutôt que celles qui ont pour but d'exprimer des impressions subjectives ou de produire des figures de style.

Construisez vos paragraphes logiquement autour d'une idée directrice ou d'un argument. Certains étudiants confondent la phrase et le paragraphe ; ils changent de paragraphe à chaque phrase ! D'autres ne savent pas comment découper leurs paragraphes. Ils écrivent de longs blocs de texte où le lecteur se perd. Un paragraphe doit être une unité logique construite autour d'une et d'une seule idée importante que vous expliquez, justifiez, illustrez ou développez. Vous devez donc changer de paragraphe chaque fois qu'une idée importante est amenée.

Structurez vos paragraphes comme de petits textes. Un paragraphe bien construit comporte une introduction. Vous y annoncez ce dont il sera question et vous formulez l'idée directrice du paragraphe. Ce dernier comporte un développement où l'idée directrice est expliquée, justifiée à l'aide d'arguments, illustrée par un exemple, examinée dans ses relations avec d'autres éléments ou encore prolongée dans ses conséquences. Enfin, il comporte une conclusion où l'idée directrice est reprise, approfondie et prolongée vers un autre développement (un autre paragraphe).

Vérifiez régulièrement votre plan. L'esprit est naturellement indiscipliné, donc enclin à s'égarer dans des exemples interminables, des analogies et des digressions! C'est pour cette raison que vous devez constamment vérifier si ce que vous écrivez correspond bien au plan de rédaction déjà établi.

Cependant, cette relation entre la rédaction et le plan n'est pas unilatérale, au contraire! Souvent, ce que vous avez écrit, qui pourtant semble s'éloigner du sujet, est l'indication d'un défaut dans le plan. Il peut s'agir d'une correction à apporter, d'un point à ajouter ou d'une voie de développement plus intéressante à privilégier. Dans ce cas, précisez votre idée, corrigez le plan et poursuivez la rédaction.

L'écriture suit un cycle que vous devez respecter. Le processus d'écriture est lent et progressif. Il comprend trois étapes: la réflexion, la rédaction et la relaxation! Quand vous abordez une nouvelle partie du plan, vous devez d'abord réfléchir pour préciser l'idée à amener, la thèse à défendre et déterminer la façon de le faire. Souvent, vous devez même relire un document, vous arrêter et prendre le temps de réfléchir. Quand vous vous sentez prêt, alors vous pouvez recommencer à rédiger.

Lorsque les mots manquent, que les phrases ne viennent pas, que vous recommencez sans fin un paragraphe et vous épuisez en vain, c'est le temps de la récréation! Relaxez (allez marcher, par exemple). Oubliez le texte pendant quelques minutes (ou quelques heures). La lumière se fera d'elle-même, vous aurez une idée (peut-être géniale!): vite, notez-la! Ne vous découragez pas, souvent ces intuitions sont longues à venir. Si ce n'est pas le cas, remettez-vous au travail, et reprenez le cycle...

Faites preuve de constance et de persévérance. La lecture, l'écriture et la réflexion exigent du temps, beaucoup de temps, toujours deux fois plus de temps que ce qui était prévu! Un travail fait à la dernière minute, sans avoir pris le temps de le laisser «mûrir», risque tout simplement d'être bâclé.

Et si vous avez l'impression que vous n'arriverez jamais à terminer un texte, la seule solution est la constance! Revenez sans cesse à votre table de travail. Reprenez vos livres, vos notes, vos esquisses, vos plans et vos brouillons. Thomas Edison déclarait que le génie est constitué de 1 % d'inspiration et de 99 % de transpiration...

Vous manquerez parfois d'inspiration. À d'autres moments, les idées se bousculeront de manière telle que votre main sera trop lente pour noter ce que vous voulez dire: tout cela fait partie du processus d'écriture.

Le plan de rédaction

Que vous rédigiez un texte à la main ou que vous le saisissiez dans un traitement de texte, l'établissement d'un plan est essentiel. Un plan de rédaction comprend la liste des parties du texte, une brève description de leur contenu et une indication des principales sources qui seront utilisées. Toutefois, un plan de rédaction, c'est aussi — et surtout — l'énoncé succinct des principaux arguments amenés pour appuyer l'idée principale et les idées directrices.

Un plan de rédaction détaillé n'inclut pas seulement des affirmations à propos du contenu du texte. Vous pouvez aussi y noter des questions, des doutes, des indications diverses («ne pas oublier telle chose...», «prendre tel ton...», «utiliser tel procédé...»). Très rapidement, un plan de rédaction vraiment utile comportera bon nombre de ratures, de flèches, de traits de soulignement, d'encadrés, etc. Il faut souvent récrire un plan au complet pendant la rédaction, simplement pour le rendre plus lisible. Cette étape est normale. C'est le signe d'une activité intellectuelle critique et d'une vigilance essentielle.

N'hésitez pas à réviser un plan qui vous semble inapproprié. La rédaction complète d'un texte relativement long peut nécessiter deux ou trois ébauches de plan. Parfois, vous n'obtiendrez un plan satisfaisant qu'une fois la rédaction du texte bien amorcée ! Mieux vaut réviser un plan que de persister à le suivre aveuglément si cela donne un texte dont l'argumentation apparaît peu solide. Le plan est d'abord un outil de travail, non un carcan !

Il est possible de comparer un plan de rédaction à une carte routière. On consulte la carte routière avant de partir en voyage et on s'y réfère tout au long du trajet… La différence avec le plan de rédaction est que celui-ci est interactif. En effet, le plan de rédaction est susceptible d'être modifié en cours de route, au point même d'entraîner un changement de destination !

Les principaux éléments d'un plan de rédaction

Voici les principaux éléments que doit comporter un plan de rédaction. De plus, quelques conseils vous aideront à utiliser ces éléments de façon efficace.

Les grandes divisions du texte

Vous devez d'abord établir les grandes sections ou divisions du texte :

- L'introduction ;
- Le développement ;
- La conclusion.

Selon l'importance du texte, vous devrez peut-être subdiviser en sous-sections l'introduction et la conclusion. Cette étape doit se faire dès que ces sections contiennent plus d'un paragraphe. Le développement, pour sa part, comprend nécessairement un certain nombre de sous-sections, selon l'argumentation à développer.

Les thèmes

Les thèmes sont les sujets particuliers qui sont abordés dans un texte. Précisez toujours, dans votre plan, les thèmes et les sous-thèmes, surtout en ce qui concerne le développement. Par exemple, si vous discutez de l'avortement, vous pouvez diviser le développement en sous-sections. Chacune de celles-ci couvrira un aspect dont vous voulez traiter : la définition de l'avortement, les arguments contre l'accès libre à l'avortement, les arguments favorables au libre choix, l'avortement et le soutien psychologique, etc.

Les sources d'information

Bien entendu, sur chacun des points que vous allez aborder, vous avez déjà recueilli une information diversifiée. Indiquez vos sources d'information dans votre plan (à côté des différents thèmes ou idées). Ainsi, vous n'aurez pas à les chercher durant la rédaction. Vous indiquez ces références en abrégé : le nom de l'auteur, l'année de parution (si vous consultez plus d'un texte d'un auteur), les pages où vous trouverez l'information.

L'argumentation

Votre plan de rédaction doit indiquer clairement l'idée principale de votre texte, les idées directrices et les arguments qui soutiennent ces différentes idées. L'argumentation est la partie la plus importante d'un texte, et donc du plan de rédaction. À l'aide de quelques mots ou d'une courte phrase, à côté du titre d'une section ou d'une sous-section, vous notez l'idée ou l'argument qui y sera traité. Cette manière de travailler permet de vous assurer que la structure de l'argumentation sera logique et cohérente. En fait, il peut être intéressant de commencer le plan de rédaction avec l'argumentation. Vous pouvez également dessiner la pyramide des arguments (voir la figure 6.1) afin de vérifier si votre argumentation est solide et bien structurée.

L'argumentation est en quelque sorte la colonne vertébrale d'un texte argumentatif. Si un défaut s'insinue dans l'argumentation, la démarche qui doit mener à la conclusion est compromise.

Figure 6.1 Pyramide des arguments

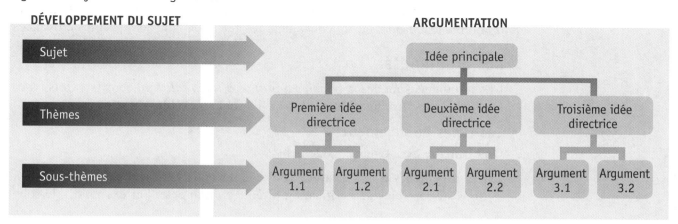

Qu'est-ce qu'une argumentation ? Une argumentation est un ensemble d'arguments qui tendent à une même conclusion, ou un groupe de propositions faisant partie d'un raisonnement à titre de prémisse, agencé dans un ordre particulier et un but précis. Il existe divers types d'argument, de raisonnement et d'argumentation. Puisque tous n'ont pas la même valeur, vous devez savoir les utiliser afin d'écrire un texte argumentatif clair, cohérent et convaincant.

L'argumentation : pourquoi ?

On distingue les argumentations selon leur valeur logique. Toutefois, le type d'argumentation importe peu. En fait, l'argumentation vise un but : assurer la vérité d'une croyance ou justifier une certaine conclusion. En d'autres mots, l'argumentation cherche à convaincre. La valeur d'une argumentation dépend donc non seulement de la qualité des liens établis entre les arguments, mais aussi des arguments eux-mêmes.

Si vous voulez que vos arguments soient à tout le moins entendus et considérés, vous devez respecter certaines règles de communication. Certes, il peut être utile que le discours utilisé soit séduisant, agréable à entendre et respectueux de l'autre. En effet, la plupart du temps, il est inutile de s'opposer à l'autre violemment, car une telle attitude le rendra peu réceptif à vos arguments. Il est aussi peu habile de chercher à rabaisser l'autre si vous pensez que ce dernier est dans l'erreur ; mieux vaut tenter de l'amener doucement à modifier son opinion.

De plus, vous devez tenir compte des destinataires — les personnes à qui s'adresse le discours —, notamment de leur personnalité, de leurs intérêts et de leur niveau de langage. Cependant, la prudence est de mise. En effet, l'appel aux sentiments, aux besoins, aux valeurs du destinataire est le plus souvent sophistique. Si vous voulez convaincre quelqu'un, vous devez en outre éviter de heurter ses convictions intimes.

Essentiellement, un texte argumentatif doit convaincre sans recourir à la ruse ou à la rhétorique. Vous devez plutôt utiliser des arguments solides. Ce parti pris rend peut-être le texte moins efficace à première vue, mais il a l'avantage de s'adresser à l'intelligence. Les arguments laissent aux lecteurs toute leur indépendance d'esprit et les incitent à réfléchir. Même s'ils ne partagent pas entièrement le point de vue émis, les lecteurs ne peuvent rejeter tous les arguments si ceux-ci sont fondés. L'argumentation est une forme de rapport avec les autres : c'est à l'aide d'arguments qu'on tente de convaincre les autres de la justesse de nos croyances.

Les arguments

Les arguments sont des *jugements à propos d'une réalité* ; il en existe trois types. On classe aussi les jugements selon qu'ils sont recevables ou non.

Les types de jugement

On distingue trois types de jugement[1] :

1. Les **jugements d'observateur** (ou jugements de fait) sont toutes les propositions susceptibles de vérification directe ou indirecte. Par exemple, « le soleil

---

[1]. DISPAUX, Gilbert, *La logique et le quotidien : Une analyse dialogique des mécanismes d'argumentation*, Paris, Éditions de Minuit, 1984, p. 29-41.

brille», «la pauvreté augmente», «la dépression s'appuie sur un sentiment d'impuissance», «le rhume est contagieux».

2. Les **jugements d'évaluateur** (ou jugements de valeur) sont les propositions qui reposent sur certaines valeurs (morales ou sociales). Par exemple, «l'argent ne fait pas le bonheur», «la toxicomanie est immorale», «ces taxes sont raisonnables».

3. Les **jugements de prescripteur** (ou injonctions) sont les prescriptions de toutes sortes. Par exemple, «nous devons prendre garde au cynisme», «le gouvernement devrait changer sa politique», «les entreprises doivent cesser de polluer».

La valeur d'un jugement dépend des procédures suivant lesquelles il a été établi.

- Un **jugement d'observateur** repose sur une observation directe (*je l'ai vu*) ou indirecte (*je l'ai déduit*). Ce peut être quelque chose de généralement accepté (*la Terre est ronde*) ou encore le produit d'une recherche scientifique (*les molécules d'ADN contiennent le code génétique*). Il peut aussi s'agir du résultat de plusieurs observations convergentes (*ce chauffard est responsable de l'accident*). Toutefois, dans bien des cas, on s'interroge sur la valeur de tels jugements : par exemple, lorsque l'observation n'est le fait que d'un nombre restreint d'individus ou de personnes qui ne sont pas spécialisées dans le domaine concerné.

- Un **jugement d'évaluateur** est encore plus fragile. En effet, pour y adhérer, il faut aussi partager les valeurs sur lesquelles il repose (*le socialisme est supérieur, car il est fondé sur la justice sociale*). Dans certains cas, des personnes pourront partager certaines valeurs de base, mais leur donner une interprétation différente (*la pornographie est une exploitation des femmes*).

- Pour acquiescer à un **jugement de prescripteur,** on doit non seulement partager les valeurs sur lesquelles ce dernier s'appuie (*il faut lutter pour l'indépendance*), mais on doit aussi être d'accord avec le mode d'intervention qu'il suppose (*seule la révolution nous libérera du joug de l'oppresseur*).

Comme on le voit, dès l'établissement des jugements et avant même tout raisonnement, il y a maintes divergences possibles…

Les arguments sont-ils recevables ou non ?

Quels sont les critères qui nous permettent d'affirmer qu'un jugement (un argument) est recevable, c'est-à-dire qu'il a une certaine valeur par rapport à ce qu'on veut démontrer ? Un exemple nous aidera à répondre à cette question.

Souvent, quand on établit une argumentation, il faut faire appel à une autorité, c'est-à-dire à une ou à des personnes dont les théories, les affirmations ou les jugements servent de règles dans un domaine.

Pour qu'un appel à une autorité soit valable, cette autorité doit être reconnue. Dans le domaine en question, il doit y avoir un consensus général des spécialistes à propos du sujet traité. L'opinion qu'on utilise comme argument doit aussi porter sur un sujet qui fait partie du domaine de spécialité de l'autorité citée (par exemple, un médecin peut faire figure d'autorité quand il pose un diagnostic sur l'état de santé d'un patient, mais son opinion politique n'a pas plus de valeur que celle de tout citoyen ordinaire).

Tableau 6.1	Arguments recevables et arguments non recevables		
Critère	**Exemple**	**Contre-exemple**	**Explication du contre-exemple**
Acceptabilité	Les mauvaises habitudes de vie sont dommageables pour la santé. Manquer de sommeil est une mauvaise habitude de vie.	La vie après la mort est prouvée scientifiquement. Ce qui est prouvé scientifiquement est incontestable.	Ces arguments sont douteux : la vie après la mort n'est pas prouvée, et les énoncés scientifiques ne sont pas incontestables, même s'ils sont très crédibles.
	Manquer de sommeil est dommageable pour la santé.	La vie après la mort est incontestable.	
Suffisance	Négliger un phénomène naturel a des conséquences fâcheuses. La sexualité est un phénomène naturel.	La France est un pays agréable à visiter. La Suisse est un pays extrêmement agréable à visiter.	Ces arguments sont insuffisants : deux pays ne font pas l'Europe. Cette généralisation est abusive.
	Négliger sa sexualité a des conséquences fâcheuses.	L'Europe est un continent agréable à visiter.	

De plus, quand on fait appel à une autorité, il faut considérer le fait que de nombreuses questions restent controversées dans une société et à une époque en particulier — même dans le domaine scientifique. C'est le cas lorsque nulle autorité ne saurait s'imposer plus qu'une autre. Dans une telle situation, l'appel à une autorité ne constitue pas un argument solide.

En fait, pour qu'un argument soit recevable, il doit obéir simultanément à deux critères : l'acceptabilité et la suffisance (Blackburn, 1989, p. 168-178). Selon le critère d'acceptabilité, un argument doit résister à un examen critique ; le critère de suffisance stipule que les prémisses doivent pouvoir soutenir la conclusion. Les exemples présentés dans le tableau 6.1 permettront de différencier ces deux critères.

L'argumentation

L'argumentation est un enchaînement d'arguments ayant pour objet de convaincre quelqu'un de la vérité présumée de certaines idées. Comme dans le cas des arguments et des raisonnements, on peut distinguer divers types d'argumentation, et ceux-ci n'ont pas tous le même poids.

D'entrée de jeu, précisons que la seule forme d'argumentation acceptable dans un texte raisonné est une argumentation rationnelle. Cela signifie que l'argumentation est développée à l'aide de raisonnements plausibles ou à tout le moins recevables et discutables sur la base d'arguments et d'objections. Il faut noter qu'une argumentation rationnelle n'est pas limitée au seul domaine des faits, mais qu'elle s'étend aussi à celui des valeurs et des actions.

Les types d'argumentation

Les divers types d'argumentation peuvent être plus ou moins valables. Par conséquent, il faut pouvoir mesurer la valeur d'une argumentation. On sera alors en mesure de rédiger un texte dont la démarche est solide et cohérente. On pourra aussi soutenir des discussions sérieuses et efficaces et se défendre des arguments douteux utilisés par un interlocuteur ou un auteur.

Une **argumentation indubitable** est une série de raisonnements qui s'appuient sur les règles de la logique. Les raisonnements déductifs, comme on l'a vu, sont absolument solides si leurs prémisses le sont également.

Une **argumentation plausible** est une suite de raisonnements recevables dont on n'est pas absolument certain. Toutefois, la majorité des personnes capables de raisonner accepteraient la conclusion apportée.

Une **argumentation probabiliste** est un enchaînement de raisonnements basés sur une valeur statistique. Sa validité dépend de la fiabilité des données qui lui servent d'assise : d'où proviennent ces données ? comment les a-t-on recueillies ? sont-elles représentatives ?

Une **argumentation simplement recevable** est une série de raisonnements qui peuvent être défendus. Cependant, ces raisonnements renferment trop d'inconnues, d'incertitudes ou de partis pris pour être acceptés d'une façon générale.

Une **argumentation douteuse** est un système comprenant des raisonnements incomplets ou défectueux, ou encore dont les prémisses sont très incertaines. En raison du doute qui pèse sur une telle argumentation, la prudence incite à la considérer comme fausse. Le raisonnement par analogie mène très souvent à une argumentation douteuse.

Une **argumentation fallacieuse** est une suite de raisonnements dont la valeur est nulle, car ces derniers contiennent des défauts logiques majeurs. Une argumentation fallacieuse est très souvent pernicieuse.

Un **sophisme** est un argument qui, malgré l'apparence de vérité qu'il donne, est faux. Un raisonnement sophistique comporte au moins une prémisse, explicite ou implicite, qui est inacceptable, insuffisante ou non pertinente dans un contexte donné. Même quand ses prémisses sont vraies, un sophisme aboutit donc à une fausseté. Bien souvent, le sophisme révèle la mauvaise foi de la personne qui le soutient.

MARCHE À SUIVRE

1. Construisez votre argumentation ; une manière utile d'y arriver est d'en dresser le plan.

2. Assurez-vous que votre argumentation ne comporte pas de défauts majeurs. Vérifiez la valeur de chaque raisonnement et argument en particulier. Relevez les raisonnements les plus faibles.

3. Remplacez ou renforcez chaque argument susceptible de compromettre votre argumentation dans son ensemble. Veillez particulièrement à ajouter les prémisses qui manquent, à solidifier les arguments qui ne sont pas immédiatement recevables et à éliminer ou à remplacer les raisonnements douteux.

4. Pour mieux évaluer la solidité de vos arguments, construisez la pyramide des arguments.

5. Finalement, tentez d'imaginer les objections qu'on pourrait opposer concernant certaines parties de votre argumentation. Répondez à ces objections et ajoutez ces réponses à votre argumentation. Si vous ne pouvez répondre à certaines objections, notez que vous devrez atténuer certaines affirmations qui s'y rapportent pour en tenir compte.

Tableau 6.2	Sophismes	
Type	**Exemple**	**Explication**
L'appel à la tradition	*L'inégalité entre les personnes est iné-vitable, puisqu'elle existe depuis la nuit des temps.*	Une chose peut être très ancienne; cela ne la rend ni bonne ni inévitable. L'histoire l'a très souvent démontré, et l'on ne peut présumer de ce que l'avenir nous réserve.
L'appel «au troupeau» (ou à la majorité)	*L'automobile est une bonne chose, puisque tout le monde veut en posséder une.*	La majorité peut se tromper. Par exemple, au XVIe siècle, la plupart des gens croyaient que la Terre était plate. Un seul individu pourrait donc avoir raison contre tous.
L'appel aux sentiments	*Si vous aimez vos enfants, vous leur achèterez cette encyclopédie.*	On peut aimer ses enfants sans nécessairement leur acheter quelque chose; de plus, il se peut qu'on préfère leur donner d'autres livres que cette encyclopédie. L'appel aux sentiments est une tentative de manipulation qui utilise des émotions très profondes.
L'appel abusif à une autorité	*L'existence de l'Univers a certainement un sens, c'est d'ailleurs ce que pensait Albert Einstein.*	Albert Einstein était certes un grand physicien, mais en matière de métaphysique, ses opinions n'ont pas plus d'autorité que celles de n'importe quelle autre personne.
L'attaque personnelle	*L'opinion de ces gens sur l'avortement est sans valeur, puisque ce sont des drogués.*	Quel que soit son mode de vie, une personne peut avoir d'excellents arguments sur un sujet. On ne peut établir de liens nécessaires entre certaines caractéristiques d'une personne et la valeur de l'une de ses opinions.
La peur du complot	*Les compagnies pétrolières profitent énormément de la crise dans le golfe Persique: elles doivent être engagées dans l'invasion du Koweït.*	Le fait de tirer profit d'un événement n'implique en rien qu'on soit obligatoirement à l'origine de celui-ci. Dans le but d'ébranler un interlocuteur, on tente de lui faire peur en établissant un lien que rien dans l'argumentation ne peut soutenir.
La double faute	*Le mauvais traitement des prisonniers au Canada n'est pas si mauvais, allez voir comment ça se passe en Chine.*	S'il est établi qu'une chose est mauvaise dans un type de cas, elle est mauvaise dans tous les cas similaires. Rien ne permet ici d'affirmer qu'un acte est justifié — ni même qu'il puisse l'être — par un autre, plus grave.
La fausse analogie	*Tout comme il faut empêcher la multi-plication des cellules cancéreuses d'un organisme malade, il faut empêcher les déficients mentaux de se repro-duire.*	Il n'y a aucun rapport entre les deux phénomènes qui sont comparés ici, et le rapprochement est même inju-rieux. L'analogie joue souvent sur des images attrayan-tes: il faut s'en méfier et l'analyser avant d'établir sa valeur.
La fausse causalité	*Le SIDA est apparu au moment où le monde s'est détourné de la foi chrétienne.*	Aucun rapport de cause à effet ne peut être établi ici entre les deux phénomènes. La fausse causalité utilise une présupposition que rien ne permet de justifier.
La généralisa-tion abusive	*Les sages-femmes sont incompé-tentes; à preuve: les journaux ne cessent de parler d'accouchements qui ont échoué.*	Si des accouchements ont échoué, il se peut qu'à l'occa-sion l'incompétence de certaines sages-femmes soit en cause. Toutefois, rien ne permet d'établir ici que toutes les sages-femmes sont incompétentes. Il est même pos-sible qu'aucune sage-femme ne soit incompétente, et que des accouchements aient échoué à la suite de problèmes sans relation avec la compétence des sages-femmes. On ne peut affirmer quoi que ce soit uniquement en faisant une généralisation à partir de quelques cas.
La «pente fatale»	*Si nous interdisons la mendicité dans le métro, nous interdirons bientôt aux inconnus de se parler et nous finirons par avoir un État policier.*	Il n'y a aucun lien de cause à effet entre les différents faits présentés ici. En réalité, la «pente fatale» est l'utilisation en cascade du sophisme de la fausse causalité.

6

EXERCICE

1. Construisez une argumentation sur un sujet controversé.

2. Demandez à des camarades de classe d'évaluer votre argumentation. Discutez-en.

PLUS *encore!*

La prudence...

La prudence est toujours de rigueur dans un texte argumentatif. Certaines personnes ont tendance à apporter des arguments sans vraiment chercher à les justifier ou encore à tirer des conclusions catégoriques dans leurs travaux. Une telle attitude peut être compréhensible dans un texte politique, un essai engagé ou un pamphlet. Toutefois, elle n'a pas sa place dans le texte argumentatif, et encore moins dans le texte scientifique. Il est assez rare, dans le domaine des sciences humaines en particulier, qu'on dispose de faits incontestables, de théories universellement admises ou d'arguments irréfutables.

Ainsi, vous devez éviter d'écrire que vous avez «contredit» une autre théorie, «démontré» quelque chose, «établi hors de tout doute» la véracité d'un point de vue, ce qui exige généralement une analyse très approfondie d'un sujet. Il est préférable — et plus juste — d'écrire que vous «avez de bonnes raisons de croire» que telle théorie «est inadéquate» sur un point précis, que telle chose «est plausible» ou que vous avez «apporté quelques arguments» en faveur d'un point de vue. Il ne faut pas oublier que le degré de certitude d'une conclusion ne peut jamais excéder celui de la plus faible des prémisses. Une chaîne n'a pas plus de force que son maillon le plus faible.

Des modèles

Voici deux modèles (voir les figures 6.2 et 6.3) qui vous donneront une bonne idée de ce que peut être le plan de rédaction d'un texte argumentatif. Les deux modèles se rapportent à des textes d'environ 1 000 mots, ce qui équivaut approximativement à trois pages de 350 mots (une page comportant à peu près 30 lignes).

Premier modèle

Dans ce genre de plan, pour structurer le développement, vous distinguez d'une part les données informatives et, d'autre part, les appréciations ou les jugements personnels (vous constituez deux parties différentes) (voir la figure 6.2).

Deuxième modèle

Dans ce cas, le développement est structuré suivant la division du thème en sous-thèmes (voir la figure 6.3).

Figure 6.2   Premier modèle de plan

Introduction (150 mots)

Sujet amené:

Exposé du thème principal et des sous-thèmes abordés

Sujet posé:

Problèmes soulevés dans le texte

Question à laquelle on veut répondre

Procédures, méthodes adoptées

Prise de position (affirmation de l'idée principale du texte)

Sujet divisé:

Annonce des parties du texte

Développement (700 mots)

1. Première partie: résumé et analyse de l'information pertinente dont on dispose pour discuter de la question (les auteurs, les concepts, les faits, les théories, les positions diverses). (350 mots)

2. Deuxième partie (personnelle): discussion de la question à l'aide d'arguments personnels — les analyses et les interprétations — sur le sujet et les raisons valables qui soutiennent ces arguments. (350 mots)

Conclusion (150 mots)

Récapitulation des idées directrices

Réponse à la question de départ ou conclusion au sens strict:

Idée principale du texte

Relance de la discussion

MARCHE À SUIVRE

1. Établissez les grandes divisions du texte à écrire: l'introduction, le développement et la conclusion; précisez les différentes parties que comportera le développement (les thèmes que vous prévoyez aborder).

2. Ensuite, inscrivez (là où elle doit apparaître) l'idée principale du texte (normalement en conclusion et peut-être sous forme d'hypothèse dans l'introduction), les idées directrices (dans les grandes sections du développement) ainsi que les arguments qui les soutiendront. À cette étape, il peut être utile de dessiner la pyramide des arguments de votre texte.

3. Indiquez (aux endroits appropriés) les principales sources que vous avez l'intention d'utiliser (résumez le contenu, extrayez un passage important que vous citerez, inspirez-vous d'une idée que vous avez particulièrement appréciée, etc.).

4. Révisez l'ensemble du plan ; réorganisez-le ou complétez-le, s'il y a lieu.

5. Durant la rédaction, si le plan n'est pas satisfaisant (parce que le texte que vous êtes en train d'écrire vous semble peu cohérent ou convaincant, etc.), ne l'abandonnez pas complètement, mais révisez-le au besoin.

Figure 6.3   Deuxième modèle de plan

Introduction (150 mots)

Sujet amené : Exposé du thème principal et des sous-thèmes abordés

Sujet posé :

Problèmes soulevés dans le texte

Question à laquelle on veut répondre

Procédures, méthodes adoptées

Prise de position (affirmation de l'idée principale du texte)

Sujet divisé : description du développement

Développement (700 mots)

1. Premier paragraphe (175 mots)

   − Exposé du premier point : information

   − Discussion du premier point : idée directrice et arguments

2. Deuxième paragraphe (175 mots)

   − Exposé du deuxième point : information

   − Discussion du deuxième point : idée directrice et arguments

3. Troisième paragraphe (175 mots)

   − Exposé du troisième point : information

   − Discussion du troisième point : idée directrice et arguments

4. Quatrième paragraphe (175 mots)

   − Exposé du quatrième point : information

   − Discussion du quatrième point : idée directrice et arguments

Conclusion (150 mots)

Récapitulation des idées directrices

Réponse à la question de départ ou conclusion au sens strict :

Idée principale du texte

Relance de la discussion

Exemple

Voici deux exemples différents de plan de rédaction. Les deux plans sont construits selon le deuxième modèle (voir la figure 6.3).

Exemple 1

Titre: La faillite de la culture scientifique au profit des «sciences» occultes

Introduction

Sujet amené: La culture scientifique actuelle et les sciences occultes

Sujet posé: La culture scientifique de nos contemporains est mise à mal à cause de la popularité des sciences occultes.

Sujet divisé: Description des quatre points à venir

Développement

1. Premier paragraphe

Thème: La présence des sciences occultes

Idée directrice: On peut remarquer un regain très net des sciences occultes et du charlatanisme, en même temps qu'une ignorance accrue des vérités scientifiques les plus simples.

2. Deuxième paragraphe

Thème: Les librairies alternatives

Idée directrice: Les livres d'ésotérisme se vendent très bien, et même mieux que les ouvrages de vulgarisation scientifique.

3. Troisième paragraphe

Thème: L'astrologie

Idée directrice: Une autre preuve de cet irrationalisme déplorable se trouve dans la popularité jamais démentie de l'astrologie, dont les bases scientifiques sont inexistantes.

4. Quatrième paragraphe

Thème: L'enseignement scolaire des sciences

Idée directrice: Les réalisations scolaires permettant de transmettre la culture scientifique sont nettement insuffisantes.

Conclusion

Récapitulation des idées directrices

Idée principale: La culture scientifique est dans un état lamentable: elle est fortement concurrencée par le retour de croyances irrationnelles.

Relance: On devrait améliorer l'éducation scientifique des jeunes.

Exemple 2

Voici un exemple de plan détaillé d'un texte d'une dizaine de pages sur un sujet en sciences humaines.

Titre: La violence symbolique

Introduction (250 mots)

Sujet amené

- Problème: Comprendre la violence symbolique et la distinguer de la violence physique

Sujet posé

- Théories : Brohm, Bourdieu, Girard, Bateson
- Concepts : Violence physique, violence symbolique, bouc émissaire, arbitraire culturel
- Question : Quelles sont les différences entre la violence physique et la violence symbolique ?
- Prise de position : Il n'y a de commun que l'usage de la force ; les autres caractéristiques sont tout à fait différentes.

Sujet divisé

- Description des quatre thèmes à venir

Développement (2 000 mots)

1. La violence (500 mots)

   Information générale sur la violence physique et la violence symbolique (Bourdieu, 1980 ; Brohm, 1989 ; Bateson, 1978)

   1.1 La violence : définition générale

   Usage de la force ou de l'intimidation pour imposer son ordre ou sa loi, pour contraindre à l'obéissance

   1.2 Les champs de la violence

   a) L'expression vitale : la violence naturelle, l'agressivité

   b) L'expression relationnelle : la domination

   c) L'expression politique : les formes d'oppression

   1.3 Les formes de la violence

   a) La violence physique : les voies de fait, les viols, les agressions, les meurtres

   b) La définition de la violence symbolique

   Pierre Bourdieu : «…violence douce, invisible, méconnue comme telle, choisie autant que subie, celle de la confiance, de l'obligation, de la fidélité personnelle, de l'hospitalité, du don, de la dette, de la reconnaissance, de la piété, de toutes les vertus en un mot qu'honore la morale de l'honneur…» (Bourdieu, 1980, p. 219)

2. L'atteinte à l'intégrité psychologique (500 mots)

   Première idée directrice : La violence symbolique est une violence euphémisée et substitutive. Comme pour la violence physique, l'objet premier de la violence symbolique est le corps, mais sa nature est psychologique.

   2.1 Le regard

   Argument : «Déjà le regard d'autrui annonce mon asservissement.» (Brohm, 1989, p. 402)

   2.2 La voix

   Argument : La voix est une forme d'asservissement : commandement, intimidation.

   2.3 L'image

   Argument : Il existe une dictature de l'image projetée.

   Exemple : La publicité

   2.4 Le discours

   Argument : «On peut dominer quelqu'un par la double contrainte.» (Bateson, 1978)

3. L'endoctrinement (500 mots)

   Deuxième idée directrice : L'idéologie sociale utilise la violence symbolique pour s'implanter et se maintenir.

3.1 La contrainte éducative

Argument : « Éduquer, c'est imposer des règles arbitraires. » (Bourdieu et Passeron, 1970)

3.2 L'altérité relationnelle

Argument : « Le phénomène du jugement que l'autre porte sur moi possède une composante sociale. » (Sartre, 1948)

a) La personne-objet

La personne est un instrument pour moi, une chose utilisable à mon profit.

b) La manipulation

L'utilisation du désir d'être apprécié pour manipuler l'autre.

3.3 L'idéologie

Argument : L'État dispose de deux moyens : la contrainte et le consentement. Le premier, même si l'on considère la force d'inertie des institutions, n'est rien sans le second, qui assure sa légitimité. Le consentement garantit l'autorité par l'obéissance.

4. La violence symbolique comme mode de régulation sociale (500 mots)

Troisième idée directrice : La violence symbolique est un instrument de pouvoir et d'exorcisme social de la violence destructrice.

4.1 L'instrument du pouvoir

Argument : Tout pouvoir politique utilise la violence symbolique.

a) La peur des sanctions

b) L'intériorisation des normes

4.2 L'instrument d'exorcisme social

Argument : La violence symbolique exorcise la violence physique.

a) La représentation de la violence (Turner, 1967)

b) Le bouc émissaire (Girard, 1972)

Conclusion (400 mots)

• Résumé de l'argumentation

• Idée principale : La violence symbolique, comme la violence physique, consiste à exercer une force de contrainte ; mais cette contrainte est psychologique, idéologique ou sociale.

• Relance : Peut-on éliminer toute violence des rapports humains ? Nécessité d'une éthique.

EXERCICE

1. Choisissez un sujet qui vous intéresse.

2. Dressez un plan de rédaction général en vous aidant du premier exemple.

3. Reprenez le même plan, mais donnez-lui une forme plus détaillée.

L'introduction, le développement et la conclusion

Nous avons expliqué en quoi consiste le processus de rédaction, pourquoi le plan en est un élément essentiel et quelle sorte d'argumentation est recommandée. Voyons maintenant chacune des trois grandes parties de tout texte raisonné : l'introduction, le développement et la conclusion. Comment sont-elles liées ?

Quel est le contenu de chacune ? Nous avons abordé ces questions quand nous avons parlé du plan de rédaction ; examinons-les ici plus en détail.

L'introduction

Qu'attendons-nous, en tant que lecteurs, de l'introduction d'un texte raisonné ? Bien sûr, que l'introduction expose le sujet du texte, les grandes lignes de son développement et les méthodes utilisées par l'auteur. Nous attendons aussi que l'auteur souligne l'intérêt du sujet abordé et qu'il annonce ses positions.

Elle doit rendre compte de la problématique dont traite le texte : les problèmes et les questions, les concepts et les théories, les méthodes et les hypothèses, bref, tout ce qui permet d'avoir une bonne idée du texte.

L'introduction doit susciter l'intérêt du lecteur tout en reflétant fidèlement le propos du texte. L'introduction est la porte d'entrée d'un texte : l'auteur nous y invite à partager la démarche qu'il a suivie. C'est souvent en parcourant l'introduction qu'on décide de poursuivre ou non la lecture d'un texte.

Les composantes de l'introduction

Il est évident qu'un texte de deux pages ne nécessite pas une introduction très élaborée : on se contente de mentionner le thème (sujet amené), la question soulevée dans le texte (sujet posé) et la façon dont celui-ci est organisé (sujet divisé). Dans le cas d'un texte plus long, l'introduction comportera les mêmes éléments, mais de façon plus détaillée. Le tableau 6.3 présente les différentes composantes d'une introduction bien construite.

MARCHE À SUIVRE

1. Avant de rédiger l'introduction :
   - Clarifiez votre sujet le plus précisément possible ;
   - Choisissez soigneusement le problème particulier dont vous voulez traiter ;
   - À partir de votre documentation, dressez la liste des concepts et des théories auxquels vous ferez référence pour aborder correctement ce problème ;
   - Formulez votre hypothèse ;
   - Établissez votre plan de rédaction (voir la page 112).
2. Rédigez votre introduction en suivant le modèle présenté précédemment.

Tableau 6.3   Introduction

Élément	Explication
Sujet amené	
Thème principal	Premièrement, vous devez annoncer le sujet du texte, le plus clairement et le plus succinctement possible.
Sujet posé	
Problème	Ensuite, vous établissez le problème dont traite le texte. Il peut s'agir d'un problème de recherche ou d'un problème moral, ou encore simplement de la clarification d'un point précis dans un certain domaine. En fait, il faut préciser ce que vous cherchez à établir.
Question	La question, sous forme interrogative ou autre, est la formulation qui détermine le problème de façon concrète. Elle attire l'attention sur un point particulier qui sera l'objet principal de l'investigation.
Concepts et théories	L'information dont vous disposez sur un sujet n'est jamais constituée de faits bruts. Elle suppose déjà une certaine analyse sous forme de concepts et de théories explicatives. Vous devez mentionner ces éléments théoriques qui serviront à classer les faits et qui formeront le cadre permettant de comprendre le phénomène étudié.
Prise de position	Le texte arrive forcément à une conclusion, de quelque nature qu'elle soit. Où voulez-vous amener le lecteur? Dans l'introduction, la conclusion prend la forme d'une hypothèse ou d'une prise de position (selon la nature de la question abordée).
Sujet divisé	
Méthode de division du texte	Vous devez ensuite dire dans quel ordre les divers sous-thèmes seront abordés, en suivant quel cheminement logique ou quelle méthode de travail. Cela facilitera le travail de lecture, car le lecteur saura toujours à quel endroit du développement il est rendu.
Transition	Une fois l'introduction terminée, vous l'indiquez en annonçant le premier point du développement.

Exemple

Voici un exemple d'introduction. Le titre du texte est «Styles d'apprentissage et intervention pédagogique». L'introduction est constituée d'un seul paragraphe qui a été décomposé afin que vous puissiez en distinguer facilement les diverses parties.

Introduction

Sujet amené (thème principal)	*Les enseignants attentifs auront remarqué que les élèves n'adoptent pas tous le même style d'apprentissage. Certains semblent plus intuitifs alors que d'autres sont plus rationnels.*
Sujet posé	
Problème	*Si nous (les enseignants) pouvions comprendre ces différences, il serait possible d'en tenir compte dans la préparation d'activités pédagogiques. Ainsi, nous pourrions joindre chacun des étudiants selon ses forces et ses aptitudes particulières.*
Question	*Quels sont les différents styles d'apprentissage, et comment leur compréhension peut-elle nous amener à intervenir plus adéquatement auprès des étudiants?*
Concepts et théories	*Ces dernières années ont vu l'éclosion de diverses théories neuropsychologiques insistant sur la différence entre les hémisphères gauche (rationnel) et droit (intuitif) du cerveau et sur la différence entre les fonctionnements séquentiel et simultané.*

Prise de position	*Nous pensons qu'il est possible, en combinant deux par deux ces quatre éléments, de définir quatre styles différents d'apprentissage selon la dominante qui se dégage de l'observation. Ces quatre styles sont : séquentiel et rationnel, séquentiel et intuitif, simultané et rationnel, simultané et intuitif.*
Sujet divisé	*Nous examinerons d'abord les théories qui sont à la base de ces distinctions. Ensuite, nous définirons les caractéristiques de chaque hémisphère et de chaque mode de fonctionnement. Nous verrons comment ces deux théories peuvent être combinées pour nous amener à définir nos quatre styles d'apprentissage. Enfin, nous ferons quelques observations susceptibles de valider notre approche.*
Transition	*Commençons tout d'abord par examiner plus avant la notion de « style d'apprentissage ».*

EXERCICE

1. Dans une revue, choisissez un article de quelques pages sur un sujet qui vous intéresse.

2. Dans un premier temps, essayez de relever les diverses composantes de l'introduction.

3. Ensuite, réorganisez ces éléments en suivant l'ordre proposé dans le modèle. L'introduction comporte-t-elle tous les points du modèle?

4. Enfin, rédigez votre propre version de cette introduction en tentant de vous conformer au modèle.

PLUS encore!

Quand vous devez écrire un texte, à quel moment convient-il de rédiger l'introduction?

Si vous rédigez les différentes parties du texte dans l'ordre, vous écrivez l'introduction dès que le plan est terminé, ce qui aide par le fait même à clarifier, si c'est nécessaire, ce que vous venez d'établir sous forme de plan. Toutefois, ce n'est pas la seule façon de procéder, et peut-être pas toujours la meilleure. Vous pouvez également écrire l'introduction après avoir terminé le développement, et même après la conclusion. Pourquoi? En cours de rédaction, il arrive souvent d'avoir à modifier le plan établi au départ. Par exemple, vous pouvez ajouter certains éléments ou suivre un cheminement différent de celui qui était prévu. Si cela se produit, vous devez alors refaire — au moins en partie — l'introduction. Si vous écrivez l'introduction quand vous avez une idée assez exacte de ce que sera le texte final, vous ne risquez pas de devoir la retoucher.

Le développement

Le développement est la partie principale d'un texte : il contient, structurés dans un certain ordre, l'information et les arguments qui soutiennent la conclusion.

L'art du développement, c'est en quelque sorte l'art de l'équilibre. De ce fait, vous devez procéder ici de façon très méthodique. Par exemple, si vous choisissez d'exposer les données et les explications sous une forme chronologique, vous devez suivre cette façon tout au long du développement. Bien sûr, les textes longs peuvent comporter plusieurs développements de types différents. Dans ce cas, chaque partie représente une approche particulière et fonctionne de manière relativement autonome.

Quand on parle d'équilibre, cette notion s'applique à tous les éléments du développement (voir le tableau 6.4).

Tableau 6.4 Développement	
Élément	**Explication**
Composition	La place consacrée aux différentes parties du développement reflète exactement leur importance relative. De plus, toute notion et toute analyse préalables apparaissent au début du développement.
Logique des thèmes	Les thèmes et les sous-thèmes qui les précisent se succèdent selon un ordre logique.
Logique des arguments	Si les arguments sont liés selon un raisonnement déductif rigoureux, les prémisses sont d'abord précisées, puis les conclusions. Les arguments sont présentés dans un ordre précis.
Faits et interprétations	Les faits, les données et leur analyse apparaissent toujours avant l'interprétation. De même, lorsque les théories expliquent ces faits, la version de base est d'abord expliquée ; ensuite, les diverses variantes et interprétations sont exposées.
Prise de position	Au moment de prendre position, il faut le faire en s'appuyant sur des données suffisantes et des arguments solides. La prise de position ne doit pas apparaître comme un jugement *a priori*, mais comme l'issue d'un cheminement.

Par rapport à l'ensemble du texte, le développement doit non seulement accomplir le programme annoncé dans l'introduction, mais il doit aussi mener logiquement à la conclusion. Bref, le développement doit être lié explicitement à ce qui le précède et le suit. Autrement dit, chaque partie du développement doit effectivement contribuer à la démarche d'ensemble et trouver sa justification par rapport à elle.

MARCHE À SUIVRE

1. Avant de rédiger le développement :
   - Choisissez le type de structure que vous voulez adopter : le premier ou le deuxième modèle de plan de rédaction ;
   - Dressez le plan du développement suivant cette structure.
2. Rédigez le développement en prenant soin de respecter l'espace que vous avez décidé d'accorder à chacune des parties.
3. Assurez-vous que le développement est complet et cohérent, c'est-à-dire qu'il mène effectivement à la conclusion.

Deux façons de représenter le développement

Le schéma ci-après (voir la figure 6.4) est un modèle de développement. Le cheminement y est à la fois thématique et argumentatif, bien que l'ordre thématique prime. Cette façon de construire le développement correspond au deuxième modèle de plan de rédaction.

Figure 6.4 Modèle de développement

Développement	Paragraphe	
Thème principal.......................	1	Exposé
Premier sous-thème	2	Première partie :
Données........................	3	Logique
Théorie	4	et thématique
Idée directrice n° 1	5	
Deuxième sous-thème	6	Deuxième partie :
Données........................	7	Logique
Théorie	8	et thématique
Idée directrice n° 2	9	
Troisième sous-thème	10	Troisième partie :
Interprétation A	11	Se rapportant
Interprétation B	12	aux deux premières
Idée directrice n° 3	13	
Lien entre les sous-thèmes............	14	Quatrième partie :
Reprise des idées directrices précédentes...	15	Se rapportant
Idée directrice n° 4 ouvrant sur la conclusion .	16	à la précédente
Conclusion		

Considérons maintenant le même exemple, mais représenté sous la forme d'un arbre (voir la figure 6.5). Cette représentation a l'avantage de bien souligner, dans le cheminement suivi, les types de lien qui existent entre les différents sous-thèmes. On voit beaucoup plus clairement ici que l'ordre linéaire du texte ne correspond pas à l'ordre thématique et logique des différents sous-thèmes abordés.

EXERCICE

En vous inspirant de l'exemple illustré au tableau 6.4, dressez un plan de développement et dessinez-le ensuite sous la forme d'un réseau de concepts.

Figure 6.5 Schéma en arbre

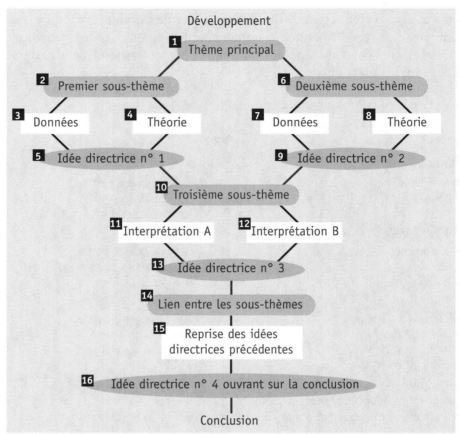

PLUS *encore!*

Un texte est cohérent lorsqu'il est structuré de façon claire et logique. Un texte doit être cohérent aussi bien sur le plan de la forme que du fond.

Du point de vue de la forme, l'organisation du texte doit refléter un découpage méthodique des différents thèmes abordés. Du point de vue du fond, elle doit être au service d'une argumentation rigoureuse, prudente et qui respecte les règles de la logique.

La forme

Tout texte doit respecter la structure de base : l'introduction, le développement et la conclusion. Il en est de même de toute section, partie ou chapitre. On peut aborder les différents thèmes de deux façons : 1) on commence par les plus généraux, puis on les décompose graduellement en leurs unités (méthode analytique) ; 2) on progresse du particulier au général (méthode synthétique). Si plusieurs thèmes sont abordés, on commence par les plus simples, puis on étudie les combinaisons en suivant un ordre méthodique qu'on prend soin de justifier dans l'introduction. Il faut à tout prix éviter le « papillonnage » et le coq-à-l'âne ! Le texte doit être divisé clairement en chapitres, en parties ou en sections, puis en paragraphes. Si nécessaire, on ponctue le texte de sous-titres qui permettent de s'y retrouver plus facilement.

Le fond

La cohérence logique est une qualité essentielle du texte raisonné. Bien que la situation idéale soit d'aboutir à une conclusion à l'aide d'un raisonnement parfaitement logique, ce n'est pas une norme absolue. En effet, les situations suivantes peuvent aussi se produire : plusieurs idées intéressantes reposent sur des bases hypothétiques ; l'information disponible est parfois insuffisante ou incomplète ; certaines propositions ne sont que probables ou possibles sans être nécessaires, et d'autres sont indécidables (c'est-à-dire qu'elles ne peuvent être démontrées) ; certains sujets comportent une bonne part de spéculation.

Sans être strictement logique, toute pensée doit être cohérente. La logique sert alors de valeur idéale. On tente de s'approcher de cet idéal... en sachant que la perfection est impossible à atteindre. D'ailleurs, le seul fait de rechercher cet idéal permet d'éviter certaines erreurs.

Une pensée cohérente est une pensée claire qui ne se contredit pas, qui apporte toujours les arguments nécessaires à l'établissement d'une conclusion, qui ne prétend pas à un degré de vérité supérieur aux prémisses posées et qui respecte les règles générales du raisonnement.

La conclusion

La conclusion est l'aboutissement d'un texte. Elle reprend, sous forme abrégée, les principales étapes du cheminement, elle introduit la conclusion logique en tant que telle (l'idée principale du texte ou la thèse), puis elle prolonge le sujet abordé en ouvrant le texte vers un thème connexe.

En quelque sorte, la conclusion contient tout le texte ou du moins elle en reproduit les articulations essentielles. De plus, la conclusion permet de montrer la validité du cheminement suivi aussi bien que son aboutissement.

Les composantes de la conclusion

Comme pour l'introduction, voici le résumé des divers éléments d'une conclusion bien construite (voir le tableau 6.5).

MARCHE À SUIVRE

1. Avant de rédiger la conclusion, révisez attentivement le développement en soulignant les idées directrices.
2. Pour rédiger la conclusion, procédez par étapes :
   - Faites un résumé succinct en rappelant les objectifs poursuivis et les principaux résultats de votre recherche ;
   - Écrivez la conclusion logique en tentant de trouver la formulation la plus adéquate possible. Assurez-vous que le cheminement suivi dans le développement soutient bien la conclusion logique ;
   - Rédigez la relance.
3. Révisez l'ensemble pour en vérifier la cohérence.

Tableau 6.5	Conclusion
Élément	**Explication**
Résumé	Dans un premier temps, vous devez rappeler succinctement le cheminement suivi. Vous pouvez répéter les objectifs formulés dans l'introduction. Ensuite, sous forme abrégée, vous reprenez les idées directrices en suivant l'ordre où elles sont amenées dans le développement. Vous terminez en introduisant la conclusion logique qui s'ensuit.
Conclusion logique	La conclusion logique découle directement du résumé qui précède. Compte tenu des limites qui peuvent être imposées à la conclusion, il faut néanmoins veiller à trouver la formulation la plus claire, la plus synthétique et la plus frappante possible. Il n'est pas inutile de faire quelques tentatives pour s'assurer d'obtenir la formulation la plus claire et la plus concise qui soit.
Relance	La relance sert à exprimer le mouvement de la pensée qui, après chaque résultat, suscite de nouvelles interrogations. Celles-ci portent alors sur un aspect nouveau de la problématique étudiée (préférablement un aspect qui découle directement des difficultés éprouvées durant le cheminement).

Selon certains, une conclusion doit avoir un caractère catégorique ; dans le cas contraire, ils pensent que le texte est voué à l'échec. Une telle opinion fait preuve d'une mauvaise compréhension de ce qu'est véritablement la conclusion d'un texte argumentatif.

Sur de nombreux sujets (particulièrement les plus intéressants), il n'est pas possible d'arriver à une conclusion très rigoureuse à cause de la difficulté ou de la complexité qu'ils présentent. En outre, les hypothèses posées au départ se révèlent parfois fausses ou mal formulées à la lumière d'un examen plus poussé. En fait, il se peut même que la seule conclusion possible et rationnelle d'un travail soit qu'aucune conclusion rationnelle n'est possible !

Les difficultés éprouvées à rédiger une conclusion proviennent généralement d'un défaut dans la construction du texte. En effet, il est impossible de conclure un raisonnement qui est incomplet ou défectueux. Quand la conclusion pose problème, vous ne devez pas essayer de le régler en «bricolant» la conclusion que vous auriez souhaité obtenir : révisez plutôt le développement.

Par ailleurs, assurez-vous que votre conclusion est complète : ne tenez pas pour acquis que le contenu du développement amène implicitement une conclusion.

EXERCICE

1. Reprenez l'article utilisé dans l'exercice sur l'introduction (voir la page 126). Dans un premier temps, déterminez les diverses composantes de la conclusion (voir le modèle présenté au tableau 6.5).

2. Ensuite, rédigez une nouvelle version de cette conclusion à ce même article en tentant de vous conformer au modèle.

Exemple

Voici un exemple de conclusion. Celle-ci pourrait couronner le développement du texte dont nous avons présenté l'introduction précédemment. Il s'agit d'un seul paragraphe qui a été décomposé afin que vous puissiez en distinguer facilement les diverses parties.

Conclusion

Résumé	*Nous voulions savoir si une meilleure compréhension des styles d'apprentissage des élèves pouvait déboucher sur une forme d'intervention plus adéquate. Considérant les théories neuropsychologiques contemporaines et les résultats expérimentaux colligés en sciences de l'éducation, nous avons démontré que les élèves pouvaient être classés selon leur dominante neurocognitive. Ainsi, nous avons décrit quatre styles d'apprentissage : rationnel séquentiel, intuitif séquentiel, rationnel simultané et intuitif simultané. Puisque ces styles reposent sur des aptitudes dominantes plutôt qu'exclusives, nous en sommes venus à déterminer diverses interventions pédagogiques découlant de l'étude de ces styles d'apprentissage.*
Conclusion logique	*Il semble donc qu'une définition neuropsychologique des styles d'apprentissage des élèves permette de développer des interventions pédagogiques adaptées à chacun. Il faudra cependant attendre diverses études expérimentales pour vérifier la valeur exacte de ces interventions.*
Relance	*Évidemment, la recherche neuropsychologique en est encore à ses débuts. Les pédagogues devront suivre attentivement les travaux dans ce domaine, car ceux-ci nous réservent certainement de surprenantes découvertes.*

Bien structurer les paragraphes

Pour écrire un texte clair, les phrases doivent être précises et complètes, et les paragraphes construits autour d'une seule idée. En fait, un paragraphe bien construit est structuré comme un petit texte.

Cependant, il n'y a pas qu'une seule façon de structurer correctement un paragraphe (ou un texte). Certains préfèrent commencer en donnant l'idée principale, d'autres choisissent d'attirer l'attention du lecteur avec un exemple, etc. Dans un texte, on peut adopter une seule formule pour faciliter la lecture, mais on peut aussi varier les formules afin d'augmenter l'intérêt du lecteur.

Quelques façons de construire un paragraphe sont décrites dans le tableau 6.6.

6

Tableau 6.6	Diverses structures de paragraphes	
TYPE		
Structure	**Exemple**	
CHRONOLOGIQUE		
Mise en situation Description chronologique	*Si on cherche à comparer notre vie à celle que menaient nos ancêtres, on constate que bien des maux qui nous affligent leur étaient inconnus.* À l'origine de la colonie, les premiers arrivants devaient parcourir de longues distances à pied quotidiennement pour subvenir à leurs besoins les plus élémentaires. Par la suite, dans les campagnes, les paysans travaillaient très dur aux champs et à l'étable; ils se tenaient ainsi en forme. Avec l'industrialisation, les ouvriers ont dû faire de grandes dépenses physiques pour remplir leurs tâches. C'est seulement aujourd'hui, en raison de l'inactivité physique qui caractérise le travail dans les bureaux et les commerces, qu'on voit apparaître chez plusieurs des maladies liées à l'inactivité physique. On peut combattre ces maladies au moyen d'un programme d'entraînement régulier.*	
Idée principale Relance	*En conséquence, la pratique d'une activité physique régulière est bénéfique pour tout le monde.* *Les gens auraient intérêt à en tenir compte lorsqu'ils planifient leurs loisirs.*	
DÉLIBÉRATIF		
Position d'un problème Examen d'une position ou des arguments pour	*La pratique d'une activité physique régulière est-elle bénéfique pour tout le monde?* *On constate que les jeunes, les adultes et les personnes âgées qui pratiquent régulièrement une activité physique adéquate en tirent un immense profit sur le plan de la santé. On pense même que l'activité physique contribue à l'équilibre mental.*	
Examen d'une autre proposition ou des arguments contre	*Par contre, une pratique trop intensive d'activités physiques mal encadrées est à l'origine de nombreux accidents cardiovasculaires. Et l'on ne parle pas de la kyrielle de blessures aux membres et aux articulations que les spécialistes en médecine sportive doivent traiter annuellement.*	
Décision	*Malgré ces inconvénients possibles, la plupart des spécialistes vous diront qu'une personne est toujours bien avisée de pratiquer une activité physique régulière si elle fait preuve de prudence et d'un bon jugement. En étant à l'écoute de soi, on peut éviter la plupart des accidents.*	
Idée principale Relance	*La pratique d'une activité physique régulière est donc bénéfique pour tout le monde.* *Cependant, il convient de ne pas chercher à imiter les grands athlètes quand on veut seulement s'amuser et rester en forme!*	
EXPLORATOIRE		
Position d'un problème Examen de divers éléments problématiques	*La pratique d'une activité physique régulière est-elle bénéfique pour tout le monde?* *Les éducateurs physiques et les médecins la recommandent. Cependant, certaines activités peuvent être dangereuses, par exemple les arts martiaux, le hockey, la plongée sous-marine ou le ski alpin. De telles activités physiques sont à l'origine de nombreuses blessures et même de décès chaque année. De plus, bien des gens mal préparés et mal encadrés voient leur condition se détériorer après un entraînement trop vigoureux.*	
Redéfinition du problème	*On réalise que si, en principe, une activité physique régulière est bénéfique, n'importe quelle activité ne convient pas nécessairement à chacun.*	

INDUCTIF

Illustrations	⌐Chez les gens actifs physiquement, on constate une incidence de maladies dégéné- ratives plus faible que chez les personnes inactives. Les adeptes de la danse aéro- bique, par exemple, comptent parmi les gens les plus détendus et les plus efficaces
Explication	au travail.⌐Les personnes handicapées qui pratiquent une activité physique restent plus alertes et productives que les autres. Les enseignants remarquent que les enfants qui font du sport ont plus d'énergie en fin de journée. Ces réactions ne sur- prennent pas ceux qui en ressentent les bienfaits ou les médecins qui en constatent
Induction	les résultats.⌐En réalité, tous ces faits doivent nous amener à penser que l'activité
Idée principale	physique est un facteur positif pour l'équilibre de l'être humain :⌐la pratique d'une
Relance	activité physique régulière est bénéfique pour tout le monde.⌐D'un autre côté, on pourrait aussi vouloir démontrer que l'inactivité est au contraire dommageable pour la santé physique et psychique des personnes.

LOGIQUE

Idée principale	⌐La pratique d'une activité physique régulière est bénéfique pour tout le monde.
Prémisses	⌐En effet, les jeunes qui pratiquent régulièrement une activité physique sont moins
Conclusion 1	souvent malades. Être en santé est certes un signe de vigueur.⌐On peut donc dire
Prémisses	que les jeunes gens actifs sont plus vigoureux.⌐De même, les personnes âgées peu- vent combattre le vieillissement en pratiquant des exercices adaptés à leur condi-
Conclusion 2	tion : c'est une sorte de fontaine de Jouvence.⌐L'activité physique est donc
Relance	bénéfique pour les personnes âgées.⌐Par conséquent, on peut constater que la pra- tique régulière d'activités physiques appropriées est un bienfait à tout âge.

SYNTHÉTIQUE

Idée principale	⌐La pratique d'une activité physique régulière est bénéfique pour tout le monde.
Déduction	Ainsi, on peut penser que les adeptes de l'activité physique ont une meilleure qua- lité de vie. On constate chez les gens actifs physiquement une incidence de mala-
Illustrations	dies dégénératives plus faible que chez les personnes inactives.⌐Les adeptes de la danse aérobique, par exemple, comptent parmi les gens les plus détendus et les plus efficaces au travail. Les personnes handicapées qui pratiquent une activité sportive restent plus alertes et productives que les autres. Les enseignants remarquent que
Explication	les enfants qui font du sport ont plus d'énergie en fin de journée.⌐Cela s'explique parce que la pratique régulière d'une activité physique permet d'éliminer plus rapi- dement les toxines et stimule le fonctionnement des organes vitaux (le cœur, les
Relance	poumons, etc.).⌐D'un autre côté, on pourrait montrer les méfaits de l'inactivité pour la santé physique et psychique de nos contemporains.

La révision

Vous avez rédigé un texte… en suivant autant que possible les conseils donnés plus haut. Vous avez donc en main un brouillon, une première version. Il faut maintenant en faire un texte convaincant et agréable à lire. Vous allez donc réviser votre texte.

1. Normalement, votre texte devrait correspondre, sur le plan des idées et de l'argumentation, à ce que vous voulez dire. Maintenant qu'il est terminé, vous pouvez le vérifier. En le relisant — et peut-être même à voix haute — vous con- staterez certaines faiblesses : certains passages ne sont pas clairs ; certains mots pourraient être mieux choisis ; des éléments doivent être ajoutés pour qu'un raisonnement soit complet ; des phrases sont mal construites ; à certains endroits, le style peut être amélioré pour que le texte soit plus facile à lire. Reli- sez votre texte et faites les changements qui s'imposent.

2. Vous devez aussi vous assurer que votre texte ne comporte pas de fautes d'orthographe, de grammaire ou de ponctuation. Relisez une fois encore votre texte, posez-vous des questions, utilisez un dictionnaire, une grammaire ou un guide de conjugaison des verbes si vous hésitez sur un mot.

3. Il vous reste ensuite à vérifier les notes en bas de page et les tableaux, s'il y a lieu (par exemple, vérifiez qu'ils sont placés au bon endroit, qu'ils sont clairs et complets), ainsi que les références bibliographiques.

4. Finalement, lorsque vous avez révisé votre texte, vous le relisez une dernière fois pour éliminer les coquilles. Celles-ci passent souvent inaperçues quand on lit un texte en s'attardant surtout au sens. Par exemple, si vous avez écrit «recharcher» au lieu de «rechercher», il est bien possible que cette erreur vous ait échappé au cours des lectures précédentes. Appliquez-vous à lire ce qui est écrit, non pas ce que vous croyez avoir écrit.

5. Vous pourriez également demander à quelqu'un d'autre de relire votre texte. Cette personne pourra vous faire des commentaires utiles et vous souligner des fautes que vous auriez oubliées !

MARCHE À SUIVRE

1. La préparation
   * Assurez-vous d'avoir vos documents et vos notes sous les yeux ou à portée de la main.
   * Installez-vous confortablement.
   * Établissez un plan de rédaction détaillé.

2. Le brouillon
   * Rédigez un brouillon en vous concentrant sur les idées que vous voulez exprimer.
   * Suivez votre plan de rédaction pas à pas.
   * Ne vous attardez ni à la correction grammaticale ni à la mise en pages.

3. La révision
   * Relisez et annotez votre texte.
   * Reformulez les passages obscurs (mots, phrases, paragraphes).
   * Corrigez les fautes.
   * Vérifiez les tableaux, les notes en bas de page et les références, s'il y a lieu.

4. La présentation
   * Préparez la page de présentation, la bibliographie et les annexes, s'il y a lieu.
   * Relisez-vous et soignez la mise en pages.

5. Dernières vérifications
   * Relisez le texte une dernière fois pour corriger les coquilles et vous assurer que le document est vraiment prêt... à être lu.

EXERCICE

1. Dans un dictionnaire, choisissez un nom commun désignant une réalité complexe. Voici quelques exemples : amitié, jalousie, travail, utilité, compétition, tendresse, etc. Souvent, vous trouverez de courtes citations pour expliquer l'une des significations du mot choisi. Vous pourrez vous en inspirer.

2. Choisissez deux structures de paragraphes différentes parmi celles qui sont présentées plus haut. Rédigez deux paragraphes ayant des structures différentes à partir du même sujet et en exprimant la même idée principale.

3. Révisez vos textes.

CAPSULE TECHNOLOGIQUE

Les logiciels de traitement de texte

Dans les sections précédentes, vous avez vu les grandes lignes du processus de rédaction d'un texte informatif ou argumentatif. Peu importe les outils employés pour faire vos travaux scolaires (crayon et papier, machine à écrire ou ordinateur), ces principes restent valables. Toutefois, un logiciel de traitement de texte peut simplifier certaines étapes de la rédaction d'un texte.

Un logiciel de traitement de texte est un programme spécialisé qui permet la saisie, la mémorisation, la correction, la mise à jour et la mise en forme d'un texte à l'ordinateur. Parmi tous ceux qui existent sur le marché, certains possèdent aussi des outils pour la création de tableaux ou de graphiques, ou encore pour la correction orthographique et grammaticale d'un texte.

Si vous maîtrisez bien les idées que vous voulez communiquer, un logiciel de traitement de texte vous sera d'une grande utilité. Peut-être même plus que vous ne l'imaginez! Bien des gens utilisent leur ordinateur comme s'il s'agissait d'une machine à écrire un peu plus perfectionnée que celle que possédaient leurs parents... La simplicité d'utilisation des logiciels de traitement de texte a pour effet qu'on néglige souvent d'étudier plusieurs ressources offertes. Les ordinateurs sont des outils complexes qui, malgré des interfaces de plus en plus conviviales, présentent des subtilités qu'il faut maîtriser pour que l'outil serve pleinement. Il faut en particulier s'intéresser aux fonctions qui automatisent certaines opérations ou facilitent la réalisation de travaux d'apparence soignée, par exemple la fonction copier-coller, l'attribution de styles de paragraphes, l'affichage du plan, la mise en pages et la correction automatiques, la

création de tableaux et de graphiques, l'insertion de notes en bas de page, etc.

Nous parlerons ici uniquement de deux fonctions importantes qui sont souvent négligées : l'affichage du plan et la création de tableaux. Ensuite, nous aborderons brièvement les correcteurs orthographiques et grammaticaux.

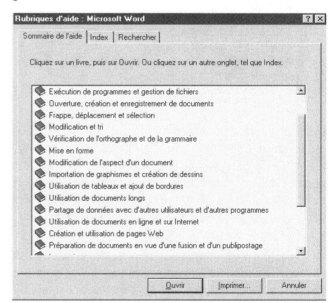

L'affichage du plan

Un logiciel comme Microsoft Word, par exemple, permet une forme d'affichage à l'écran très utile mais souvent méconnue : l'affichage du plan. Dans cet affichage, le logiciel montre la structure d'un document, c'est-à-dire la liste des différents titres et sous-titres qu'il comporte. Il met à votre disposition une barre d'outils spéciale à l'aide de laquelle vous pouvez intervenir sur cette structure. À partir du

6

plan affiché, il est possible d'apporter facilement des modifications au plan lui-même ainsi qu'au texte. Cette méthode est particulièrement utile dans le cas d'un texte long et complexe (plus pratique que l'utilisation des commandes couper-coller).

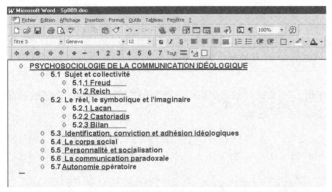

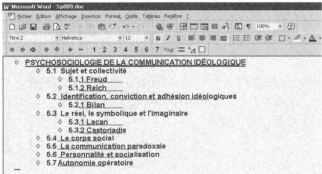

Le plan de rédaction étant la première étape de la rédaction d'un texte, l'affichage du plan vous permet d'afficher le plan de rédaction à l'écran. Ainsi, vous pouvez rédiger votre texte directement à partir de ce plan. Chaque titre et sous-titre représente alors une partie à « remplir ». Il ne reste (façon de parler !) qu'à y ajouter les idées et les explications voulues.

En cours de rédaction, vous pouvez aussi décider de modifier substantiellement votre texte. Par exemple, si vous voulez déplacer une section du texte pour la mettre à un endroit qui convient mieux dans la structure de votre argumentation, vous n'avez qu'à dépla-

cer un titre, dans le plan... et tout le texte de la section correspondante sera déplacé en même temps !

Les tableaux

Les logiciels de traitement de texte possèdent une autre fonction très utile. Celle-ci consiste à ajouter de l'information sous forme de tableau.

Un tableau permet de visualiser rapidement et d'un seul coup d'œil une grande quantité de renseignements. Par exemple, après avoir présenté l'information, vous pouvez la synthétiser sous cette forme. À l'inverse, vous pouvez mettre sous forme de tableau plusieurs idées ou faits pour ensuite les commenter, et ce, sans devoir les détailler dans le texte. Un tableau est également très utile lorsque vous devez présenter des données chiffrées (importées d'un tableur ou saisies directement dans un traitement de texte).

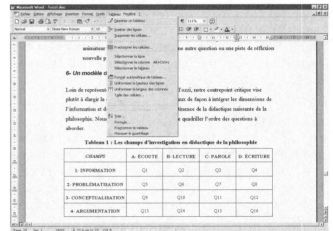

Les outils de correction

Dans les logiciels de traitement de texte, les fonctions de correction orthographique et grammaticale peuvent être très utiles malgré leurs imperfections. Vous pouvez ainsi corriger les erreurs d'orthographe, de grammaire, de conjugaison, etc. L'utilisation des outils de correction peut se faire en cours de rédaction, mais c'est au moment de la révision qu'ils s'avèrent le plus utiles.

Pour en savoir plus

CCDMD, *Amélioration du français,* site en ligne, < http://www.ccdmd.qc.ca/fr/franc/accfranc.html >, 2006, consulté le 15 janvier 2006.

NIQUET, Gilberte, *Structurer sa pensée, structurer sa phrase : Techniques d'expression orale et écrite, formation continue niveau supérieur,* Paris, Hachette, 1987, 254 p.

SIMARD, Jean-Paul, *Guide du savoir-écrire,* Montréal, Les Éditions Ville-Marie/Éditions de l'Homme, 1984, 528 p.

TREMBLAY, Robert, *L'écritoire : Outils pour la lecture et la rédaction des textes raisonnés,* Montréal, McGraw-Hill, 1991, 189 p.

Savoir rédiger divers types de textes

Dans ce chapitre, nous expliquerons comment structurer et rédiger divers types de textes. Au cours de vos études, vous aurez à rédiger divers textes qui peuvent être considérés comme étant plus ou moins dépendants ou indépendants. Rédiger un résumé (informatif ou analytique), un compte rendu ou une dissertation critique en sciences humaines demande aussi... de la méthode.

Un texte dépendant est une rédaction qui se structure autour d'un ou de plusieurs autres textes dont il reprend (intégralement ou non), expose, résume, commente ou critique le contenu. Par contre, un texte indépendant est un texte centré sur sa propre problématique. Les qualificatifs « dépendant » et « indépendant » ne sont pas des absolus. Ils définissent les extrémités d'un axe sur lequel peuvent se situer différents types de textes.

La dépendance des textes

Le degré de dépendance d'un document est la position que ce dernier occupe entre la part de présentation du texte auquel il se réfère et la part de réflexion critique. La figure 7.1 montre le degré de dépendance en fonction du type de document.

Figure 7.1 Degré de dépendance des textes

+ Dépendant   + Indépendant

«Résumé» «Résumé analytique» «Résumé analytique et critique» «Compte rendu» «Recension des écrits» «Commentaire explicatif» «Dissertation critique»

Les textes dépendants permettent d'accéder rapidement à une somme considérable d'information. Vous les utiliserez pour connaître les points de vue particuliers d'experts dans un domaine — leurs divergences autant que leurs accords — afin de mieux comprendre vos lectures.

Bien sûr, les textes indépendants se réfèrent aussi à d'autres textes, mais d'une façon totalement différente. Les textes indépendants, en fait, s'appuient sur d'autres textes quand il est nécessaire d'aller chercher de l'information, d'étayer des opinions, de donner des explications ou d'évaluer un problème. Le texte indépendant ne cherche pas à rendre compte, mais à résoudre un problème de recherche, à répondre à une question, autrement dit à décrire, à expliquer ou à évaluer une réalité.

Dans ce chapitre, nous exposerons les méthodes permettant de rédiger divers types de résumés et une dissertation critique en sciences humaines[1].

Le résumé informatif

Un résumé est un texte dans lequel un livre ou un document est présenté, de manière abrégée. Un résumé peut être simplement informatif. S'il s'appuie sur une analyse approfondie du document présenté, on dira qu'il est analytique; s'il comporte en plus une partie critique, on dira qu'il est analytique et critique. Finalement, si un résumé a un contenu évaluatif (polémique, même) important, on parlera alors de compte rendu critique.

Quand il est question de résumé, on fait généralement référence au résumé informatif, c'est-à-dire à un texte dans lequel on présente brièvement le contenu d'un autre texte. Un résumé informatif est une description condensée de la problématique, des hypothèses, des thèmes, des idées directrices et de l'idée principale d'un texte. Il peut aussi comporter une description du mouvement d'ensemble de la pensée exprimée dans un texte.

Les éléments d'un résumé informatif

Un résumé complet doit comporter les éléments suivants :

- La référence complète de l'ouvrage ou de l'article présenté ;
- Les principaux éléments de la problématique soulevée, en particulier les intentions et les hypothèses de l'auteur ;

---

1. Vous trouverez sur le site < http://www.cheneliere.ca > des chapitres supplémentaires, dont trois portent respectivement sur la recension des écrits, le commentaire explicatif et le texte argumentatif.

- Le thème et l'idée principale, les sous-thèmes et les idées directrices ;
- Une description du cheminement d'ensemble de l'ouvrage.

Facultativement, vous pouvez aussi mentionner certains éléments frappants comme une enquête aux résultats surprenants, un tableau significatif, un schéma permettant la clarification, etc.

Le résumé informatif ne comporte aucune évaluation ou réflexion personnelle. Il fournit rapidement aux lecteurs les éléments essentiels de l'ouvrage sans en omettre aucun ni insister particulièrement sur l'un d'eux. Il doit aussi permettre aux lecteurs de se faire une idée sur la pertinence de l'ouvrage résumé au regard de leurs intérêts ou de leurs propres travaux.

Un résumé ne doit jamais excéder 20 % de la longueur du texte sur lequel il porte. Un texte de 10 pages devrait être résumé en un maximum de 2 pages. Toutefois, il peut l'être facilement en une demi-page... et même en 10 lignes ! Évidemment, plus un résumé est court, moins il est possible de détailler son contenu. Ainsi, plus un résumé est succinct, plus vous devez strictement vous en tenir à l'essentiel.

MARCHE À SUIVRE

1. Faites un survol du livre ou du document (lecture sélective) que vous devez résumer (voir le chapitre 3 à la page 42).
2. Procédez ensuite à une lecture analytique (voir le chapitre 3 à la page 48).
3. Sélectionnez les éléments qui doivent apparaître dans le résumé.
4. Établissez un plan de rédaction (voir le chapitre 6 à la page 112).
5. Rédigez votre texte (voir le chapitre 6 à la page 124). N'oubliez pas de préciser la référence complète du livre ou de l'article (voir le chapitre 8 à la page 163).
6. Révisez votre texte (voir le chapitre 6 à la page 135).

Exemple

Voici un exemple qui vous aidera à établir un système. Il s'agit d'un texte d'environ 500 mots. Lisez-le, puis examinez comment il a été résumé, d'abord en une centaine de mots, puis en une cinquantaine de mots.

La réflexion philosophique

Les gens ordinaires ne se posent pas beaucoup de questions. Ou du moins, ils évitent les questions fondamentales. Les philosophes dérangent leur tranquillité. Lorsque tous les autres croient connaître la vérité, les philosophes demandent ce qu'est la vérité. Ils s'interrogent sans cesse, ils critiquent et remettent tout en question. Cependant, on peut se demander s'il est vraiment profitable de se poser toutes ces questions sans solution. Que peut apporter la réflexion philosophique à ceux qui s'y adonnent ?

De nombreuses personnes se contentent d'une conception superficielle de la vie. Les gens ont bien des opinions mais, en général, celles-ci ne sont basées sur rien d'autre que sur la tradition ou l'opinion des autres. Le commun des mortels se contente de quelques « vérités » banales pour conduire son existence. Au contraire, la philosophie permet de voir les choses d'une manière plus approfondie, car ces dernières sont toujours plus complexes qu'il n'y paraît à première vue. La réflexion philosophique permet de découvrir cette complexité.

Les gens se trompent souvent sur les faits : ils ont de multiples préjugés, des croyances approximatives, erronées ou même délirantes. En fait, l'esprit humain est porté à la fabulation, car il a tendance à tout vouloir expliquer. Le drame des sectes religieuses autodestructrices — comme le trop fameux Ordre du temple solaire (OTS)[1] dont tous les membres, pour « monter dans les étoiles », se sont suicidés ou ont été sauvagement assassinés — est là pour nous le rappeler. C'est pourquoi il est bon d'être prévenu des limites de nos connaissances.

La raison d'être des événements de la vie n'est pas toujours claire. Pourquoi cet enfant est-il mort si jeune ? Pourquoi suis-je handicapé ? Pourquoi mes relations amoureuses sont-elles toujours compliquées ? Les faits de la vie sont souvent cruels ou semblent injustifiés. Au-delà des faits évidents qui causent les événements, il faut aussi en découvrir la signification profonde. La signification des événements doit être découverte à l'aide d'une réflexion philosophique personnelle.

L'ouverture d'esprit est une qualité qui se développe grâce au dialogue, et la philosophie favorise le dialogue. Socrate n'hésitait jamais à engager la discussion avec quiconque l'abordait, peu importe son rang ou sa fortune. Ainsi, la personne qui s'adonne à la réflexion philosophique enrichira sa personnalité de nuances nouvelles. Il est très facile de remarquer que les gens réfléchis sont moins catégoriques et plus prudents. Ils s'ouvrent aux autres, examinent leurs points de vue et cherchent la vérité avec eux. Ils savent que les relations humaines et le dialogue exigent ouverture et capacité d'écoute.

La réflexion philosophique est une source inépuisable de découvertes et d'enrichissement personnel. Nous l'avons montré en invoquant quelques-uns de ces facteurs d'enrichissement : l'approfondissement de la réflexion, la conscience des limites de la connaissance, la découverte de la signification des événements, l'enrichissement de la personnalité. La pensée philosophique n'est pas la seule source d'enrichissement ou de réflexion, bien entendu. Il faut pouvoir se cultiver de toutes sortes de manières. L'étude des sciences, la contemplation de la nature ou des œuvres d'art sont aussi d'excellents moyens permettant d'approfondir sa réflexion personnelle.

Premier résumé informatif (100 mots)

Dans son texte « La réflexion philosophique », l'auteur cherche à savoir ce que la philosophie apporte à ses adeptes. Il soutient que celle-ci est très riche sur les plans intellectuel et personnel. Premièrement, elle permet de considérer les choses de manière plus approfondie et d'en découvrir la complexité. Deuxièmement, elle permet de prendre conscience des limites de la connaissance afin d'éviter les préjugés et les fausses croyances. Troisièmement, l'auteur insiste sur le rôle de la réflexion philosophique dans l'attribution d'une signification aux événements de la vie. Enfin, il avance que l'adepte de la philosophie enrichira sa personnalité grâce à l'ouverture d'esprit et au dialogue qu'elle suppose.

Deuxième résumé informatif (50 mots)

Dans ce texte, l'auteur cherche à savoir ce que la philosophie apporte à ses adeptes. Il soutient que celle-ci est très enrichissante, car elle permet de considérer les choses de manière plus approfondie, de prendre conscience des limites de la connaissance, d'attribuer une signification aux événements de la vie et d'enrichir sa personnalité.

---

1. L'Ordre du Temple Solaire, OTS : Secte ésotérique qui a été à l'origine de plusieurs suicides et meurtres collectifs en Suisse, en France et au Québec.

La plupart des revues scientifiques demandent aux auteurs de rédiger un résumé de leurs articles. Ces résumés, qu'on trouve au début ou à la fin des articles, sont intéressants parce qu'ils sont brefs et fiables, puisqu'ils ont été rédigés par les auteurs eux-mêmes. On peut aussi se procurer gratuitement, dans toute bonne librairie, des périodiques qui présentent les nouvelles publications (par exemple, la revue *Il faut lire*) ; on y trouve souvent d'excellents résumés.

Exemple

Le résumé informatif (extrait)

ZIEGLER, Jean, *Les nouveaux maîtres du monde et ceux qui leur résistent,* Paris, Éditions Fayard, 2002, 370 p.

Le livre de Jean Ziegler porte sur le nouvel ordre mondial qui a vu le jour durant la dernière décennie du XXᵉ siècle. Pour l'essentiel, l'auteur entend lever le voile sur la structure, la visée historique, les stratégies et les tactiques des maîtres de l'univers. Il veut également fournir des armes à ceux qui organisent la résistance face aux «seigneurs».

L'ouvrage se divise en quatre parties. Dans un premier temps, l'auteur explore la problématique de la mondialisation contemporaine en examinant le rôle qu'y joue l'empire américain et en détaillant l'«idéologie des maîtres». Dans un deuxième temps, il essaie de montrer certains agissements des «prédateurs», qui imposent leurs diktats économiques à l'ensemble des populations de la planète. Dans une troisième partie, il examine certaines activités des grandes institutions internationales que sont le FMI, la Banque mondiale de développement et l'OMC. Il décrit les dirigeants de ces organismes comme étant «[des] mercenaires dévoués et efficaces [qui] servent l'ordre des prédateurs» (p. 19). Enfin, dans la quatrième partie, l'auteur nous présente certaines organisations qui se sont assignées comme mandat de résister à ces nouveaux maîtres du monde. Il s'agit de mouvements sociaux de protestation, qu'il regroupe à l'intérieur de la notion appelée la «Nouvelle société civile planétaire, [qui] conteste radicalement l'empire des prédateurs» (p. 19-20).

EXERCICE

1. Dans un index ou un périodique, choisissez un résumé assez complet d'un ouvrage d'intérêt dans votre domaine d'études.

2. Ne lisez pas ce résumé ; faites plutôt la lecture analytique de l'ouvrage lui-même.

3. Rédigez ensuite votre propre résumé du livre ou du document ; il aura approximativement la même longueur que le résumé choisi au départ.

4. Lisez le résumé de départ et comparez celui-ci et le vôtre. Que concluez-vous ?

7

PLUS *encore!*

Une recette infaillible pour faire un bon résumé

L'art du résumé consiste à s'en tenir strictement à l'essentiel d'un ouvrage. La principale difficulté consiste donc à distinguer l'essentiel de l'accessoire. Il faut de plus admettre que tous les textes n'ont pas la structure idéale qu'on souhaiterait, de telle sorte que ce qui constitue l'essentiel peut être sujet à interprétation. Il est donc difficile d'établir des règles générales, mais vous pouvez néanmoins considérer les indications suivantes :

- Un ouvrage bien construit comporte une idée principale qui est souvent énoncée en introduction et toujours en conclusion. Tout résumé doit mettre celle-ci en évidence ;

- Cette idée doit être soutenue à l'aide d'un raisonnement d'ensemble dont les principaux arguments sont des idées directrices ; un texte bien construit comporte un nombre limité d'idées directrices et d'arguments secondaires. Le résumé doit souligner ces idées ;

- Vous devez aussi prêter attention à la démarche annoncée dans l'introduction, qui se confirme normalement dans le cheminement du texte et qui se trouve reprise en abrégé au début de la conclusion. À l'intérieur du résumé, la description de ces composantes est primordiale.

La meilleure façon de préparer un résumé est donc la lecture analytique d'un texte, car ce type de lecture permet justement d'établir correctement les éléments essentiels.

En outre, comme un texte occupe une place déterminée dans l'œuvre d'un auteur et sa spécialité, une mise en situation dans ce double contexte enrichit considérablement un résumé. Vous devez particulièrement souligner les innovations qu'un texte comporte, car c'est sur elles que repose souvent tout l'intérêt du texte.

Le résumé analytique

Le résumé analytique se distingue par la précision de son contenu et de sa forme.

Le résumé analytique respecte les structures essentielles du texte dont il rend compte et doit en reproduire fidèlement les divisions. Vous pourriez dire qu'il s'agit d'un simple condensé, s'il ne comportait aussi obligatoirement une introduction qui présente l'auteur et son texte, et une conclusion qui décrit le mouvement d'ensemble du texte.

Cependant, la caractéristique essentielle du résumé analytique reste sa forme, qui doit suivre un cheminement fidèle à celui du texte présenté. Le résumé analytique redit en quelque sorte la même chose que le texte initial, de la même façon mais non dans les mêmes phrases et beaucoup plus brièvement. Ainsi, le résumé analytique est plus proche du texte source que le résumé informatif et comporte moins de travail de synthèse, puisqu'il est plus fidèle à son plan.

Le résumé analytique exige donc, plus que le résumé informatif, d'approfondir la matière étudiée. On l'utilise souvent pour établir un index analytique, par exemple.

Toutefois, à cause de son style « énumératif », il n'est jamais aussi intéressant à lire que le résumé informatif et le compte rendu. Le résumé analytique doit respecter les grandes divisions du texte de référence. Cependant, sa longueur dépend essentiellement du degré de précision que vous voulez lui donner. En outre, c'est moins la qualité du style qui importe dans le résumé analytique que la justesse de l'information et sa quantité.

La préparation de fiches de lecture (voir le chapitre 3 à la page 54) est la méthode idéale pour produire un résumé analytique. En effet, si les fiches sont bien construites, leur contenu correspondra exactement au résumé ; il vous suffit alors de les retranscrire dans l'ordre pour obtenir un excellent résumé.

Le résumé analytique et critique

Un résumé analytique peut aussi comporter une partie critique : on parlera alors de résumé analytique et critique.

Pour produire la partie évaluative de ce type de résumé, vous devez suivre la méthode qui s'applique au compte rendu — qui est en fait un résumé critique (voir Le compte rendu, p. 147). Cependant, cette partie critique sera moins développée : vous y indiquez seulement les grandes lignes d'une critique plus élaborée qui pourrait être reprise dans un véritable résumé critique. De plus, elle est rédigée dans un style presque « télégraphique », qui correspond à celui du reste du résumé.

MARCHE À SUIVRE

1. Faites une lecture analytique du texte que vous voulez résumer. N'oubliez pas de préparer vos fiches de lecture.
2. Établissez le plan des principales divisions.
3. Selon la longueur du texte à résumer, substituez une phrase à chaque paragraphe ou à chaque partie que vous devez résumer.
4. Révisez le texte obtenu et ne conservez que l'essentiel.
5. Rédigez l'introduction : la présentation du texte et de l'auteur.
6. Rédigez la conclusion : la description du mouvement d'ensemble du texte.
7. S'il s'agit d'un résumé analytique et critique, rédigez la partie critique en notant vos idées et en adoptant une forme semblable à celle du résumé lui-même.
8. Révisez l'ensemble de votre texte.

EXERCICE

1. Choisissez un texte d'environ cinq pages.
2. Résumez-le ; condensez chaque paragraphe du texte initial en une ou deux phrases.
3. Ensuite, reprenez votre résumé et tentez de le réduire encore en reformulant des phrases et en éliminant les éléments qui ne sont pas tout à fait essentiels.

Exemple

Considérons le texte d'analyse politique suivant.

Lénine ne préconise rien de moins que l'étatisation de la société dans son ensemble, la centralisation et la concentration des pouvoirs aux mains de l'État et l'identification complète du peuple à l'État. Il prétend travailler au dépérissement de l'État alors qu'il met en place les prémisses théoriques de l'État le plus centralisateur et le plus hégémonique jamais imaginé. Or, cet État serait bourgeois! On croit rêver mais, malheureusement, ce n'est pas le cas: on trouve dans L'État et la révolution une description prophétique du socialisme «effectivement existant», du socialisme d'État tel qu'on a tenté de le construire dans les formations sociales dirigées par les communistes.

Certes Lénine, après Engels, raille la «vénération superstitieuse de l'État» propre aux sociaux-démocrates. Il préconise la démocratie pour le peuple. De plus, il réclame «tout le pouvoir aux Soviets». Cependant, il refuse aussi de convoquer l'Assemblée générale des Soviets au moment où les anarchistes risquent d'en ressortir majoritaires, et il n'hésite pas à les faire massacrer (en 1921) lorsque les marins de Cronstadt se révoltent contre la «dictature marxiste». On ne peut juger une théorie politique uniquement sur la base de ses bonnes intentions; il faut aussi l'évaluer à la lumière de ses implications pratiques: ce sont les marxistes eux-mêmes qui nous l'ont appris. Cet exemple des marins de Cronstadt est particulièrement ironique si on le rapproche de la phrase suivante: «...du moment que c'est la majorité du peuple qui mate elle-même ses oppresseurs, il n'est plus besoin d'un "pouvoir spécial" de répression! C'est en ce sens que l'État commence à s'éteindre[1].»

De fait, l'idée d'une extinction de l'État repose sur la base utopique de l'exercice direct du pouvoir par le peuple lui-même. L'histoire a montré que cela n'est possible que partiellement et pour un temps très court qui correspond à une crise de légitimité et à une perte de contrôle de la part des classes dirigeantes. Lorsqu'un État se constitue, il ne s'éteint pas, il se dresse au contraire «au-dessus» de la société dont il

est issu et, tout en la reflétant, il s'autonomise, se renforce et joue, entre autres, un rôle d'oppresseur, d'exploiteur et de gestionnaire des conflits sociaux: qu'un État naisse d'une révolution ouvrière ne change rien à cette réalité.

On peut résumer ces trois paragraphes de la manière suivante:

1. *En prétendant faire dépérir l'État, Lénine préconise la centralisation des pouvoirs aux mains de l'État et l'étatisation de la société;*

2. *Si Lénine critique l'État et prône son extinction, dans la pratique il renforce sa capacité de répression;*

3. *Tout État tend à devenir une force autonome, et son extinction est utopique.*

Dans un résumé analytique, ce condensé remplace les trois paragraphes à résumer tout en conservant la structure et le sens du texte. Dans le cas d'un texte très long, les paragraphes du résumé peuvent se substituer à des groupes de paragraphes ou même à des sections du texte, voire à des chapitres. Évidemment, plus la partie à résumer est longue, plus il est difficile de la condenser.

La partie «critique» d'un tel résumé ressemblerait comme une sœur jumelle à la partie «résumé». Par exemple, un partisan de Lénine pourrait répliquer ainsi:

1. *Il n'y a pas de véritable projet révolutionnaire sans utopie: l'extinction de l'État est une utopie positive;*

2. *Ce sont les conditions de guerre civile et de pauvreté qui rendent nécessaires les mesures centralisatrices;*

3. *Une centralisation provisoire n'influe en rien sur l'idéal poursuivi.*

---

1. LÉNINE, Vladimir Ilitch, *L'État et la révolution*, Pékin, Éd. en langues étrangères, 1976, p. 53.

PLUS *encore!*

Quelle est l'utilité pédagogique du résumé analytique ?

Afin d'améliorer votre compréhension d'un texte, la production d'un résumé analytique est une excellente méthode pour y arriver, et ce, pour trois raisons :

- Le fait de condenser au maximum le contenu vous oblige à distinguer le principal du secondaire tout en rendant l'idée principale d'un passage plus ou moins long ;

- Le résumé analytique respecte la structure que l'auteur a donnée à son texte, ce qui vous permet de mieux saisir la stratégie d'ensemble ;

- Il vous permet de mémoriser une grande quantité d'information.

En fait, il serait possible de... résumer tout cela en disant qu'on ne peut tout simplement pas faire un bon résumé analytique sans avoir vraiment compris un texte.

La critique doit être amenée de manière à ce qu'elle reste ouverte... à la critique à laquelle elle-même s'expose.

7

Le compte rendu

Le compte rendu — ou résumé critique — est un résumé caractérisé par son contenu évaluatif et même polémique. Il peut également proposer un prolongement particulier de la théorie étudiée ou indiquer des points particuliers de l'ouvrage ou de l'article qui est l'objet du résumé.

Nous avons décrit précédemment les méthodes propres au résumé ; nous nous attacherons ici surtout à définir cet aspect critique, qui semble souvent énigmatique.

Qu'est-ce que la critique ?

Faire la critique d'un texte consiste à l'évaluer et à exposer les raisons qui justifient cette évaluation. Celle-ci ne peut porter sur tous les éléments du texte examiné. Ainsi, elle doit se concentrer sur un ou plusieurs de ses éléments principaux : les idées directrices ou les principaux arguments, les faits ou les analyses, le cheminement d'ensemble, la méthode, les innovations ou la place de l'ouvrage dans le contexte de l'œuvre de l'auteur ou de son domaine de connaissances.

Toute évaluation d'un texte doit être fondée sur une argumentation solide et doit être nuancée. Qu'elle soit positive, négative ou alternativement l'une et l'autre, la critique doit s'appuyer sur des arguments explicites qui, bien sûr, découlent d'une juste compréhension du texte. Le compte rendu est d'abord un résumé : il doit donc « donner sa chance » au texte examiné, puis le critiquer, c'est-à-dire étudier les idées et la démarche de l'auteur. De ce point de vue, la critique la plus dure sera aussi la mieux appréciée parce qu'elle pointe du doigt ce qui pose problème dans un texte particulier tout en reconnaissant les apports particuliers du texte dans un domaine.

Faire une critique présuppose donc non seulement une connaissance approfondie de l'ouvrage ou du document dont il faut rendre compte, mais aussi une connaissance du champ de recherche dans lequel il s'insère. La critique qui se veut scientifique ne peut, comme la critique sociale, s'appuyer sur une position idéologique extérieure au thème traité. Elle doit s'appuyer sur des faits avérés, des théories reconnues ou l'analyse des défauts logiques, méthodologiques ou épistémologiques du texte lui-même. De ce point de vue, on peut distinguer deux types de critique :

- La critique externe, qui s'appuie sur des éléments théoriques ou des faits empiriques tirés d'une autre source que le texte critiqué ;

- La critique interne, qui ne s'appuie que sur une évaluation des procédés qu'utilise le texte lui-même.

Vous pouvez évidemment utiliser les deux approches simultanément et produire alors une critique dite mixte.

La structure du compte rendu

Deux types de construction sont possibles pour le compte rendu : la critique peut être séparée du résumé et placée à la fin du texte, ou encore elle peut être intégrée au résumé. Dans ce dernier cas, vous devez distinguer clairement les paragraphes ou les phrases qui appartiennent à l'une ou à l'autre partie. Dans l'introduction, vous indiquez la méthode choisie pour que les lecteurs s'y retrouvent facilement (voir les modèles du chapitre 6 à la page 119).

Un compte rendu comprend entre 2 et 12 pages, et sa partie critique peut représenter entre un tiers et la moitié du texte. Vous avez avantage, du moins au début, à bien séparer la partie « critique » de la partie « résumé » : cela facilite l'écriture. Toutefois, dès que vous vous sentez à l'aise avec ce type de texte, vous pouvez les imbriquer l'une dans l'autre. Ainsi, vous obtenez un compte rendu plus dynamique et plus intéressant à lire. Cependant, la rédaction est alors un peu plus compliquée : chaque élément essentiel de l'ouvrage est exposé et évalué pour lui-même et, ensuite, l'ensemble est repris et évalué à son tour. Vous devez éviter qu'il n'y ait confusion entre le résumé comme tel et le commentaire, entre ce qui est propre à l'auteur du document et ce qui est propre à l'auteur du compte rendu.

Voici un exemple de ce que pourrait contenir un compte rendu.

La structure d'un compte rendu

- *Premier paragraphe : introduction générale ; présentation de l'auteur ; indication de la problématique du texte, du thème et de la thèse principale.*
- *Deuxième paragraphe : exposé d'un premier point. « Dans ce livre, l'auteur X avance que... »*
- *Troisième paragraphe : critique du premier point. « Pour ma part, je pense que... » ou « Pour notre part, nous pensons que... »*
- *Quatrième paragraphe : exposé du deuxième point. « On peut lire également que... »*
- *Cinquième paragraphe : critique du deuxième point. « On peut se demander si... »*
- *Ainsi de suite pour chaque élément important.*
- *En conclusion : résumé général, critique générale, relance.*

MARCHE À SUIVRE

1. Faites le résumé informatif de l'ouvrage ou du document.

2. Sur une feuille, établissez alternativement la liste des principaux arguments en faveur (pour) et en défaveur (contre) de l'ouvrage (voir le tableau 7.1).

3. Tentez de répondre à chaque objection que vous avez soulevée: évaluez chaque argument de l'auteur et l'objection que vous avez apportée; ne gardez que les objections que vous êtes en mesure de soutenir à l'aide d'arguments logiques.

4. Rédigez la critique en notant les réponses possibles à ces objections et à leur réfutation.

5. Ajoutez cette critique au résumé selon l'une des deux façons présentées (voir page 148).

6. Rédigez l'introduction, qui doit inclure l'annonce de la conclusion de votre critique, puis la conclusion.

7. N'oubliez pas d'indiquer la référence complète du livre ou du document sur lequel vous faites le compte rendu: au début de votre texte, à simple interligne.

Tableau 7.1 Inventaire du pour et du contre

En faveur (pour)	En défaveur (contre)	Argument	Décision
Idée principale de l'auteur	Votre objection	Arguments appuyant votre objection	Retenue ou non
Idée directrice 1 de l'auteur	Votre objection	Arguments appuyant votre objection	Retenue ou non
Argument 1.1 de l'auteur	Votre objection	Arguments appuyant votre objection	Retenue ou non
Argument 1.2 de l'auteur	Votre objection	Arguments appuyant votre objection	Retenue ou non
Idée directrice 2 de l'auteur	Votre objection	Arguments appuyant votre objection	Retenue ou non
Argument 2.1 de l'auteur	Votre objection	Arguments appuyant votre objection	Retenue ou non
Argument 2.2 de l'auteur	Votre objection	Arguments appuyant votre objection	Retenue ou non

La décision dépend de la force des arguments que vous êtes en mesure de produire en faveur de votre objection. Ne retenez que les objections que vous pouvez soutenir.

www.cheneliere.ca

Exemple

Premiers éléments d'un exemple d'un compte rendu

ZIEGLER, Jean, *Les nouveaux maîtres du monde et ceux qui leur résistent,* Paris, Éditions Fayard, 2002, 370 p.

Après une longue carrière de professeur de sociologie à l'université de Genève, Jean Ziegler est aujourd'hui rapporteur spécial des Nations Unies pour le droit à l'alimentation. Dans son livre intitulé Les nouveaux maîtres du monde et ceux qui leur résistent, *Jean Ziegler lève le voile sur certaines pratiques nettement abusives des dirigeants d'entreprises capitalistes mondialisées (les transnationales). Il expose les conséquences désastreuses de certaines mesures appliquées par les décideurs des grandes institutions commerciales et financières internationales (OMC, Banque mondiale de développement et FMI) dans les pays les plus pauvres. Ces deux groupes, qu'il désigne comme étant des «prédateurs» et des «mercenaires», ont une tête pensante et dirigeante bien précise: l'empire américain. Dans la dernière partie de son ouvrage, l'auteur s'intéresse également aux groupes qui organisent la résistance face aux «oligarchies capitalistes transcontinentales [qui] règnent sur la planète» (p. 12).*

La thèse centrale de l'ouvrage de Jean Ziegler se résume comme suit: «Brusquement à 10 ans de l'an 2000 le monde a changé» (p. 25). Il présente ici deux faits à l'appui de cette affirmation. D'abord la guerre du golfe Persique et ensuite l'effondrement du communisme en Europe de l'Est. Loin de contribuer au triomphe de la liberté et à la généralisation des droits de l'homme à l'échelle de la planète, ces deux événements ont plutôt permis à l'oligarchie du capitalisme financier mondial, sous le leadership des États-Unis, d'imposer son ordre à l'échelle mondiale.

Il serait complètement erroné de notre part de nier ces deux événements survenus en 1991. Toutefois, le lecteur peut légitimement se demander si ces événements à eux seuls permettent d'expliquer adéquatement la suite des choses. Précisons notre pensée ici. Jean Ziegler estime que ces deux événements ont imposé une nouvelle dynamique historique. Selon lui, cette situation a contribué à instaurer un nouvel ordre mondial en rupture avec celui qui se mettait en place au lendemain de la victoire sur le nazisme en 1945. Bref, il s'agissait d'un monde qui ne chercherait plus à faire triompher les droits de l'homme à l'échelle de la planète, mais qui fonctionnerait principalement selon les intérêts des «oligarchies régnantes». Pour notre part, nous pensons que la Déclaration universelle des droits de l'homme en 1948 a pu créer un certain enthousiasme. Cependant, de là à s'imaginer que toutes les forces politiques et économiques dirigeantes des pays du Nord comme du Sud, de l'Ouest comme de l'Est ont subitement accepté de situer la conduite de leurs actions dans ce cadre, c'est faire preuve d'une grande naïveté. De plus, les droits de l'homme n'ont pas trouvé leur matérialisation dans tous les pays signataires de la Déclaration universelle des droits de l'homme. Le lendemain de la Deuxième Guerre mondiale est certes un moment important dans la chronologie du XXe siècle. À notre avis, nous ne sommes pas en présence d'une rupture aussi profonde que Jean Ziegler l'affirme. Les droits de l'homme font certes l'objet d'une proclamation solennelle, mais aucune organisation ne parviendra à imposer le respect des principales dispositions de cette déclaration par tous les dirigeants politiques. Malgré l'existence de l'Organisation des Nations-Unies, les États-Unis d'Amérique ne renonceront pas à jouer un rôle hégémonique à l'échelle de la planète.

Les comptes rendus, plus que les résumés, sont très utiles tant à ceux qui les font qu'à ceux qui les lisent. L'auteur, en rédigeant un compte rendu, approfondit sa compréhension d'un ouvrage et peut se faire sa propre opinion sur le texte et sa problématique. Les lecteurs, en lisant un compte rendu, sont avertis de la valeur ou des difficultés inhérentes à l'ouvrage analysé.

Tous les périodiques scientifiques présentent des comptes rendus (*Books Reviews* ou simplement *Reviews*, en anglais). Généralement, dès leur parution, le directeur d'une revue confie les ouvrages qu'il reçoit à des spécialistes afin que ces derniers en rédigent la description et l'évaluation. Pour avoir des exemples de ce genre de compte rendu, vous pouvez consulter la revue canadienne bilingue de philosophie *Dialogue* ou encore des périodiques comme le célèbre *New York Review of Books* ou *The Semiotic Review of Books*, qui se spécialisent dans les comptes rendus. Des quotidiens comme *Le Devoir* ou *La Presse* publient aussi des comptes rendus dans leurs pages culturelles, habituellement le samedi. Vous trouverez aussi de nombreuses sources intéressantes de comptes rendus dans Internet.

Enfin, nous vous recommandons de visiter la section des périodiques de votre bibliothèque. Vous y trouverez sûrement une grande variété de revues savantes qui publient d'excellents comptes rendus.

EXERCICE

1. Choisissez un livre important dans votre domaine d'études.

2. À la fin de chaque chapitre, faites un résumé d'une demi-page ; procédez ensuite à l'évaluation critique du chapitre, en une demi-page environ.

3. En ne gardant que l'essentiel, condensez autant que possible votre résumé et votre critique.

4. Selon la méthode exposée ici, produisez un compte rendu de l'ouvrage en trois à quatre pages tout au plus.

La dissertation critique en sciences humaines

Une dissertation critique en sciences humaines est un texte indépendant qui vise à exposer l'ensemble des faits et des arguments en faveur d'une conclusion précise sur une question donnée.

La dissertation critique en sciences humaines possède les mêmes composantes que le texte argumentatif ; seul le degré d'approfondissement et de rigueur les différencie. En comparaison avec le texte argumentatif, sa forme est plus élaborée et permet plus de souplesse dans la structure. En outre, la dissertation critique adopte différentes stratégies démonstratives propres à d'autres types de textes. Par exemple, elle peut intégrer des éléments de commentaire, de travail de recherche, de rapport, etc. Il s'agit d'une forme de réflexion qui, par définition, est très libre.

7

De manière générale, lorsque votre professeur d'histoire, de sociologie, d'économie, de psychologie, etc., demande un travail de session, un travail long ou simplement un texte de cinq à sept pages, il s'agit le plus souvent d'une dissertation critique en sciences humaines. Cependant, pour bien vous en assurer, il peut être utile de poser les questions ci-après.

1. S'agit-il:

   a) d'un texte indépendant, c'est-à-dire centré sur sa propre problématique et cherchant à répondre à une question précise?

   b) d'une forme de résumé ou de commentaire?

2. Dans ce travail, devez-vous:

   a) formuler une hypothèse originale?

   b) collecter des données pertinentes?

3. La structure de ce travail est-elle:

   a) souple?

   b) déterminée par la démonstration d'une thèse fortement affirmée?

4. Ce travail exige-t-il:

   a) une réflexion personnelle et critique?

   b) la simple compréhension de la matière étudiée en classe?

Si vous avez répondu a) aux quatre questions, le travail demandé est presque certainement une dissertation critique en sciences humaines. Selon le professeur Lacharité (1987, p. 211), voici les opérations intellectuelles propres à ce genre de travail (voir le tableau 7.2):

- Problématiser, c'est-à-dire préciser, ce qu'on cherche à propos d'un objet (la situation, l'événement, le concept, la théorie, le phénomène, etc.); différencier ce qu'on présume connu ou posé de ce qu'on cherche;

- Établir les définitions des termes et les conventions de vocabulaire ou de notation;

- Concevoir les divisions principales du texte;

- Fournir l'information nécessaire à la position des prémisses et formuler les prémisses des thèses principales qui devront être démontrées;

- Démontrer les thèses au moyen de raisonnements;

- Insérer les notes et les commentaires dans une position rhétorique favorable par rapport à l'argumentation;

- Faire la synthèse et conclure.

Bref, disserter consiste à rédiger un texte qui fournit tous les éléments nécessaires à l'établissement d'une conclusion en rapport avec une question précise, et qui mène à cette conclusion grâce à un raisonnement d'ensemble. On voit mieux maintenant pourquoi la dissertation est souvent considérée comme une forme de démonstration subtile et approfondie: dans une dissertation, toutes les potentialités de la pensée peuvent se déployer sans contrainte à l'intérieur d'une structure souple, mais claire et cohérente.

Tableau 7.2	Opérations d'une dissertation
Disserter	**c'est-à-dire...**
Problématiser	Établir la problématique en introduction et au début du développement, soit définir le problème ou le sujet traité et le préciser à l'aide d'une question particulière.
Définir	Établir la signification des termes et des symboles utilisés.
Structurer	Concevoir une organisation du texte claire et rigoureuse ordonnée par les thèmes, les idées directrices et les arguments développés.
Informer	Amener toute l'information nécessaire à l'étude du sujet et à l'établissement de la conclusion.
Démontrer	Établir la conclusion principale et les conclusions secondaires à l'aide de raisonnements logiquement défendables, où l'information et les idées sont des arguments recevables.
Noter	Donner au lecteur les références exactes et l'information complémentaire nécessaire à un approfondissement du sujet.
Commenter	Faire l'évaluation et la critique des divers points de vue sur le sujet.
Synthétiser	À la fin du texte, résumer le raisonnement en reprenant ses éléments essentiels.
Conclure	Exprimer l'idée principale du texte sous une forme claire et condensée, puis relancer la discussion sur d'autres éléments importants de la problématique.

La dissertation critique : quelques conseils

La plupart des étudiants redoutent l'épreuve qui consiste à produire une dissertation critique en sciences humaines. Nous vous suggérons ici une méthode à la fois simple et efficace qui s'appuie sur neuf principes.

Analyser le sujet. Faites une analyse du sujet. Rien n'est plus néfaste qu'un point de départ flou. Si le sujet n'est pas imposé, choisissez-en un qui est précis. Prenez soin d'analyser toutes les composantes du sujet (qu'il soit présenté sous forme de question, d'affirmation, de thème, etc.) et de comprendre les liens précis qui les unissent. Si c'est possible, formulez votre sujet sous forme de question, définissez chacun des termes qui la constituent, situez cette définition dans son contexte particulier, clarifiez les liens entre les termes, puis schématisez ces relations (voir Les réseaux de concepts, à la page 62 du chapitre 3).

Gardez ce schéma à portée de la main pendant que vous faites votre travail. Ainsi, vous éviterez de vous éloigner de votre sujet...

Choisir la documentation appropriée. La documentation est fondamentale. Elle doit comporter des éléments généraux en relation avec la problématique d'ensemble, des éléments particuliers liés au sujet en tant que tel et des éléments plus spécialisés. Pour une dissertation de quatre à cinq pages, par exemple, vous pourriez utiliser un ou deux ouvrages généraux comme une introduction et un ouvrage majeur ; un ou deux ouvrages particuliers portant directement sur le thème ; un ou deux articles de revues spécialisées, de journaux ou de publications gouvernementales reflétant l'état actuel de la question. Vous consulterez également des encyclopédies et des manuels, sans nécessairement les indiquer en bibliographie.

Étudier la documentation. Vous devez lire les documents en gardant à l'esprit les éléments déterminés par l'analyse du sujet. Faites donc une lecture active de vos sources, et concentrez-vous sur les parties qui concernent directement votre sujet. Annotez les documents ou préparez des fiches de lecture (voir le chapitre 3 à la page 54).

7

Réfléchir. Prenez le temps de réfléchir. À toutes les étapes, mais en particulier une fois que vous avez terminé vos lectures, ménagez-vous un temps de réflexion (un temps où, en apparence, vous ne faites rien!). Dans ces moments privilégiés, il est très utile d'avoir un cahier à portée de la main. Ainsi, vous pouvez prendre des notes au moment où vous repensez à l'une de vos lectures, vous vous interrogez sur une idée, vous trouvez une piste intuitive concernant un sous-thème, vous décomposez les éléments d'un problème, etc. Faites des schémas, des tableaux, de courtes phrases. Et ne vous découragez pas, concentrez-vous sans chercher nécessairement une réponse immédiate : souvent les idées de génie arrivent au moment où l'on s'y attend le moins!

Établir le plan d'argumentation. Pour commencer, tentez de rédiger la réponse que vous voulez donner à la question qui constitue le point de départ de votre travail, même si cette réponse a un caractère hypothétique ou interrogatif. Ensuite, dressez la liste des arguments qui soutiennent votre idée principale (votre thèse), et celle des objections qui pourraient être apportées, accompagnées des réfutations que vous leur opposez ; notez les sources de ces arguments, s'il y a lieu. À partir de ces idées directrices, établissez votre plan d'argumentation (voir l'exemple du chapitre 3 à la page 50), et vérifiez que le cheminement que vous entendez suivre mène logiquement à la conclusion.

Établir le plan de rédaction. Quand vous êtes satisfait de votre plan d'argumentation, ajoutez-y la présentation du sujet (ou la problématique), les éléments retenus de la documentation (avec les références) pour obtenir une structure claire et adaptée à votre propos : vous aurez alors votre plan de rédaction (voir le chapitre 6 à la page 112).

Rédiger le texte. La rédaction n'est que l'accomplissement du plan (voir le chapitre 6). Rien d'autre ne doit y apparaître et, si vous devez corriger le plan en cours de route, assurez-vous que ces modifications représentent vraiment une amélioration.

Réviser le texte. Relisez votre texte à voix haute. N'hésitez pas à reformuler certaines phrases, à réorganiser, à compléter ou à rectifier des parties. De cette révision dépend le résultat final (voir La révision, chapitre 6 à la page 135).

Soigner la présentation. Les évaluateurs sont humains... avec tous les biais que cela comporte. Une présentation soignée, de préférence dactylographiée ou saisie à l'aide d'un traitement de texte, des figures et des graphiques clairs et aérés, disposeront favorablement les lecteurs (voir le chapitre 8 à la page 179).

Ne négliger aucun des conseils précédents. Ne pensez pas pouvoir faire l'économie d'une étape ou d'un conseil indiqués ici. Cette méthode est déjà la plus économique qui soit. Elle se substitue à des méthodes qui s'étalent sur des centaines de pages.

Toute omission se répercutera négativement sur le résultat final. Comptez sur le temps et l'expérience pour que la méthode devienne plus efficace, parce que ses éléments seront devenus des automatismes.

MARCHE À SUIVRE

1. Analysez la question en lien avec la problématique.

2. Choisissez une documentation diversifiée sur le sujet ; réunissez à la fois des articles de référence, des ouvrages généraux, des ouvrages particuliers et des articles de revues spécialisées.

3. Lisez vos documents : faites une lecture active des fiches de lecture ou préparez une analyse de texte selon les besoins, puis dressez la bibliographie.

4. Formulez votre point de vue sur la question et les principaux éléments de l'argumentation : établissez votre plan d'argumentation.

5. Établissez votre plan de rédaction.

6. Rédigez votre texte.

7. Révisez-le.

8. Soignez-en la présentation.

www.cheneliere.ca

Exemple

Voici un exemple d'introduction pour une dissertation critique en sciences humaines.

La mondialisation : le mot et la chose (extrait)

S'il est un concept qui a fait couler beaucoup d'encre au cours des dernières années (et qui semble capable d'en faire couler encore longtemps) c'est bien le concept de mondialisation. Dans le texte qui suit, nous entendons nous intéresser à l'analyse que deux spécialistes de réputation internationale font sur ce sujet. Le premier spécialiste est le politologue bien connu Riccardo Petrella et le deuxième est nul autre que le sociologue Jean Ziegler.

Notre problématique se structure autour des questions suivantes : à quoi au juste correspond la réalité désignée par le concept de mondialisation selon ces deux éminents spécialistes ? À quand font-ils remonter l'origine de ce phénomène ? Que met-il en jeu ? Quelles perspectives d'actions envisagent-ils pour le contrer ? Ces perspectives sont-elles crédibles ?

Notre hypothèse est à l'effet que les deux auteurs ont un point de vue qui va au-delà d'une vision impressionniste du phénomène. Dans leurs ouvrages à l'étude, le concept est rigoureusement défini. De plus, il est bien situé historiquement. La liste des choses en jeu par la mondialisation est fondée sur des données quantitatives crédibles et les pistes de solutions qu'ils formulent présentent des perspectives réelles de succès.

Dans le cadre du présent travail, les concepts que nous entendons utiliser sont pour l'essentiel les suivants : «mondialisation», «globalisation», «firmes transnationales», «État-nation», «souveraineté de l'État», «organisations supranationales», «exclusion», «déficit démocratique», «société civile» et «néolibéralisme».

Les méthodes de recherche que nous entendons déployer correspondent à une recherche de type conceptuelle et comparative. Notre étude se base sur des données livresques et porte sur le contenu même de la démonstration des spécialistes retenus. Étant donné que nous entendons profiter de la présente recherche en vue de déboucher sur la formulation d'une nouvelle hypothèse, il va sans dire que notre raisonnement sera du type abductif. Notre recherche a pour objectif d'établir une évaluation critique des analyses de Petrella et de Ziegler sur le sujet de la mondialisation et de déboucher si nécessaire sur la formulation d'une proposition conceptuelle distincte.

7

Notre travail comporte quatre parties. Dans un premier temps, nous allons résumer l'analyse du politologue Riccardo Petrella concernant le phénomène de la mondialisation. Dans un deuxième temps, nous procéderons à une présentation de l'analyse du sociologue Jean Ziegler. Dans un troisième temps, nous ferons une critique de ces perspectives d'analyse. Enfin, nous présenterons une proposition conceptuelle visant à rendre compte d'une manière un peu plus adéquate du phénomène de la mondialisation.

Dans notre conclusion, nous ferons une brève synthèse des connaissances qui se dégagent de notre étude et nous procéderons à la validation ou non de notre hypothèse en examinant si elle mérite d'être reformulée. [...]

EXERCICE

1. Dans un journal comme *Le Monde, La Presse* ou *Le Devoir,* choisissez un texte qui présente une prise de position tranchée dans la page consacrée aux opinions (par rapport à la page éditoriale, il s'agit souvent de la page en regard).

2. Dans les semaines qui suivent, vérifiez si cette prise de position entraîne une réplique articulée. Comparez ces textes du point de vue de la structure de leur argumentation.

3. Rédigez une courte dissertation sur le même sujet en prenant ces textes comme point de référence.

PLUS *encore!*

La dissertation critique en sciences humaines peut suivre divers plans de développement. Le tableau ci-après indique à quoi correspond un plan de développement analytique, chronologique, comparatif, démonstratif, descriptif, dialectique, explicatif, inductif et problématique.

Type	Exemple de plan sommaire	Explication

Analytique	• *Violence conjugale*
	  – *définition*
	  – *ampleur du phénomène*
	• *Aspect psychologique*
	  – *effets sur les victimes*
	  – *troubles chez l'homme violent*
	• *Aspect social*
	  – *intervention policière*
	  – *centres d'aide*
	• *Aspect légal*
	...
		On traite les points selon les divisions naturelles du sujet, en allant du plus simple au plus complexe.

Chronologique	• *Nationalisme québécois*
	  – *définition*
	  – *approche historique*
	• *Troubles de 1837*
	• *Confédération*
	• *Conscription*
	• *Époque de Duplessis*
	• *Révolution tranquille*
	• *Fondation du Parti québécois*
	...
		On traite les points selon un ordre événementiel progressif (du passé au présent) ou régressif (du présent au passé).

Type	Exemple de plan sommaire	Explication
Comparatif	• *Libéralisme et social-démocratie* • *Définition du libéralisme* • *Définition de la social-démocratie* • *Politique économique du libéralisme* • *Politique économique de la social-démocratie* • *Comparaison des deux systèmes sur le plan économique* • *Politiques sociales* *...*	On établit d'abord les grandes caractéristiques des deux systèmes à comparer, puis on procède à une comparaison point par point en n'oubliant pas d'établir un bilan à la fin.

Démonstratif	• *Définition de la position de Sartre sur la liberté*
	• *Première objection*
	  – *réponse possible*
	  – *réfutation*
	• *Deuxième objection*
	  ...
	• *Troisième objection*
	  ...
	• *Conclusion: l'erreur de Sartre*
	• *Redéfinition de la liberté*
	...
		On considère le texte comme un raisonnement complexe et on ordonne les paragraphes selon la logique des arguments et des idées.

Descriptif	• *Alcoolisme*
	  – *définition du phénomène*
	    causes du phénomène
	    causes sociales
	    causes familiales
	    causes personnelles
	  – *conséquences du phénomène*
	    au travail
	    à la maison
	    dans la société
	...
		On décrit le phénomène en suivant les divisions reconnues dans la discipline, par exemple les causes, les caractéristiques, les conséquences, les interventions, les solutions.

Dialectique	• *Avortement face à la loi* • *Définition des groupes «pro-vie»* • *Définition des groupes «pro-choix»* • *Arguments des groupes «pro-vie»* • *Arguments des groupes «pro-choix»* • *Point de vue des juristes* • *Définition d'un point de vue éthique* • *Conséquences du point de vue éthique sur le droit* *...*	On cherche à dépasser l'opposition des pour et des contre ou d'une thèse et d'une antithèse en opérant une synthèse qui se place à un degré supérieur de réflexion et intègre les contradictions dans une solution globale.

7

7

Type	Exemple de plan sommaire	Explication
Explicatif	• *Quel est le sens de l'œuvre de Picasso ?* • *Quelles sont les caractéristiques de son œuvre ?* • *Comment peut-on distinguer les différentes périodes ?* • *Quelles sont les dominantes de cette œuvre ?* • *Quelles sont les transitions ?* ...	Les thèmes sont abordés selon l'ordre des questions qui peuvent être posées sur le sujet en répondant systématiquement à chacune d'elles.
Inductif	• *La télévision américaine voit ses cotes d'écoute augmenter.* • *Les ventes de musique américaine augmentent.* • *Les livres américains sont de plus en plus populaires.* • *La mode américaine prend son essor.* • *Conclusion inductive* ...	On accumule les exemples et les faits et, pour les arguments, on effectue des généralisations successives.

Problématique	• *Cerveau et pensée*
	  – *problème de la perception*
	  – *problème de la mémoire et du stockage de l'information*
	  – *problème du traitement de l'information*
	  – *les symboles et les connexions neuronales*
	...
		On procède suivant l'ordre des problèmes qui surgissent au cours de l'examen du sujet. On discute d'abord des problèmes dont le traitement est requis logiquement par les autres.

Pour en savoir plus

Pour en savoir plus sur le résumé informatif et le résumé analytique

CHENELIÈRE ÉDUCATION, *Exemples,* documents PDF en ligne, < http://cheneliere.ca >, 2006.

GUÉDON, Jean-François et Louis PROMEYRAT, *Les clés de la réussite : Le guide des examens et concours,* Paris, Marabout, 1987, p. 206-230.

LESSARD, Jean-Louis, *La communication raisonnée au collégial : Guide raisonné,* Sainte-Foy, Les éditions Le Griffon d'argile, 1996, p. 71-85 et 115-127, collection « Griffon/La lignée ».

Pour en savoir plus sur le compte rendu

GIROUX, Aline et Renée FORGETTE-GIROUX, *Penser, lire, écrire : Introduction au travail intellectuel,* Ottawa, Les Presses de l'Université d'Ottawa, 1989, p. 40-41.

GOULET, Liliane et Ginette LÉPINE, *Cahier de méthodologie,* 4e éd., Montréal, Université du Québec à Montréal, 1987, p. 67-77.

GUIOMAR, Marie-Germaine et Daniel HÉBERT, *Repères méthodologiques : Aide à l'apprentissage de méthodes de travail,* Saint-Laurent, Éditions du renouveau pédagogique inc., 1995, p. 154-157.

Pour en savoir plus sur la dissertation critique en sciences humaines

BLAIN, Thérèse *et al.*, *Technique de dissertation : Comment élaborer et présenter sa pensée,* Sainte-Foy, Les éditions Le Griffon d'argile, 1992, 186 p.

GARRIGUES, Frédéric, *Principes et méthodes de la dissertation d'histoire,* Paris, Presses Universitaires de France, 1995, 118 p.

GUÉDON, Jean-François et Louis PROMEYRAT, *Les clés de la réussite : Le guide des examens et concours,* Paris, Marabout, 1987, p. 135-186.

GUIDÈRE, Mathieu, *Méthodologie de la recherche : Guide du jeune chercheur en lettres, langues, sciences humaines et sociales,* Paris, Ellipses, 2003, 128 p.

LACHARITÉ, Normand, *Introduction à la méthodologie de la pensée écrite,* Québec, Presses de l'Université du Québec, 1987, 235 p.

MACE, Gordon, *Guide d'élaboration d'un projet de recherche,* Québec, Les Presses de l'Université Laval, 1988, 119 p.

MALAVOY, Sylvie, *Guide pratique de vulgarisation scientifique,* Montréal, ACFAS, 1999, 38 p.

MILLIOT, Vincent et Olivier WIEVIORKA, *Méthode pour le commentaire et la dissertation historique,* 2e éd., Paris, Nathan, 1994, 127 p.

SANFAÇON, André, *La dissertation historique : Guide d'élaboration et de rédaction,* Québec, Les Presses de l'Université Laval, 2000, 222 p.

7

Savoir présenter ses travaux

La présentation d'un travail est de première importance. Même si vos idées sont lumineuses et votre analyse pénétrante, la façon de présenter vos idées influera sur votre correcteur, et ce, tant en ce qui concerne l'aspect visuel que la structure et l'exactitude des références. C'est pourquoi vous ne devez pas négliger les dernières étapes de la préparation d'un travail. Vous aurez toujours avantage à soigner votre présentation matérielle. Dans ce chapitre, nous allons examiner la façon d'indiquer les références et les citations. Nous exposerons également deux méthodes pour donner vos références (auteur-titre et auteur-date) et la manière de présenter vos tableaux et vos figures. Enfin, nous préciserons certaines règles à suivre pour la présentation matérielle de vos travaux.

Photodisk

Les citations et les références

Chaque fois que vous entreprenez un travail, vous réunissez d'abord la documentation sur le sujet à traiter. S'il s'agit d'un travail écrit, durant la rédaction, vous choisirez peut-être d'y transcrire un ou plusieurs passages de certains ouvrages que vous aurez consultés et qui vous apparaissent particulièrement clairs et importants. Dans ce cas, vous devrez présenter vos citations de manière à ce qu'elles ne soient pas confondues avec le reste du texte. De plus, pour que les lecteurs puissent retrouver facilement toutes les sources de documentation que vous aurez utilisées, vous devez les indiquer selon certaines règles.

Les citations

Une citation est le passage cité d'un auteur (un ou plusieurs mots, une ou plusieurs phrases) que vous rapportez tel quel dans un texte écrit (ou un exposé oral). Quand vous citez un auteur, vous devez suivre certaines règles afin de ne pas vous approprier la pensée d'autrui : c'est une simple question d'honnêteté intellectuelle.

Dans une citation constituée d'une ou de plusieurs phrases complètes, celles-ci doivent garder la majuscule initiale :

> «Utiliser des méthodes appropriées facilite le travail», écrit Jean Méthot.

et parfois le point final :

> Jean Méthot écrit : «Utiliser des méthodes appropriées facilite le travail.»

Si une phrase n'est pas citée au complet, il n'y aura ni majuscule initiale ni point final :

> Jean Méthot écrit qu'«utiliser des méthodes appropriées» est sûrement
> un bon moyen de se faciliter le travail.

- Si une citation est courte (quatre lignes ou moins), vous pouvez l'insérer dans le texte en la mettant entre guillemets.

- Si elle est plus longue (cinq lignes et plus), vous en faites un paragraphe à simple interligne, sans guillemets, placé en retrait de 1,25 cm par rapport au reste du texte[1].

- Si vous citez un passage duquel sont supprimés quelques mots, il faut l'indiquer. Dans une citation, les points de suspension entre crochets remplacent les mots manquants. Des points de suspension sans crochets sont suffisants pour les ellipses du tout début ou de la toute fin de la citation. (Par exemple, vous pourriez citer la règle précédente ainsi : «Si elle est plus longue (cinq lignes et plus), vous en faites un paragraphe [...], placé en retrait...».

Toute citation doit être accompagnée de sa source, non seulement pour des raisons éthiques, mais aussi pour que les lecteurs puissent retrouver le texte original et vérifier s'ils l'interprètent de la même façon.

On appelle une citation de seconde main la citation d'un auteur cité par un autre auteur. Il est très important d'indiquer ce fait lorsque vous donnez la référence. En effet, il y a une grande différence entre citer de première main — ce que vous avez lu — et citer de seconde main — citer la citation de quelqu'un d'autre, dont

---

1. Un retrait de 1,25 cm correspond à environ six frappes.

vous êtes alors redevable. Par exemple, vous écrirez : « Selon Karl Mannheim, "Même un dieu ne pourrait sur les sujets historiques formuler une proposition du type $2 \times 2 = 4...$" ». Il conviendrait alors d'indiquer en note l'origine exacte de cette citation : « MANNHEIM, Karl, *Ideology and Utopia,* Londres, Routledge & Kegan Paul, (1929), 1954, p. 2, *in* BOUDON, Raymond, *L'idéologie,* Paris, Fayard, 1986, p. 68. »

Toute citation camouflée en texte ordinaire constitue un **plagiat.** Il peut sembler tentant de copier du texte trouvé dans Internet, mais le professeur est en mesure de détecter si ces phrases sont de vous par leur style et leur vocabulaire. Si Internet facilite la copie, il facilite aussi le repérage de la copie ! Rien de plus simple que de taper quelques mots dans Google pour trouver la source originale d'un texte... Une citation bien placée ou une référence directe à un auteur pertinent sera du meilleur effet sur le correcteur, alors pourquoi vous en priver et prendre le risque d'être accusé de plagiat ?

Il existe un moyen efficace de rapporter les propos de quelqu'un sans le citer ni le plagier : il s'agit du **discours indirect.** Ce procédé consiste à résumer les idées de quelqu'un sans pour autant transcrire ses propres phrases (sans citer). Par exemple, vous pouvez dire : « Selon John Saul, la raison n'a pas d'empire au-delà de la pensée et du raisonnement. Il est illusoire de vouloir étendre son domaine en niant l'irrationalité des comportements. » Ce procédé est légitime. Vous ne pouvez constamment citer, mais vous ne devez pas prétendre avoir pensé par vous-même ce qu'un auteur vous a inspiré. Le lecteur s'aperçoit que ce ne sont pas les paroles exactes de l'auteur, mais plutôt votre sélection et votre interprétation. Si vous lui fournissez les références pertinentes, le lecteur pourra vérifier par lui-même la qualité de votre version de la pensée de l'auteur.

Les références

Une référence est une indication qui renvoie à un texte ou à un document. Quand vous faites un travail de recherche, vous devez indiquer toutes les sources de documentation que vous avez utilisées : ces références constitueront votre bibliographie.

La présentation des références

Certaines règles permettent de présenter les références de façon claire et uniforme pour que les lecteurs puissent s'y retrouver aisément. Il existe différentes façons de procéder. En voici deux parmi les plus utilisées : la méthode traditionnelle en usage dans le monde francophone, ou méthode *auteur-titre,* et l'une des méthodes les plus utilisées dans le monde anglophone et dont l'usage est important dans différentes disciplines, la méthode *auteur-date*[2].

Dans chaque cas, nous décrivons la méthode générale, puis nous ajoutons des exemples qui s'appliquent à des cas particuliers. Prêtez attention à l'utilisation de l'italique, des guillemets et des majuscules, ainsi qu'à la ponctuation. Veillez à ce que vos références soient complètes et présentées de façon uniforme. Il faut également noter que les références bibliographiques sont présentées normalement à simple interligne et en respectant un retrait de 1,25 cm pour la deuxième ligne et les suivantes.

---

2. Dans le présent ouvrage, la méthode auteur-date que nous préconisons est celle du modèle Chicago, mais il en existe plusieurs autres.

La méthode auteur-titre[3]

Toutes les formules qui suivent peuvent paraître complexes et difficiles à mémoriser. Où indique-t-on le tome ? La mention de la collection vient-elle avant ou après la date de publication ? Dans la plupart des cas, il suffit de se référer aux tableaux 8.1 et 8.2 pour connaître l'ordre dans lequel doivent apparaître les renseignements, dont ces tableaux offrent une synthèse. Le code de ponctuation suggéré est fort simple à mémoriser, puisque toutes les indications sont séparées par des virgules, sauf du deux-points entre le titre et le sous-titre. En ce qui concerne les cas les plus courants, l'ordre à suivre est donné dans la colonne de gauche. Toute information supplémentaire et facultative est indiquée dans la colonne de droite ; cette information est insérée juste après celle qui est indiquée sur la même ligne à gauche. De plus, une courte liste des abréviations les plus usuelles est présentée à la fin du présent chapitre.

La présentation

Nous avons divisé la présentation de cette méthode en trois grandes catégories. La première se rapporte aux livres, incluant les ouvrages collectifs et de référence.

Tableau 8.1	Référence d'un livre — méthode auteur-titre
Cas standard	**Cas spéciaux**
1. NOM DE L'AUTEUR, Prénom,	Prénom et NOM DE L'AUTEUR 2, 3 (ou *et al.*, si plus de 3 auteurs)
2. *Titre en italique,*[4]	*Sous-titre en italique,*
	traduction ou précisions concernant l'édition,
3. Ville,	/Autre ville,
4. Maison d'édition,	/Autre maison d'édition,
	(année d'origine),
5. année d'édition,	
6. nombre de pages.	p. X-Y, autres indications (exemples : cote, coll. «X».)

---

3. Puisque le présent ouvrage utilise la méthode auteur-titre, nous la présentons de manière plus complète.
4. Lorsque le titre est suivi d'un sous-titre, la virgule est remplacée par le deux-points.

La deuxième grande catégorie concerne la référence à des articles de revues et de journaux, ainsi que les parties de livres ou d'ouvrages collectifs et de référence.

Tableau 8.2	Référence d'un article — méthode auteur-titre
Cas standard	**Cas spéciaux**
1. NOM DE L'AUTEUR, Prénom,	Prénom et NOM DE L'AUTEUR 2, 3 (ou *et al.*, si plus de 3 auteurs)
2. «Titre de l'article entre guillemets»,	ou «thème de la revue»,
3. *Nom de la revue en italique*,	*ou du journal, ou de l'encyclopédie,*
4. vol. X,	ou tome de l'encyclopédie, t. X,
5. n° Y,	
6. moment de publication,	ou jour et date du journal,
7. p. X-Y.	ou nombre de pages. ou cahier X et p. Y.

La troisième catégorie réunit d'autres types de sources, tels les documents électroniques et audiovisuels.

LIVRES

Un livre

Un seul auteur

NOM DE L'AUTEUR EN MAJUSCULES, Prénom, *Titre en italique : et Sous-titre s'il y a lieu*, Ville, Maison d'édition, année d'édition, nombre de pages.

Il faut noter que les références bibliographiques doivent toujours être présentées à simple interligne, mais être séparées entre elles par un double interligne.

> Exemple :
>
> GRAWITZ, Madeleine, *Méthodes des sciences sociales,* Paris, Dalloz, 1990, 1 140 p.

Plusieurs auteurs

Jusqu'à trois auteurs

NOM DE L'AUTEUR n° 1, Prénom, Prénom NOM DE L'AUTEUR n° 2 et Prénom NOM DE L'AUTEUR n° 3, *Titre en italique : et Sous-titre s'il y a lieu*, Ville, Maison d'édition, année d'édition, nombre de pages.

> Exemple :
>
> BOURDIEU, Pierre, Jean-Claude CHAMBOREDON et Jean-Claude PASSERON, *Le métier de sociologue : Préalables épistémologiques,* Paris/La Haye, Mouton Éditeur, (1968), 1973, 357 p.

Plus de trois auteurs

NOM DE L'AUTEUR n° 1, Prénom *et al., Titre en italique : et Sous-titre s'il y a lieu,* Ville, Maison d'édition, année d'édition, nombre de pages.

> Exemple :
>
> BIARD, Joël *et al., Introduction à la lecture de la Science de la logique de Hegel,* t. 1, *L'être,* Paris, Aubier-Montaigne, 1981, 302 p.

Une édition originale[5]

NOM DE L'AUTEUR, Prénom, *Titre en italique : et Sous-titre s'il y a lieu,* Ville, Maison d'édition, (année de l'édition originale), année de l'édition utilisée, nombre de pages.

> Exemple :
>
> ROSSI-LANDI, Ferruccio, *Language as Work and Trade : A Semiotic Homology for Linguistics and Economics,* South Hadley, Bergin and Garvey Publishers, (1968), 1983, 207 p.

Il faut noter que les règles concernant la majuscule sont différentes en anglais et en français. Pour les références d'ouvrages ou d'articles en anglais, tous les substantifs, verbes et adjectifs prennent une majuscule initiale.

Une coédition

NOM DE L'AUTEUR, Prénom, *Titre en italique : et Sous-titre s'il y a lieu,* Ville 1/ Ville 2, Maison d'édition 1/Maison d'édition 2, année d'édition, nombre de pages.

> Exemple :
>
> SKINNER, Burrhus F., *Par-delà la liberté et la dignité,* Montréal/Paris, HMH/ Laffont, 1972, 270 p.

La collection

NOM DE L'AUTEUR, Prénom, *Titre en italique : et Sous-titre s'il y a lieu,* Ville, Maison d'édition, année d'édition, nombre de pages, coll. «Nom de la collection», numéro dans la collection.

> Exemple :
>
> RUSSO, François, *Pour une bibliothèque scientifique,* Paris, Seuil, 1972, 224 p., coll. «Points», n° 30.

---

5. Cette indication est facultative et dépend du contexte.

Le tome

NOM DE L'AUTEUR, Prénom, *Titre général en italique,* tome visé, *Titre de ce tome en italique,* Ville, Maison d'édition, année d'édition, nombre de pages.

> Exemple :
>
> FOSSAERT, Robert, *La société,* t. 6, *Les structures idéologiques,* Paris, Seuil, 1983, 610 p.

Une traduction

NOM DE L'AUTEUR, Prénom s'il y a lieu, *Titre en italique : et Sous-titre s'il y a lieu,* indication de la traduction ou de la préparation de l'ouvrage, Ville, Maison d'édition, année d'édition, nombre de pages.

> Exemples :
>
> SAINT AUGUSTIN, *Les confessions,* traduction, préface et notes de Joseph Trabucco, Paris, Garnier-Flammarion, 1964, 380 p.
>
> PLATON, *La république,* traduction d'Émile Chambry, introduction d'Auguste Diès, Paris, Denoël-Gonthier, 1969, 363 p.

Un ouvrage collectif publié sous la direction d'un ou de plusieurs auteurs

NOM DE L'AUTEUR, Prénom, rôle de l'auteur principal ou rôle des auteurs, *Titre en italique : et Sous-titre s'il y a lieu,* Ville, Maison d'édition, année d'édition, nombre de pages.

> Exemples :
>
> LABICA, Georges, dir., *Idéologie, symbolique, ontologie,* Paris, Éditions du C.N.R.S., 1987, 135 p.
>
> ADORNO, Theodor et Karl POPPER, dir., *De Vienne à Francfort : La querelle allemande des sciences sociales,* Paris, Complexes, 1979, 277 p.

Un ouvrage collectif avec un groupe d'auteurs

NOM DU GROUPE D'AUTEURS, NOM DE L'AUTEUR PRINCIPAL s'il y a lieu, Prénom, rôle de l'auteur principal s'il y a lieu, *Titre en italique : et Sous-titre s'il y a lieu,* Ville, Maison d'édition, année d'édition, nombre de pages.

> Exemple :
>
> C.E.P.P. (Centre d'étude de la pensée politique), DUPRAT, Gérard, dir., *Analyse de l'idéologie,* t. 2, *Thématiques,* Paris, Galilée, 1983, 475 p.

8

Un dictionnaire

On procède comme pour un livre ordinaire, mais en indiquant l'article concerné à la fin, s'il y a lieu.

> Exemple :
>
> GREIMAS, Algirdas J. et Joseph COURTES, *Sémiotique : Dictionnaire raisonné de la théorie du langage*, Paris, Hachette, 1979, 423 p.

ARTICLES

Un article de revue

NOM DE L'AUTEUR, Prénom, «Titre de l'article entre guillemets français», *Nom de la revue en italique*, volume, numéro, date de la publication, pages couvertes par l'article.

> Exemple :
>
> CHOUL, Jean-Claude, «Les opérations sémiotiques en discours», *Recherches sémiotiques/Semiotic Inquiry*, vol. 2, n° 2, juin 1982, p. 150-165.

Un article de revue divisé en deux parties

On procède de la manière habituelle, mais en indiquant les deux références l'une à la suite de l'autre.

> Exemple :
>
> THOMPSON, John B., «Ideology and the Critique of Domination I & II», *Canadian Journal of Political and Social Theory*, vol. 7, n°s 1 et 2, hiv.-print. 1983, p. 163-183, et vol. 8, n°s 1 et 2, hiv.-print. 1984, p. 179-196.

Un numéro spécial de revue

On procède comme pour un article, mais c'est le thème du numéro de la revue qui est mis entre guillemets.

> Exemples :
>
> ROBIN, Régine, dir., «Le discours social et ses usages», *Cahiers de recherche sociologique*, vol. 2, n° 1, 1984, 179 p.
>
> FOURNIER, Marcel, dir., «Regards sur la théorie», *Sociologie et société*, vol. 14, n° 2, oct. 1982, 174 p.

Un article de journal

NOM DE L'AUTEUR, Prénom, «Titre de l'article entre guillemets», *Nom du journal en italique,* volume, numéro, jour et date de la publication, cahier, la ou les pages.

> Exemple :
>
> GAGNON, Lysiane, «Vivre en ville», *La Presse,* vol. 104, n° 331, le samedi 24 sept. 1988, cahier B, p. 3.

Une partie de livre (par exemple un chapitre)

NOM DE L'AUTEUR, Prénom, *Titre en italique : et Sous-titre s'il y a lieu,* Ville, Maison d'édition, année d'édition, «titre de la section s'il y a lieu», chapitre ou page où se trouve la référence.

> Exemple :
>
> BRÉHIER, Émile, *Histoire de la philosophie,* t. 2, *XVIIe-XVIIIe siècles,* Paris, Quadrige/P.U.F., 1981, «Descartes et cartésianisme», chap. 3, p. 41-113.

Une partie précise dans un ouvrage collectif

NOM DE L'AUTEUR, Prénom, «Titre de sa section», *in* NOM DE L'AUTEUR PRINCIPAL, Prénom, rôle de l'auteur, *Titre en italique : et Sous-titre s'il y a lieu,* Ville, Maison d'édition, année d'édition, pages où se trouve cette section.

> Exemple :
>
> DELBRACCIO, Mireille, «De l'imaginaire au symbolique», *in* LABICA, Georges, dir., *Idéologie, symbolique, ontologie,* Paris, Éditions du C.N.R.S., 1987, p. 33-60.

Un article d'encyclopédie

On procède comme pour un article de revue, mais en indiquant le tome concerné.

> Exemple :
>
> SHILS, Edward et Harry M. JOHNSON, «Ideology», *International Encyclopedia of the Social Sciences,* t. 7, 1978, p. 66-85.

AUTRES SOURCES

Un document juridique

GOUVERNEMENT, *Titre abrégé de la loi ou du règlement en italique,* date d'adoption de la loi, Ville de la législature, Édition, date de publication, nombre de pages.

Exemple :

QUÉBEC (province), *Lois sur les archives : L.R.Q.,* chap. A-21, 17 juillet 1986, Québec, Éditeur officiel du Québec, 1986, 18 p.

Une publication gouvernementale ou institutionnelle

Dans le cas de publications gouvernementales ou institutionnelles (syndicats, organismes sociaux divers), on considère le gouvernement et le ministère ou l'organisme concernés comme auteurs et, si les auteurs « réels » sont indiqués, on ne les mentionne qu'ensuite. Si un éditeur est mentionné, on l'indique après la ville.

Exemples :

GOUVERNEMENT DU QUÉBEC, Conseil des Collèges, GRÉGOIRE, Réginald et al., *Étude de la pratique professionnelle des enseignants et enseignantes de cégep : l'autre cégep,* Québec, 1986, 138 p.

GOUVERNEMENT DU CANADA, ministère des Finances, *Réforme fiscale 1987,* Réforme de l'impôt direct, Ottawa, 18 juin 1987, 167 p.

CSN (Confédération des syndicats nationaux), *Gagner du terrain : Rapport de l'exécutif et propositions,* 53e congrès, 2-8 juin 1986, Montréal, 1986, 86 p.

Un mémoire ou une thèse

NOM DE L'AUTEUR, Prénom, « Titre entre guillemets », mémoire de maîtrise ou thèse de doctorat, Ville, Université, année, nombre de pages.

Exemple :

BÉLANGER, Danielle-Claude, « Converser en deux temps trois mouvements : pour comprendre la communication en présence d'un interprète LSQ/français », mémoire de maîtrise, Montréal, Université du Québec à Montréal, 2000, 182 p.

Une carte géographique

ORGANISME AUTEUR, *Titre en italique,* Auteurs individuels s'il y a lieu, Édition, Ville, Éditeur, date, échelle.

Exemple :

CANADA, Direction des levées et de la cartographie, *Ottawa : Ontario, Québec,* 10e éd., Ottawa, Direction des levées et de la cartographie, 1987, échelle 1 : 50 000.

Une œuvre d'art

AUTEUR, Prénom, *Titre en italique,* date de création, dimensions, médium et support, propriété et autres renseignements.

> Exemple :
>
> LAGACÉ, Michel, *Le carré jaune,* 1982, 66 × 75 cm, peinture latex et crayon sur papier, collection particulière, Ottawa.

Une pièce musicale

Une partition

NOM DE L'AUTEUR, Prénom, *Titre en italique* [musique], autres précisions d'auteurs, précisions d'instrument, Ville, Éditeur, date, nombre de pages, numéro de cote ou d'éditeur.

> Exemples :
>
> CLERC, Julien, *Cœur de rocker* [musique], paroles de Luc Plamondon, Mont-Saint-Hilaire, Chant de mon pays, 1984, 6 p., CD147.
>
> DEBUSSY, Claude, *Deux arabesques* [musique], piano, Paris, Durand S.A., 1904, 11 p., D & F 4395 et 4396.

Un enregistrement

INTERPRÈTES, *Titre de l'album en italique,* (date de composition), Compositeurs, date de l'enregistrement s'il y a lieu, Ville, Maison de production, date du copyright, type, durée, numéro d'enregistrement.

> Exemples :
>
> FLYNN, Pierre, *Jardins de Babylone,* paroles et musiques de Pierre Flynn sauf « Le chemin des cœurs volants », musique de Gerry Boulet, Montréal, Audiogram, 1991, CD audio, 58 min 43 s, ADCD 10057.
>
> ORCHESTRE SYMPHONIQUE DE BERLIN, Kurt Sanderling, chef d'orchestre, *Symphonie n° 6 en si mineur,* op. 74 « Pathétique », (1893), Tchaïkovski, enregistré 19-22 septembre 1979, Berlin, Denon, 1983, disque optique, 48 min 52 s, 38C37-7062.

8

Un document audiovisuel

Certains renseignements sont nécessaires, d'autres sont facultatifs. Il est essentiel de mentionner les éléments présents dans l'exemple ci-dessous.

NOM DU RÉALISATEUR EN MAJUSCULES, Prénom du réalisateur, *Titre du document en italique,* type et format du document, noir et blanc ou couleur, durée exacte du document, Ville ou Pays, Maison de production, date.

Exemples :

POIRIER, Anne-Marie, *Mourir à tue-tête,* film 16 mm, couleur, 95 min 55 s, Montréal, Office national du film, 1980.

GUY, Suzanne, *Les bleus au cœur,* vidéocassette VHS, couleur, 81 min, Montréal, Films du crépuscule, 1987.

Toutefois, selon les besoins, vous pouvez aussi mentionner divers détails intéressants dans l'ordre suivant :

NOM DU RÉALISATEUR EN MAJUSCULES, Prénom du réalisateur, *Titre du document en italique,* type et format du document, noir et blanc ou couleur, durée exacte du document, Ville ou Pays, Producteur, Maison de production, date, catégorie, version, distribution, ouvrage de référence, autres renseignements.

Exemple :

BERTOLINO, Daniel et Daniel CREUZOT, *Le défi mondial,* 6 vidéocassettes 3/4 po, bêta ou VHS, couleur, 56 min par vidéocassette, Montréal, Via le Monde Canada, 1986, documentaire, version originale française, animateur : Peter Ustinov, d'après l'essai du même titre de Jean-Jacques Servan-Schreiber, sommaire : 1- L'heure qui sonne, 2- Les rendez-vous manqués, 3- Le monde lié, 4- Les miroirs brisés, 5- L'explosion créatrice, 6- La ressource infinie.

Un document électronique (en ligne dans Internet ou sur un autre support)

NOM DE L'AUTEUR (du collectif ou de l'organisation auteur), Prénom de l'auteur s'il y a lieu, *Titre du document en italique,* support, < Adresse électronique >, année de publication, date de consultation.

Exemple :

CÉGEP MARIE-VICTORIN, *Politique numéro 24 : Politique linguistique institutionnelle relative à l'emploi et à la qualité de la langue française du Cégep Marie-Victorin*, document PDF en ligne, < http://www.collegemv.qc.ca/fr/media/politique_et_reglement/ pol_24_langue_fran_aise_2.pdf >, 2004, consulté le 27 juin 2005.

MARCHE À SUIVRE

1. Identifiez le type de document : livre (monographie), article de revue ou de journal, article d'encyclopédie, publication gouvernementale, etc.

2. Préparez une fiche bibliographique ou notez la référence complète sur une feuille en suivant les règles applicables à ce type de référence.

3. Indiquez, dans la bibliographie, si le document sert effectivement à la recherche.

4. Indiquez, dans les notes en bas de page, les références ponctuelles concernant cet ouvrage.

EXERCICE

Choisissez plusieurs livres comportant des bibliographies. Comparez les normes bibliographiques appliquées en portant attention à l'ordre dans lequel l'information est consignée et les règles de ponctuation choisies par les auteurs. Néanmoins, peu importe l'ordre et les règles de ponctuation, ce sont généralement les mêmes renseignements de base qui sont indiqués.

La méthode auteur-date

Toute méthode de référence vise le même but : identifier rapidement et exactement une référence à un document. Pour établir une référence, l'information que vous devez indiquer est la même dans tous les cas. Ce sont les conventions liées à l'ordre de l'information et les règles de ponctuation qui changent d'une méthode à l'autre. Dans le cas des méthodes auteur-titre et auteur-date, les renseignements sont les mêmes, mais pas l'ordre de leur présentation ni la ponctuation qui sépare les différents éléments.

La présentation

Nous avons divisé la présentation de cette méthode en trois catégories, selon le type de source : livres, articles et autres sources. Les tableaux 8.3 et 8.4 offrent une synthèse de l'information qui doit figurer dans les deux catégories principales, les livres et les articles.

Tableau 8.3	Référence d'un livre — méthode auteur-date
Cas standard	**Cas spéciaux**
1. Nom de l'auteur, Prénom.	Prénom Nom de l'auteur 2, 3 (ou *et al.*, si plus de 3 auteurs). (année d'origine).
2. Année de l'édition.	
3. *Titre en italique.*[6]	*Sous-titre en italique.*
	Coll. «X» et n° Y dans la collection.
4. Ville :	/ Autre ville :
5. Maison d'édition,	/ Autre maison d'édition,
6. nombre de pages.	

---

6. Lorsqu'il y a un sous-titre, on remplace le point par un deux-points.

Tableau 8.4	Référence d'un article — méthode auteur-date
Cas standard	**Cas spéciaux**
1. Nom de l'auteur, Prénom.	Prénom Nom de l'auteur 2, 3 (ou *et al.*, si plus de 3 auteurs)
2. Année de publication.	
3. «Titre de l'article entre guillemets».	ou «Thème de la revue».
4. *Nom de la revue en italique,*	ou du *journal,* ou de l'*encyclopédie,*
5. vol. X,	
6. n° Y (moment de publication),	
7. p. X-Y.	ou nombre de pages. ou cahier X et p. Y.

LIVRES

Un livre

Un seul auteur

Grawitz, Madeleine. 1990. *Méthodes des sciences sociales.* Paris: Dalloz, 1 140 p.

Plusieurs auteurs

Gergen, Kenneth J. et Mary M. Gergen. 1984. *Psychologie sociale.* Montréal: Études vivantes, 528 p.

La collection

Russo, François. 1972. *Pour une bibliothèque scientifique.* Coll. «Points», n° 30. Paris: Seuil, 224 p.

Un ouvrage collectif publié sous la direction d'un ou de plusieurs auteurs

Bouchard, Stéphane et Caroline Cyr (dir.). 1998. *Recherche psychosociale: Pour harmoniser recherche et pratique.* Québec: Presses de l'Université du Québec, 60 p.

ARTICLES

Un article de revue

Choul, Jean-Claude. 1982. «Les opérations sémiotiques en discours». *Recherches sémiotiques/Semiotic Inquiry,* vol. 2, n° 2 (juin 1982), p. 150-165.

Un article de journal

Larose, Jean. 1999. «Le travail nouveau». *Le Devoir,* vol. 90, n° 271 (samedi 27 et dimanche 28 nov.), cahier A, p. 11.

Une partie de livre

Bréhier, Émile. 1981. «Descartes et cartésianisme». *In Histoire de la philosophie,* t. 2, *XVIIᵉ-XVIIIᵉ siècles.* Paris: Quadrige/P.U.F., chap. 3, p. 41-113.

Une partie d'un ouvrage collectif

Delbraccio, Mireille. 1987. «De l'imaginaire au symbolique». *In Idéologie, symbolique, ontologie,* Georges Labica (dir.). Paris : Éditions du C.N.R.S., p. 33-60.

Un article d'encyclopédie

Shils, Edward et Harry M. Johnson. 1978. «Ideology». *International Encyclopedia of the Social Sciences,* t. 7, p. 66-85.

AUTRES SOURCES

Un document juridique

Québec (province). 1986. *Lois sur les archives : L.R.Q.,* chap. A-21, 17-07-1986. Québec : Éditeur officiel du Québec, 18 p.

Une publication gouvernementale ou institutionnelle

Conseil supérieur de l'éducation. 1997. *Pour une formation générale bien enracinée dans les études techniques collégiales : Avis à la ministre de l'Éducation.* Québec, 88 p.

Québec, ministère de l'Enseignement supérieur et de la Science, Direction générale de l'enseignement et de la recherche universitaire, Thérèse Labonté. 1990. *Le point sur l'évaluation de la recherche : Considérations générales et techniques principales d'évaluation des résultats de la recherche.* Québec, 286 p.

Un mémoire ou une thèse

Bélanger, Danielle-Claude. 2000. «Converser en deux temps trois mouvements : pour comprendre la communication en présence d'un interprète LSQ/français». Mémoire de maîtrise. Montréal : Université du Québec à Montréal, 182 p.

Une carte géographique

Canada, Direction des levées et de la cartographie. 1987. *Ottawa : Ontario, Québec,* 10e éd., Ottawa. Échelle 1 : 50 000.

Une œuvre d'art

Lagacé, Michel. 1982. *Le carré jaune.* Peinture latex et crayon sur papier : 66 × 75 cm. Collection particulière. Ottawa.

Une pièce musicale

Une partition

Debussy, Claude. 1904. *Deux arabesques.* Musique pour piano. Paris : Durand S.A., 11 p., D & F 4395 et 4396.

Un enregistrement

Flynn, Pierre, 1991. *Jardins de Babylone.* Paroles et musiques de Pierre Flynn sauf «Le chemin des cœurs volants», musique de Gerry Boulet. Montréal : Audiogram. CD audio, 58 min 43 s, ADCD 10057.

Un document audiovisuel

Guy, Suzanne. 1987. *Les bleus au cœur.* Montréal : Films du crépuscule. Vidéocassette VHS, 81 min, son, couleur.

**Un document électronique
(en ligne dans Internet ou sur un autre support)**

Cégep du Vieux Montréal. 2005. *Site Web du Cégep du Vieux Montréal*. En ligne. < http ://www.cvm.qc.ca/ >. Consulté le 8 avril 2005.

Les références à l'intérieur du texte

Chaque fois que vous consultez un document en vue de faire un travail, vous notez la source en utilisant l'une des méthodes que nous venons d'exposer, normalement sur une fiche. Vous pourrez ensuite constituer la bibliographie et la placerez à la fin de votre travail.

Dans votre travail, si vous citez un passage précis d'un ouvrage, mentionnez une idée ou un concept emprunté à un auteur, ou si vous résumez la pensée d'un auteur, vous devez toujours donner la référence. Puisque la référence complète du texte en question est indiquée dans la bibliographie que vous annexerez à votre travail, vous pouvez, à la suite de la citation d'un passage ou d'une idée, mettre une référence abrégée. Il s'agit d'indiquer, entre parenthèses (ou sous forme d'une note en bas de page), le nom de l'auteur suivi de l'année de publication (et, s'il y a lieu, du chapitre ou des pages concernées) du document auquel vous renvoyez les lecteurs.

Dans un travail, si vous citez un passage d'un livre, vous ajouterez la référence à la suite de la citation ainsi : (Grawitz, 1990, p. 212) ; (Mintzberg, 1978, chap. 14, p. 229-243).

La bibliographie

Les références se rapportant à toutes les sources de documentation utilisées doivent toujours accompagner un travail : c'est ce qui constitue la bibliographie, qui est placée à la suite du texte. Une bibliographie est une liste d'ouvrages et d'articles sur un même sujet. Dans une recherche, vous ne mettez dans la bibliographie que les références qui ont réellement contribué à son résultat. Une bibliographie peut être classée par ordre alphabétique des auteurs, section, sous-thème ou ordre chronologique, la première forme étant la plus fréquente.

Le contenu d'une bibliographie doit refléter exactement votre démarche documentaire effective. Toutes les références d'une bibliographie (ou d'une médiagraphie) doivent avoir réellement servi à la progression de votre recherche et à son résultat final. Il n'est pas nécessaire que tous les ouvrages mentionnés aient été cités ou que vous y ayez explicitement fait référence dans le texte (c'est là plutôt la fonction des références en bas de page), mais il est essentiel qu'ils aient contribué d'une manière ou d'une autre au résultat final. Bref, il ne faut pas « faire de remplissage » ni par ailleurs omettre quoi que ce soit. Bien sûr, les références doivent être complètes et suivre une présentation uniforme, soit auteur-titre ou auteur-date. Cependant, il n'est pas nécessaire que les références soient exhaustives (mention de la collection et autres précisions de ce type). La quantité d'information à inscrire dépend directement du type d'ouvrage et de l'utilisation que vous en faites.

On parle de médiagraphie, plutôt que de bibliographie, s'il y a au moins une référence à une œuvre, à un film ou à un document électronique dans les sources que vous présentez. À la place de l'un ou l'autre de ces termes, vous pouvez simplement utiliser le mot « références ».

Faire une bibliographie (généralement après l'étape de rédaction du texte), c'est donc dresser la liste de toutes les sources que vous avez effectivement utilisées pour produire votre travail. Vous placez les différents documents par ordre alphabétique de noms d'auteurs en suivant les règles de présentation des références données plus haut.

Comme nous l'avons dit précédemment, une bibliographie doit toujours être présentée à simple interligne, et la deuxième ligne de chaque référence (et les suivantes) doit être renfoncée de 1,25 cm. Les noms des auteurs (pas les prénoms) sont écrits en majuscules, les titres de livres et de revues en italique (ou soulignés), et les titres d'articles et de collections sont placés entre guillemets. Entre les références, vous ajoutez un espace (simple interligne et demi, ou double interligne). La bibliographie doit commencer sur une nouvelle page et être coiffée du mot « Bibliographie » (centré) ou d'un autre titre semblable (comme « Bibliographie thématique »). Elle doit respecter le même cadrage que le reste du texte.

Exemple

Une bibliographie selon la méthode auteur-titre

BATESON, Gregory, *Steps to an Ecology of Mind,* New York, Balantine Books, 1972, 541 p.

BATESON, Gregory *et al., La nouvelle communication,* Paris, Seuil, 1981, 373 p.

ECO, Umberto, *La structure absente : Introduction à la recherche sémiotique,* Paris, Mercure de France, 1972, 447 p.

GERGEN, Kenneth J. et Mary M. GERGEN, *Psychologie sociale,* Montréal, Études vivantes, 1984, 528 p.

HALL, Edward T., *La dimension cachée,* Paris, Seuil, 1971, 237 p.

JAKOBSON, Roman, *Essais de linguistique générale,* Paris, Minuit, 1963, 255 p.

LAING, Ronald D., *Nœuds,* Paris, Stock Plus, 1971, 117 p.

LAING, Ronald D., *Soi et les autres,* Paris, Gallimard, 1971, 236 p.

SCHEFFLEN, Albert E., « Systèmes de la communication humaine », *in* BATESON, G. *et al., La nouvelle communication,* Paris, Seuil, 1981, p. 145-157.

WATZLAWICK, Paul, *La réalité de la réalité : Confusion, désinformation, communication,* Paris, Seuil, 1978, 238 p.

Une bibliographie selon la méthode auteur-date

Ayres, Joe. 1986. « Perceptions of Speaking Ability : An Explanation for Stage Fright ». *Communication Education,* n° 35, p. 275-287.

Binamé, Charles. 1998. *Le cœur au poing.* Montréal : Cité-Amérique et France Film. Film 35 mm, 101 min, son, couleur.

DeVito, Joseph A. 1993. « La communication interpersonnelle ». *In Les fondements de la communication humaine,* adaptation de Robert Tremblay. Boucherville : Gaëtan Morin Éditeur, p. 149-176.

Eco, Umberto. 1972. *La structure absente : Introduction à la recherche sémiotique.* Paris : Mercure de France, 447 p.

Gergen, Kenneth J. et Mary M. Gergen. 1984. *Psychologie sociale.* Montréal : Études vivantes, 528 p.

Laing, Ronald D. 1971. *Soi et les autres.* Paris : Gallimard, 236 p.

Laramée, Alain. 1998. « La communication organisationnelle en question : Matériau pour un bilan critique ». *Communication.* En ligne. Vol. 18, n° 1. < http:/revuecommunication.com.ulaval.ca/ >. Consulté le 11 janvier 1999.

8

WATZLAWICK, Paul, dir., *L'invention de la réalité: Comment savons-nous ce que nous croyons savoir?*, Paris, Seuil, 1988, 373 p.

WATZLAWICK, Paul *et al.*, *Une logique de la communication*, Paris, Seuil, 1972, 280 p.

WILDEN, Anthony, *Système et structure: Essai sur la communication et l'échange*, Montréal, Boréal Express, 1983, 685 p.

Schefflen, Albert E. 1981. «Systèmes de la communication humaine». *In La nouvelle communication*, textes recueillis et présentés par Yves Winkin. Paris: Seuil, p. 145-157.

Tremblay, Robert. 1988. «Psychosociologie de la communication idéologique». *In* «Sens et pouvoir. Fondements pour une sociosémiotique de l'idéologie». Thèse de doctorat, Montréal: UQÀM, p. 505-619.

Watzlawick, Paul. 1978. *La réalité de la réalité: Confusion, désinformation, communication.* Paris: Seuil, 238 p.

Watzlawick, Paul *et al.* 1972. *Une logique de la communication.* Paris: Seuil, 280 p.

Williams, Robin. 1988. «Understanding Goffman's Methods». *In Erving Goffman, Exploring the Interaction Order,* Paul Drew et Anthony Wootton (dir.). Boston: Northeastern University Press, p. 64-87.

EXERCICE

Constituez une bibliographie de 15 titres en suivant l'un des modèles présentés précédemment.

1. a) Consultez le fichier de la bibliothèque de votre collège ou de votre université, et choisissez cinq titres de livres (monographies) sur un sujet de votre choix.

   b) Ajoutez deux articles de périodiques spécialisés, un article de journal, un document audiovisuel et un article d'encyclopédie sur le même sujet.

   c) Complétez votre liste avec cinq documents électroniques: trois sites Web et deux cédéroms.

2. Notez bien toutes les références selon le type de document dont il s'agit, et placez-les en ordre pour constituer une médiagraphie.

MARCHE À SUIVRE

1. Quand vous vous documentez en vue d'un travail, chaque fois que vous consultez un ouvrage ou un document, notez la référence en vous servant des différents modèles présentés dans les pages précédentes.

2. Pendant la rédaction de votre texte, si vous citez un auteur ou que vous faites référence à un ouvrage, utilisez la méthode de référence auteur-date entre parenthèses.

3. Après la rédaction de votre texte, constituez une bibliographie ou une médiagraphie que vous placerez à la fin de votre texte.

PLUS *encore!*

Les notes en bas de page

Une note en bas de page est un court texte, placé au bas d'une page, qui a pour fonction soit de donner une référence précise, soit d'expliciter un point d'importance secondaire par rapport au propos principal du texte. Vous indiquez la présence d'une note en bas de page à l'aide d'un appel de note, c'est-à-dire un astérisque ou de préférence un chiffre surélevé, placé à côté des mots au sujet desquels le lecteur est appelé à lire la note.

Normalement, les chiffres qui constituent les appels de note sont composés dans un caractère plus petit que le corps du texte, et ils sont surélevés, ce qu'il est possible de faire à la main ou à l'aide d'un logiciel de traitement de texte (avec la fonction «exposant»). Par contre, si vous dactylographiez votre texte, mettez l'appel de note entre parenthèses. L'appel de note précède la ponctuation: par exemple, si vous voulez placer un appel de note à la fin d'une phrase, vous l'écrivez avant le point final.

En bas de page, le chiffre qui précède la note est suivi d'un point. Le numéro et la note sont composés dans un caractère légèrement plus petit que le corps du texte, et ils sont séparés du reste du texte par un trait d'environ 5 cm.

Vous trouverez dans ce livre divers exemples de notes en bas de page.

Les tableaux et les figures

Nous avons décrit les grandes parties d'un texte argumentatif et expliqué leurs interrelations. Nous avons ensuite montré l'utilité des citations et des références, ainsi que la façon de constituer une bibliographie. Si vous avez bien assimilé ces explications et que vous appliquez correctement ces méthodes, vous êtes en mesure de présenter des travaux de qualité. Cependant, dans certains cas, l'ajout de tableaux et de figures dans un travail peut faire la différence entre un bon travail et un excellent travail. En effet, les tableaux, les schémas et les graphiques permettent de synthétiser une quantité importante d'information, et de la représenter de manière à ce qu'elle puisse être saisie d'un seul coup d'œil.

Avant d'examiner les divers types de tableaux et de figures abordés dans ce chapitre, donnons quelques règles générales qui s'appliquent dans tous les cas.

1. Si un travail comporte plusieurs tableaux et figures auxquels vous faites référence dans le texte, ils doivent être numérotés et titrés (généralement en en-tête). Par contre, si un travail (ou un chapitre d'un travail) ne comporte que quelques tableaux ou figures et qu'ils sont bien introduits dans le texte qui précède, bien qu'il soit utile de leur donner un titre, il n'est pas nécessaire de les numéroter.

2. Les graphiques, les schémas et les illustrations doivent comporter une légende interprétative qui en explique certains éléments, à moins que leur signification ne soit tout à fait évidente.

3. Les tableaux ou les figures qui ne sont pas des originaux doivent comporter une indication claire et complète de leur source (généralement sous le tableau ou la figure).

Il ne faut pas abuser des tableaux ou des figures. Selon la nature du travail, un texte d'une dizaine de pages pourra être accompagné de un ou deux tableaux ou schémas, par exemple. Toutefois, un travail scientifique, un rapport de recherche ou un rapport de laboratoire en nécessitera plus. Dans un texte argumentatif, les tableaux ou les figures sont très souvent peu appropriés ; par contre, il peut être intéressant d'inclure un réseau de concepts ou un tableau de synthèse. De manière générale, rappelez-vous que tout tableau et toute figure ajoutés dans un travail doivent être justifiés par le propos et utilisés comme point d'appui dans le déroulement du texte.

Les tableaux

Un tableau présente de l'information organisée en colonnes et en lignes. Un tableau peut contenir des concepts, des phrases explicatives ou des exemples, des données chiffrées ou statistiques. Il peut également utiliser un symbolisme graphique pour ordonner l'information (voir les tableaux 8.5 à 8.8).

Tableau 8.5	Données statistiques			
Répartition des hommes selon leur âge et leur état matrimonial avant mariage, Québec, 1996				
Âge	Célibataires	Veufs	Divorcés	Tous
15-19	243	0	0	243
20-24	3 208	4	12	3 224
25-29	7 344	5	199	7 548
30-34	4 559	17	576	5 152
35-39	1 849	31	858	2 738
40-44	643	30	910	1 583
45-49	232	62	925	1 219
50-54	102	62	653	817
55-59	75	75	354	504
60-64	30	112	215	357
65-69	14	118	136	268
70-74	11	123	46	180
75-79	1	74	12	87
80-84	1	56	7	64
Total	18 312	769	4 903	23 984

Ce tableau contient les répartitions sous forme de polygones des pourcentages des quatre distributions.

Source : Bureau de la statistique du Québec, http://www.bsq.gouv.qc.ca/bsq/donnees/tab504.htm, in GRENON, Gilles et Suzanne VIAU, *Méthodes quantitatives en sciences humaines*, vol. 1, *De l'échantillon vers la population*, 2e éd., Boucherville, Gaëtan Morin Éditeur, 1999, p. 130.

Tableau 8.6	Phases d'un processus

Tableau récapitulatif: Interventions pédagogiques correspondant à chacune des trois phases du processus d'apprentissage

Phase 1

L'acquisition
Enseignement explicite, supervision et rétroaction.
Maîtrise de l'apprentissage (*mastery learning*).
Surapprentissage: pratique répétée et variée visant l'automatisation.

Phase 2

La rétention
Objectivation.
Consolidation: révision périodique.
Réinvestissement régulier.

Phase 3

Le transfert
Planification des apprentissages: ils doivent être structurés, ordonnés, successifs et cumulatifs (transfert vertical).
Enrichissement: occasions supplémentaires de réinvestir les apprentissages réalisés dans des situations variées (transfert horizontal).

Au cours des trois phases

Le développement de la métacognition
Enseignement de stratégies cognitives.
Interventions pédagogiques appuyant une conception dynamique de l'intelligence.

Source: GAUTHIER, Clermont et Maurice TARDIF, dir., *La pédagogie: Théories et pratiques de l'Antiquité à nos jours*, Montréal, Gaëtan Morin Éditeur, 2005, p. 331.

Tableau 8.7	Fiche d'évaluation

Fiche individuelle d'appréciation de la condition physique

Nom de l'élève:_____

Test	Évaluation				
1. Course de quatre minutes	1	2	③	4	☐5
2. Traction (force des épaules et des bras)	1	②	☐3	4	5
3. Redressement (force des abdominaux)	①	2	☐3	4	5
4. Saut en longueur avec élan (puissance des jambes)	1	2	☐③	4	5
5. Course en navette (mouvement-vitesse)	1	2	3	☐④	5

Échelle
1: Très faible   2: Faible   3: Moyen   4: Bon   5: Excellent
○ Au début de l'entraînement   ☐ À la fin de l'entraînement

Source: LAURIER, Michel D., Robert TOUSIGNANT et Dominique MORISSETTE, *Les principes de la mesure et de l'évaluation des apprentissages,* 3e éd., Montréal, Gaëtan Morin Éditeur, 2005, p. 120.

Tableau 8.8	Description de concepts	
Les deux grandes conceptions éducatives du XVIe siècle		

	Rabelais	**Érasme**
Dimension critique	Critique de la scolastique qu'il juge archaïque, dépassée, inefficace, et qui ne s'adresse qu'à l'intelligence verbale.	Critique de la scolastique qu'il juge archaïque, dépassée, inefficace, et qui ne s'adresse qu'à l'intelligence verbale.
Conception de base	Conception naturaliste qui repose sur l'idée que la nature est bonne et généreuse, et que l'homme l'est également.	Conception culturelle, civilisée, axée sur les plaisirs délicats et les raffinements de la vie civilisée et cultivée.
Qualités humaines dominantes	Énergie, passion, force, expansion, libre expression, qui s'expriment en activités intenses, en actions où l'homme se tourne vers le monde de la nature.	Élégance et politesse, raffinement de l'esprit, bon goût et bon sens, maîtrise de soi et bonnes manières.
Principes éducatifs, buts et idéal éducatif	• L'éducation doit favoriser la libre expression et la libre expansion de toutes les facultés humaines : il faut former des hommes complets (tête et corps). • Contre la discipline, contre tout ce qui contient, limite et réprime. • L'idéal rabelaisien : l'homme qui a développé au maximum toutes ses facultés, le Géant. La Science n'est rien d'autre que le grand savoir, le développement maximal de toutes les capacités humaines.	• L'éducation doit favoriser l'imitation et l'apprentissage des meilleurs modèles de culture et de civilité. • Elle doit former un esprit fin, le bon goût et le bon sens, la capacité de bien s'exprimer, tant à l'oral qu'à l'écrit. • L'idéal érasmien : l'homme à l'esprit fin, cultivé et raffiné.
Moyens	Tout apprendre, se soumettre à toutes les expériences, se mettre en contact direct avec les choses de la nature, connaître tous les livres qui parlent des choses.	Apprendre principalement auprès des grands auteurs classiques, apprendre les langues anciennes : le grec et le latin. Apprendre auprès de ceux qui ont un langage châtié.
Conception du savoir que doit apprendre l'élève	La science représente pour Rabelais la synthèse vivante de toutes les connaissances : elle est à la fois érudition, littérature, connaissance des choses, du monde, de la nature.	Essentiellement la littérature classique.
Rôle du maître	L'érudition est une fin en soi. Le maître doit tout savoir afin de tout apprendre à l'élève.	L'érudition n'est pas une fin en soi ; elle est un moyen d'explication littéraire. Le maître doit tout savoir pour épargner à l'élève d'avoir à tout apprendre.

Source: GAUTHIER, Clermont et Maurice TARDIF, dir., *La pédagogie : Théories et pratiques de l'Antiquité à nos jours,* Montréal, Gaëtan Morin Éditeur, 2005, p. 81.

Les schémas

Les schémas permettent de représenter — à l'aide de figures géométriques, de lignes et de flèches — un processus, des rapports entre des concepts, un système de concepts ou encore des rapports logiques existant entre des éléments (voir les figures 8.1 à 8.4). Par exemple, les réseaux de concepts sont un type de schéma.

Figure 8.1 Schéma ensembliste ou diagramme de Venn

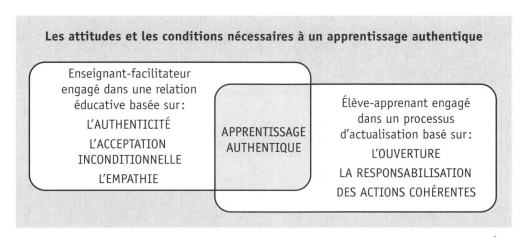

Les attitudes et les conditions nécessaires à un apprentissage authentique

Enseignant-facilitateur engagé dans une relation éducative basée sur :
L'AUTHENTICITÉ
L'ACCEPTATION INCONDITIONNELLE
L'EMPATHIE

APPRENTISSAGE AUTHENTIQUE

Élève-apprenant engagé dans un processus d'actualisation basé sur :
L'OUVERTURE
LA RESPONSABILISATION
DES ACTIONS COHÉRENTES

Source : VIENNEAU, Raymond, *Apprentissage et enseignement : Théories et pratiques,* Montréal, Gaëtan Morin Éditeur, 2005, p. 254.

Figure 8.2 Schéma logique

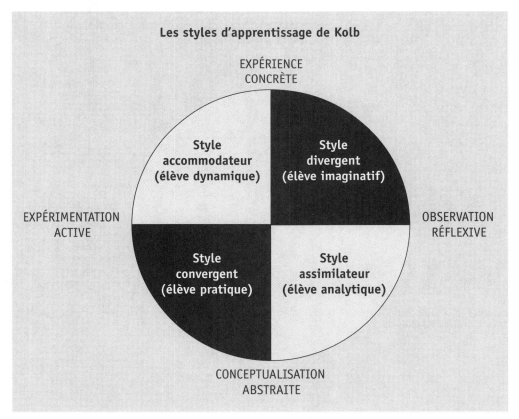

Les styles d'apprentissage de Kolb

EXPÉRIENCE CONCRÈTE

Style accommodateur (élève dynamique)

Style divergent (élève imaginatif)

EXPÉRIMENTATION ACTIVE

OBSERVATION RÉFLEXIVE

Style convergent (élève pratique)

Style assimilateur (élève analytique)

CONCEPTUALISATION ABSTRAITE

Source : Adapté de KOLB, David A., *The Learning Style Inventory,* Boston, McBer & Co., 1985, cité par SAVARD, Louise, « Les styles d'apprentissage », *Cégep du Chicoutimi, Reflets,* vol. 9, n° 2, 1999, p. 5, *in* VIENNEAU, Raymond, *Apprentissage et enseignement : Théories et pratiques,* Montréal, Gaëtan Morin Éditeur, 2005, p. 167.

Figure 8.3 Schéma de concepts

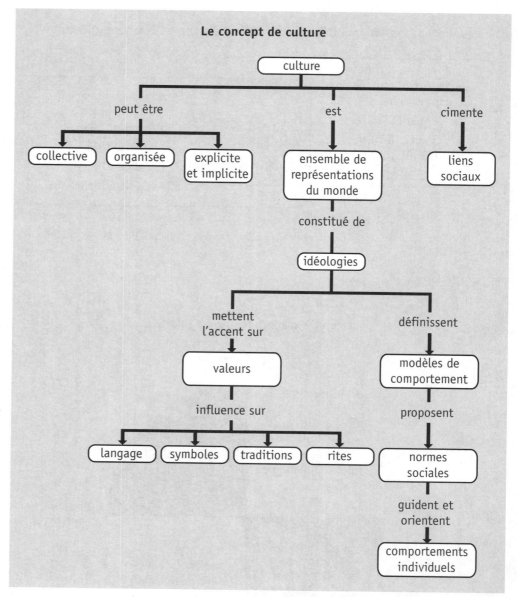

Source : CAMPEAU, Robert, Michèle SIROIS et Élisabeth RHEAULT, *Individu et société : Initiation à la sociologie,* Montréal, Gaëtan Morin Éditeur, 2004, p. 152.

Figure 8.4 Schéma systémique

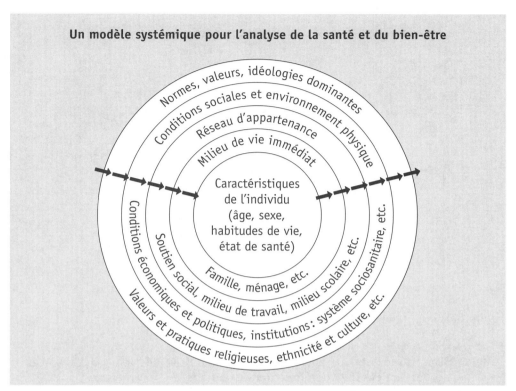

Un modèle systémique pour l'analyse de la santé et du bien-être

Source : LACOURSE, Marie-Thérèse, *Sociologie de la santé,* éd. rév., Montréal, Les Éditions de la Chenelière inc., 2002, p. 126.

Les graphiques

Les graphiques (ou diagrammes) permettent de représenter des données chiffrées, souvent longues et fastidieuses à lire, de manière visuelle. Il existe plusieurs formes de graphiques, de la simple courbe à l'histogramme en relief, en passant par le graphique circulaire — souvent appelé «tarte» ou «camembert» à cause de sa forme — (voir les figures 8.5 à 8.10).

Pour être utile, un graphique doit respecter les critères suivants :

- Un titre doit expliquer ce dont il s'agit ;

- Chacun des éléments doit être identifié : dans le cas d'une courbe, vous devez indiquer clairement la signification exacte des deux axes ; dans le cas d'un histogramme, vous précisez ce que représentent les colonnes ; etc. ;

- Si la signification d'un graphique exige des explications supplémentaires, celles-ci doivent faire partie d'une légende.

Figure 8.5 Graphique linéaire

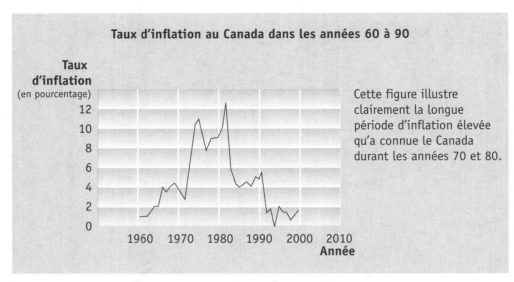

Source : TREMBLAY, Ginette, *Économie globale,* Montréal, Les Éditions de la Chenelière inc., 2001, p. 200.

Figure 8.6 Graphique comparatif

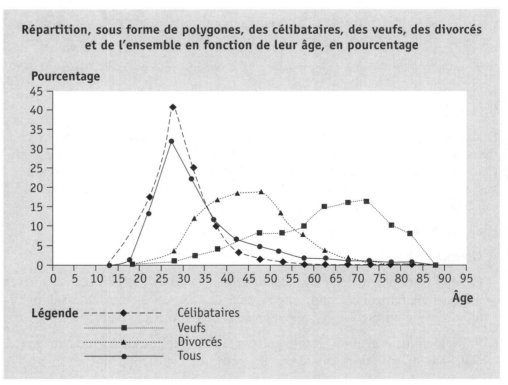

Source : GRENON, Gilles et Suzanne VIAU, *Méthodes quantitatives en sciences humaines,* vol. 1, *De l'échantillon vers la population,* 2ᵉ éd., Boucherville, Gaëtan Morin Éditeur, 1999, p. 131.

Figure 8.7 Histogramme ou graphique à tuyaux d'orgue

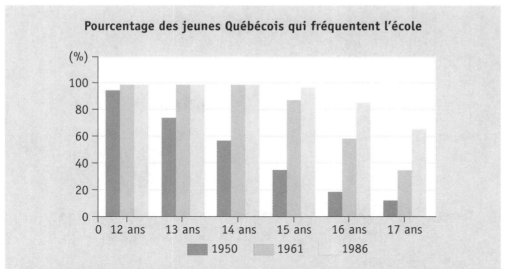

Pourcentage des jeunes Québécois qui fréquentent l'école

■ 1950   ■ 1961   □ 1986

Ce portrait de la clientèle scolaire à trois moments montre les profondes racines histo-riques du décrochage scolaire. Les pourcentages indiquent les Québécois qui fréquentent l'école de 1950, 1961 et 1986. Les réformes de la Révolution tranquille et les trans-formations du monde du travail entraînent cependant un rattrapage spectaculaire depuis cinquante ans.

Source : LAPORTE, Gilles et Luc LEFEBVRE, *Fondements historiques du Québec*, 2e éd., Montréal, Les Éditions de la Chenelière inc., 2000, p. 235.

Figure 8.8 Graphique circulaire (à secteurs)

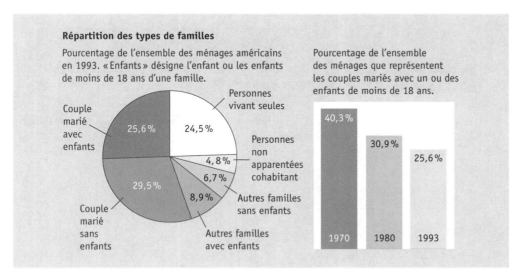

Répartition des types de familles

Pourcentage de l'ensemble des ménages américains en 1993. « Enfants » désigne l'enfant ou les enfants de moins de 18 ans d'une famille.

Pourcentage de l'ensemble des ménages que représentent les couples mariés avec un ou des enfants de moins de 18 ans.

Source : The American Almanac, 1994-1995, p. 59 et 65, *in* KOTTAK, Conrad Phillip, *Peuples du monde : Introduction à l'anthropologie culturelle*, Montréal, Les Éditions de la Chenelière inc., 1998, p. 193.

Figure 8.9 Diagramme à barres horizontales

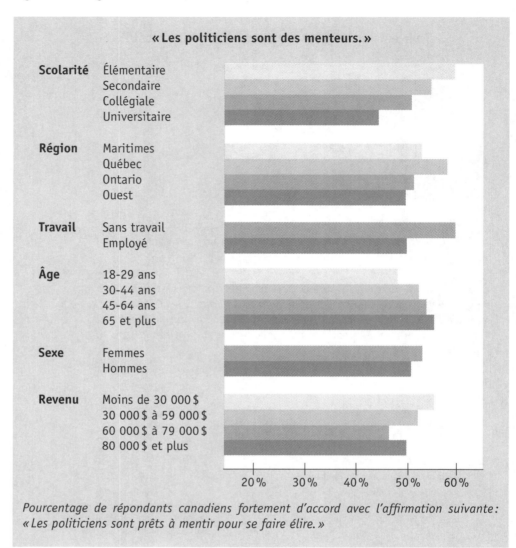

« Les politiciens sont des menteurs. »

Pourcentage de répondants canadiens fortement d'accord avec l'affirmation suivante : « Les politiciens sont prêts à mentir pour se faire élire. »

Source : BLAIS, André *et al.*, « Les politiciens et le syndrome de Pinocchino », *La Presse*, 9 mars 1998, *in* SHIVELY, W. Phillips, *Pouvoir et décision : Introduction à la science politique,* 2e éd., Montréal, Les Éditions de la Chenelière inc., 2003, p. 77.

Figure 8.10 Graphique analytique

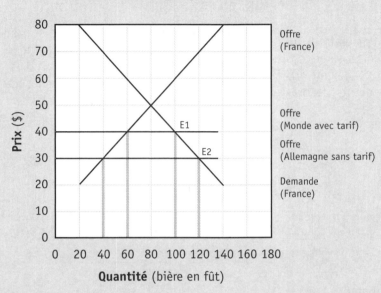

La création d'échanges grâce à l'union douanière

Avant l'union douanière, c'est le prix mondial (avec tarif) qui s'impose sur le marché français. À ce prix de 40 $, la demande française de bière en fût est de 100 unités, dont 60 sont produites sur place et 40 sont importées (point E1). Avec l'entrée de l'Allemagne dans l'union douanière et l'abolition du tarif qui frappait sa bière, le nouveau prix du marché est de 30 $. La demande française passe de 100 unités à 120 unités (dont 40 sont produites sur place et 80 sont importées d'Allemagne) (point E2). Le même phénomène a des chances de se reproduire en sens inverse pour le vin français. En France, les pertes subies par les brasseurs seront largement compensées par les gains des viticulteurs. Chaque pays se spécialise dans le produit où son coût de production est plus faible que celui de son partenaire. L'union douanière aura permis la création d'échanges nouveaux, basés sur une meilleure utilisation des ressources mondiales.

Source : BOURET, Renaud, *Relations économiques internationales,* 3ᵉ éd., Montréal, Les Éditions de la Chenelière inc., 2003, p. 117.

CAPSULE TECHNOLOGIQUE

Créez facilement des graphiques impressionnants

Il est facile de créer des graphiques qui plairont au lecteur grâce à une petite fonction méconnue des tableurs comme Excel (voir la figure 8.11). Certains croient que leur réussite dépend de talents de graphiste hors du commun. Ce n'est pas le cas. Il vous suffit de saisir quelques chiffres et de laisser le logiciel faire le travail.

La commande en question se trouve dans le menu Insertion et s'appelle justement Graphique. Les données sélectionnées sont alors transformées à votre gré en histogrammes, en courbes ou en secteurs. Vous pouvez ensuite aisément les transférer dans votre traitement de texte afin d'illustrer vos résultats.

Figure 8.11 Tableur Microsoft Excel

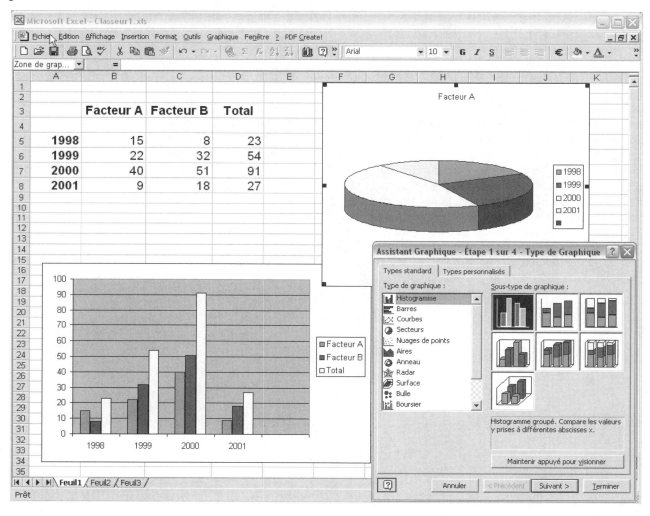

Les illustrations

Dans un travail, en plus de tableaux, de schémas et de graphiques, il peut être nécessaire ou utile de rendre votre propos plus clair. Vous voudrez alors illustrer un objet, une machine, un lieu, un organe, un animal, un document historique, etc. Les travaux scientifiques requièrent souvent l'ajout de telles illustrations. Pour inclure une ou plusieurs illustrations à votre travail, vous devrez faire le dessin vous-même, trouver une illustration (dans un livre, une encyclopédie, une revue, etc.) et la photocopier ou la numériser, ou encore utiliser des ressources informatiques (un logiciel de dessin, une banque d'images, etc.).

Comme dans le cas des autres types de figures, vous numéroterez vos illustrations si c'est nécessaire, leur donnerez un titre, en indiquerez la source et ajouterez une légende explicative, s'il y a lieu (voir les figures 8.12 à 8.17).

Figure 8.12 Planche anatomique

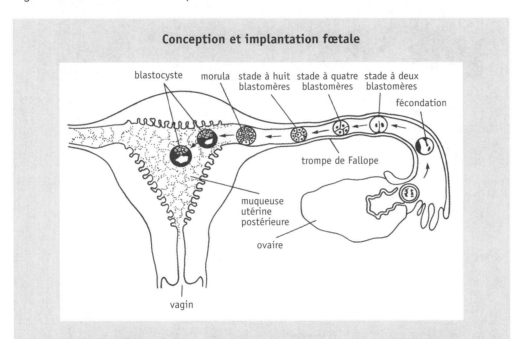

Conception et implantation fœtale

Diagramme sommaire du cycle de l'ovaire, de la fécondation et du développement humain durant la première semaine. Le premier stade débute avec la fécondation et se termine par le zygote. Le deuxième stade (jours 2 et 3) comprend la division cellulaire (de 2 à environ 16 cellules) ou la morula. La troisième étape (jours 4 et 5) est constituée du blastocyste libre et non attaché. Et la quatrième étape (jours 5 et 6) est représentée par le blastocyste attaché au centre de la muqueuse utérine postérieure, lieu de l'implantation.

Source : MOORE, Keith L., *The Developing Human,* 3ᵉ éd., Philadelphie, W.B. Saunders, 1982, p. 36, *in* CLOUTIER, Richard, Pierre GOSSELIN et Pierre TAP, *Psychologie de l'enfant,* 2ᵉ éd., Montréal, Gaëtan Morin Éditeur, 2005, p. 41.

Figure 8.13 Photographie

En raison de l'anonymat que procurent les déguisements et de la structure rituelle (invention) de l'événement, le carnaval offre une excellente occasion d'exprimer des propos normalement refoulés. Ces coiffures carnavalesques, photographiées à Trinidad, symbolisent avec éclat l'expression de sentiments refoulés.

Source: KOTTAK, Conrad Phillip, *Peuples du monde: Introduction à l'anthropologie culturelle,* Montréal, Les Éditions de la Chenelière inc., 1998, p. 301.

Figure 8.14 Processus expérimental

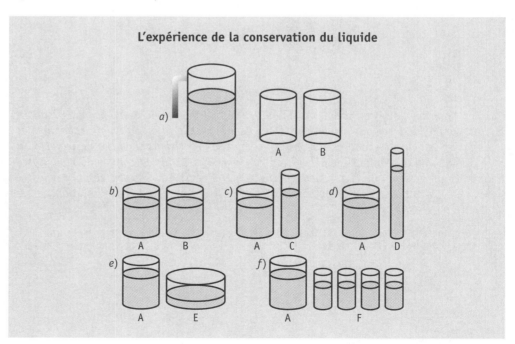

Source: CLOUTIER, Richard, Pierre GOSSELIN et Pierre TAP, *Psychologie de l'enfant,* 2e éd., Montréal, Gaëtan Morin Éditeur, 2005, p. 176.

Figure 8.15 Carte géographique

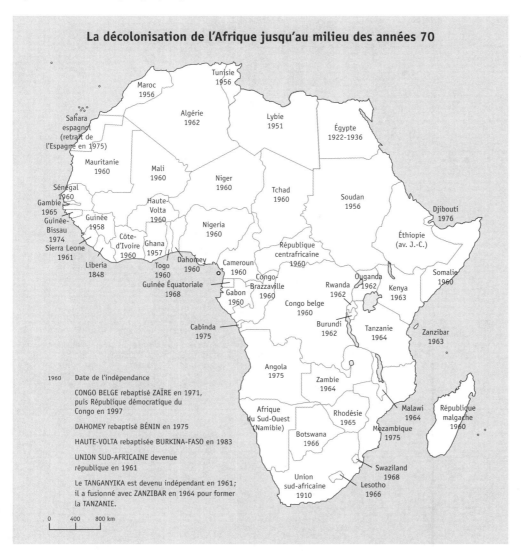

La décolonisation de l'Afrique jusqu'au milieu des années 70

1960   Date de l'indépendance

CONGO BELGE rebaptisé ZAÏRE en 1971,
puis République démocratique du
Congo en 1997

DAHOMEY rebaptisé BÉNIN en 1975

HAUTE-VOLTA rebaptisée BURKINA-FASO en 1983

UNION SUD-AFRICAINE devenue
république en 1961

Le TANGANYIKA est devenu indépendant en 1961;
il a fusionné avec ZANZIBAR en 1964 pour former
la TANZANIE.

0   400   800 km

Source: SIMARD, Marc, *Histoire du XXe siècle: Affrontements et changements*, 2e éd., Montréal, Les Éditions de la Chenelière inc., 2002, p. 297.

Figure 8.16 Illustration informative

Source : Adapté de KAIL, Robert V., *Children and their Development*, 3e éd., Upper Saddle River, N.J., Pearson Prentice Hall, 2004, p. 162, *in* CLOUTIER, Richard, Pierre GOSSELIN et Pierre TAP, *Psychologie de l'enfant*, 2e éd., Montréal, Gaëtan Morin Éditeur, 2005, p. 141.

Figure 8.17 Illustration historique

Les systèmes de plantation du Nouveau Monde reposaient sur l'esclavage. Les prolétaires, tels ces « nègres blancs d'Angleterre », n'avaient guère de contrôle sur les moyens de production, mais ils disposaient d'un certain pouvoir sur l'endroit où ils travaillaient et sur les personnes qui les employaient.

Source : KOTTAK, Conrad Phillip, *Peuples du monde : Introduction à l'anthropologie culturelle*, Montréal, Les Éditions de la Chenelière inc., 1998, p. 244.

8

MARCHE À SUIVRE

1. Quand vous devez présenter un travail, déterminez les tableaux ou les figures qui pourraient vous être utiles.

2. Faites d'abord ces tableaux, ces schémas ou ces graphiques de façon manuscrite, ou trouvez les illustrations dont vous aurez besoin.

3. Mettez ensuite au propre les tableaux, les schémas ou les graphiques à l'aide d'instruments de dessin ou en utilisant un logiciel approprié. Si c'est nécessaire, photocopiez ou numérisez vos illustrations.

4. Placez les tableaux ou les figures dans votre texte, là où ils doivent apparaître.

5. Donnez-leur un titre et numérotez-les, si c'est nécessaire.

6. Rédigez une légende et indiquez la source, s'il y a lieu.

7. Si votre travail comporte un grand nombre de tableaux et de figures, vous pouvez en dresser la liste (accompagnée des pages où ils apparaissent), que vous placerez juste après la table des matières.

EXERCICE

1. Reprenez un travail que vous avez fait récemment, et réfléchissez à un tableau ou à une figure que vous auriez pu y ajouter.

2. Réalisez ce tableau ou cette figure en utilisant la méthode de votre choix.

3. Vérifiez que vous n'avez oublié aucun élément, et titrez-le.

La présentation matérielle des travaux

Quand vous remettez un travail écrit, il est important que ce dernier soit lisible et propre. La présentation doit être soignée et conforme aux normes en usage dans votre collège ou votre université. Si l'établissement d'enseignement que vous fréquentez n'impose pas de modèle, voici quelques principes qui pourront vous guider.

Les quelques consignes présentées ici sont faciles à suivre, que vous travailliez avec un ordinateur ou que vous remettiez un document manuscrit. Dans tous les cas, n'oubliez jamais de conserver une copie de vos travaux avant de les remettre ; c'est votre seul recours en cas de perte.

Les principes de base

Les principes les plus importants à retenir sont les suivants :

- Les travaux sont présentés sur du papier de format standard (21,5 cm × 28 cm ou 8 1/2 po × 11 po), blanc, non ligné ;

- Les travaux sont saisis à un interligne et demi (sauf la bibliographie et les notes, qui sont à simple interligne) ;

- La page de titre comporte tous les renseignements nécessaires (voir ci-après) ;

- Les pages sont numérotées ;

- Le texte est contenu dans un «cadre» (invisible) qui laisse un espace blanc (marge) d'environ 3 cm en haut et à gauche, ainsi qu'à droite et en bas de chaque feuille ;

- La table des matières est placée au début du texte, après la page de titre ;

- La médiagraphie est placée à la fin du travail.

Nous verrons maintenant plus en détail comment composer une page de titre, une table des matières et une page standard, selon des normes qui sont celles de plusieurs collèges et universités.

La page de titre

Les renseignements que comporte la page de titre sont, comme le texte courant, disposés à l'intérieur du «cadre» non indiqué.

- En haut, au centre, vous indiquez votre nom ; au-dessous, le titre du cours ; puis, au-dessous encore, le numéro du cours et celui du groupe.

- Légèrement au-dessus du centre de la page, vous écrivez le titre du travail en majuscules.

- Un peu plus bas, aux deux tiers de la page environ, au-dessous de « Travail présenté à », vous précisez le nom du professeur à qui vous devez remettre le travail.

- En bas, au centre, vous inscrivez le nom de l'établissement d'enseignement et, au-dessous du nom, la date de remise du travail.

La page standard

- Le numéro de la page est indiqué à droite en haut : à 3 cm du bord droit de la feuille et à mi-chemin entre le bord supérieur et le «cadre».

- Le texte est saisi à l'encre noire, sur un côté des feuilles seulement.

- Chaque paragraphe commence par un alinéa, c'est-à-dire qu'il est en retrait (d'environ 1,25 cm) par rapport au reste du texte.

- Les paragraphes sont séparés par deux retours de chariot (laisser une ligne libre).

- Les notes en bas de page sont placées au-dessous d'un court trait d'environ 5 cm qui les sépare du texte, sans alinéa.

- Une page standard comporte une trentaine de lignes dactylographiées.

La table des matières

- La table des matières est présentée selon les mêmes règles que le reste du texte pour ce qui est du «cadre» et de la pagination.

- Le titre « Table des matières » est indiqué en majuscules, souligné ou en caractère gras.

- La ligne pointillée qui relie les titres et les numéros de page est très importante pour que le lecteur puisse repérer rapidement la page à consulter.

- Si le texte comporte de nombreuses divisions détaillées, il n'est pas nécessaire d'indiquer toutes les sous-sections.

Un exemple de travail

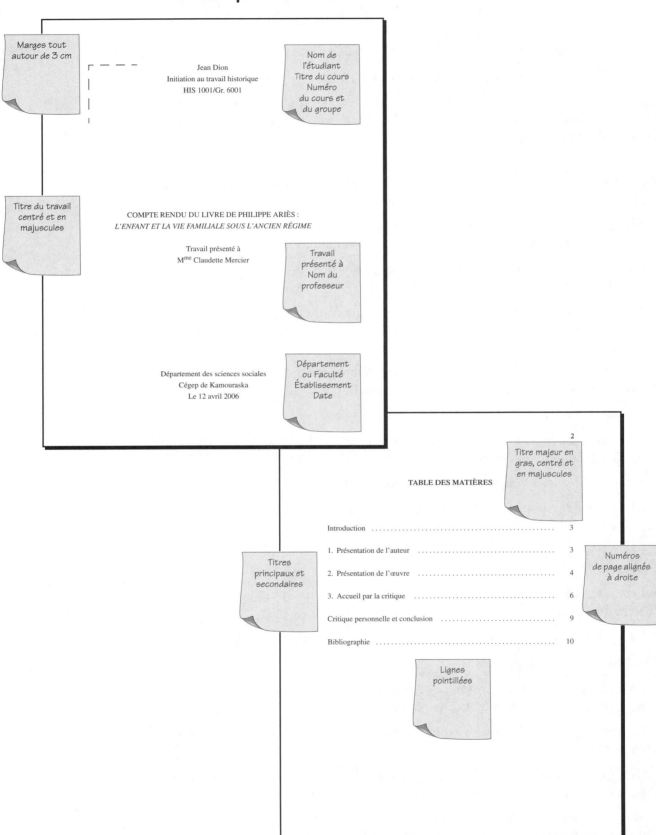

Marges tout autour de 3 cm

Jean Dion
Initiation au travail historique
HIS 1001/Gr. 6001

Nom de l'étudiant
Titre du cours
Numéro du cours et du groupe

Titre du travail centré et en majuscules

COMPTE RENDU DU LIVRE DE PHILIPPE ARIÈS :
L'ENFANT ET LA VIE FAMILIALE SOUS L'ANCIEN RÉGIME

Travail présenté à
Mme Claudette Mercier

Travail présenté à Nom du professeur

Département des sciences sociales
Cégep de Kamouraska
Le 12 avril 2006

Département ou Faculté
Établissement
Date

2

Titre majeur en gras, centré et en majuscules

TABLE DES MATIÈRES

Titres principaux et secondaires

Numéros de page alignés à droite

Lignes pointillées

3

INTRODUCTION

Le présent compte rendu portera sur le livre de Philippe Ariès : *L'enfant et la vie familiale sous l'Ancien Régime* (Ariès, 1973, 316 p.). Après avoir parlé de l'auteur, je procéderai à une présentation de l'œuvre et à une synthèse des critiques qui lui ont été adressées. Je terminerai par une critique personnelle incluse dans la conclusion.

1. Présentation de l'auteur

Philippe Ariès est un historien français qui s'est intéressé à l'histoire des mentalités. Tout en poursuivant une carrière dans les affaires internationales, Ariès développa en parallèle un goût prononcé pour la société, particulièrement dans ses aspects touchant le vécu spontané et les formes les moins élaborées d'organisation sociale. Ainsi, il s'intéressa, par exemple, aux liens et aux sentiments familiaux, aux transformations des cultures régionales, aux rapports irrationnels que l'homme entretient avec la mort, bref au domaine de l'histoire des mentalités et des habitudes collectives.

Les intérêts d'Ariès dans ces domaines, de même que son approche par le biais d'une problématique, le placeront dans le champ des préoccupations de l'École des « Annales ». Cette dernière s'opposait à l'école « historisante » directement axée sur les grands événements politiques et militaires et prônait plutôt une histoire sociale et économique ouverte aux autres disciplines des sciences sociales. L'histoire problème succédait à l'histoire descriptive.

Dans le cas d'Ariès, il faudra attendre 1964, année de la parution d'un compte rendu de Jean-Louis Flandrin (Flandrin, 1960, p. 322-329) sur *L'Enfant*

Pagination en haut à droite

Titre secondaire : section du développement ; titre en gras, aligné à gauche

Paragraphes ordinaires : à simple interligne et demi, alignés à gauche

8

4

et la vie familiale sous l'Ancien Régime pour qu'il soit, après une longue marche solitaire, enfin reconnu par le milieu des historiens pour son apport original.

2. Présentation de l'œuvre

L'hypothèse développée par Ariès dans cet ouvrage est à l'effet que le sentiment de l'enfance et celui de la famille auraient été pratiquement inexistants au Moyen Âge et se seraient développés graduellement à partir du début de l'époque moderne pour s'installer définitivement à la fin du XVIIe siècle. Ariès distingue bien les notions de « sentiment » et de « réalité » des éléments (la famille et l'enfance) dont il traite. En effet, il spécifie par exemple que la famille, même si elle a pris des formes différentes à travers l'histoire, aurait toujours existé. Ce dont il parle dans son livre, c'est plutôt ce qu'il appelle le sentiment de la famille (qu'il lie à celui de l'enfance), c'est-à-dire la famille dans son aspect le plus privé et vue sous l'angle de la cellule comportant des individus unis par des liens définis par des sentiments exclusifs. Le sentiment de la famille est perçu par Ariès comme étant directement lié et subordonné au sentiment de l'enfance. Tout se passe comme si la société avait, au détour de l'époque moderne tranquillement mis en place les conditions structurelles, psychologiques et sentimentales de la famille pour lui permettre de protéger l'enfance dont elle a, par surcroît, un nouveau sentiment. Ce « sentiment de l'enfance [...] correspond à une conscience de la particularité enfantine, cette particularité qui distingue essentiellement l'enfant de l'adulte même jeune » (Ariès, 1973, p. 177).

Pour démontrer son hypothèse, l'auteur a vérifié à travers différentes sources qualitatives, l'existence ou non du sentiment de l'enfance. Ces sources sont majoritairement littéraires et iconographiques. Le plan de l'ouvrage d'Ariès est de nature thématique et, à l'intérieur des thèmes, comporte un aspect chronologique : son étude se situant principalement entre le Moyen Âge et le

Alinéa de 1,25 cm au début de chaque paragraphe

Les trois dernières lignes de ce paragraphe proviennent de la fiche 3.3 (voir le chapitre 3, page 56).

5

XIXᵉ siècle. Le livre se divise en trois parties : le sentiment de l'enfance, la vie scolastique et la famille (Ariès, 1973, p. 177).

La partie traitant du sentiment de l'enfance (Ariès, 1973, p. 29-186) aborde les sous-thèmes des âges de la vie, de la découverte de l'enfance, des habits et des jeux des enfants et enfin de la protection de l'innocence des petits. Pour chacun des sous-thèmes, l'auteur présente un portrait de l'évolution du sentiment de l'enfance, concluant que ce dernier était inexistant au Moyen Âge, les enfants étant, à cette époque, très tôt mêlés aux adultes sans s'en distinguer fondamentalement. Au cours des premiers siècles de l'âge moderne cependant, certains changements sont intervenus allant dans le sens d'une particularisation de plus en plus grande des enfants. Ces changements se sont manifestés notamment à travers une spécialisation des habits, des jeux et des habitudes sociales entourant les enfants.

De plus, les éducateurs et moralistes du début de l'époque moderne sont à l'origine de l'évolution du souci de l'éducation. L'enfance, selon eux, serait une phase d'imperfection qu'il faut corriger et redresser pour aider l'individu à devenir un adulte sage et raisonnable. Cette conclusion nous mène à la deuxième partie du livre, la vie scolastique (Ariès, 1973, p. 187-216).

Cette partie est divisée en sept chapitres traitant du collège, de l'école et des écoliers. Ainsi, d'une école médiévale qui confondait les enfants et les adultes, on passera, par la gradation des classes scolaires en groupes d'âge et par l'imposition d'une discipline stricte, à une différenciation de l'enfant par rapport à l'adulte. Le collège moderne assumera donc deux grandes fonctions : l'enseignement adapté selon l'âge et l'encadrement des jeunes. Ces mesures seront jugées désormais nécessaires pour isoler l'enfant de l'adulte et, dans ce sens, seront l'indice d'un sentiment de l'enfance de plus en plus aigu.

> Ce paragraphe provient de la fiche 3.4 (voir le chapitre 3, page 57).

> Police de 12 points, uniforme et lisible

6

La dernière partie du livre porte sur la famille. À partir de sources principalement iconographiques, Ariès retrace l'évolution de ce qu'il appelle le sentiment de la famille à partir du Moyen Âge jusqu'à l'époque moderne. Ainsi, il soutient que, jusqu'au XVIIᵉ siècle, les images profanes (notamment les calendriers et livres d'heures) nous montrent surtout des scènes publiques (métiers, rues, jeux) où l'individu semble appartenir à une collectivité large avant d'appartenir à un lieu privé. C'est vers le XVIIᵉ siècle qu'apparaissent dans l'iconographie des images de plus en plus nombreuses d'intérieurs et de familles révélant ainsi un transfert de valeurs du social au familial (le sentiment de la famille).

Dans la conclusion du livre, l'auteur fait un retour sur les divers éléments de l'univers de l'enfant (ses habits, ses jeux, ses écoles...) et de leur lente mutation à travers l'histoire, mettant à jour la progression du sentiment de l'enfance et celui de la famille. Cela l'amène à faire ressortir l'indissociabilité de ces deux sentiments dans leur enracinement à travers l'histoire.

3. Accueil par la critique

Les comptes rendus que j'ai trouvés font tous au départ un résumé du livre tout en soulignant son originalité. Par exemple, Jean-Louis Flandrin mentionne que le livre d'Ariès est intéressant d'abord parce qu'il part d'une question (Flandrin, 1964, p. 322), mais aussi parce qu'il ajoute aux multiples études sur les enfants produites par des spécialistes de diverses disciplines des sciences humaines, une dimension historique. En ce sens, l'ouvrage d'Ariès semble combler un vide et ouvrir la porte à une histoire de l'enfance. De la même manière, William M. Kephart (Kephart, 1966, p. 375) et A. Delorme (Delorme, 1960, p. 388-389) soulignent aussi l'originalité des vues d'Ariès. Je vais m'attarder un peu sur les comptes rendus de Flandrin et de Richard T. Vann

> Deux retours de chariot entre les paragraphes ordinaires

> Trois retours de chariot avant un titre

7

(Vann, 1982, p. 279-297), ceux de Delorme et de Kephart étant très courts et peu substantiels (des résumés surtout).

Flandrin se dit impressionné par la diversité des sources d'Ariès, sources que ce dernier questionne toujours suivant sa problématique et qui le conduisent à des réponses convergentes et éclairantes. De plus, un des mérites importants d'Ariès serait, selon Flandrin, d'avoir su repérer les étapes de la distinction de l'enfance par rapport à l'âge adulte, et d'avoir su faire ressortir que « c'est autour de l'enfant, que la famille moderne s'est constituée en cellule de base de notre société » (Flandrin, 1964, p. 325). Flandrin mentionne aussi que dans la partie du livre traitant de l'histoire de l'école, Ariès apporte un nouvel éclairage (Flandrin, 1964, p. 324).

Le compte rendu de Flandrin contient aussi certains reproches. Par exemple, il souligne qu'Ariès s'est astreint à rechercher les signes de l'existence d'un sentiment de l'enfance sans s'engager dans l'exploration de la « nature de ce sentiment » (Flandrin, 1964, p. 327). Cette attitude, selon Flandrin, conduit Ariès à mal interpréter certains documents. À cet effet, l'auteur du compte rendu souligne l'exemple de la représentation de l'enfant dans l'iconographie du Moyen Âge. Ariès soutient que l'enfant était absent des images de cette époque. Or, il y a ici méprise selon Flandrin puisqu'en réalité, il n'y avait « pas une absence véritable, mais seulement une rareté [...] et une caractérisation sommaire de l'enfance » (Flandrin, 1964, p. 327-328). Selon Flandrin, cela n'intéresse « non pas l'existence, mais la nature du sentiment de l'enfance » (Flandrin, 1964, p. 328).

Dans son article, Richard T. Vann mentionne trois grandes objections par rapport au livre d'Ariès ; objections qu'il a relevées chez divers spécialistes (Vann, 1982, p. 287-288) qui se sont déjà prononcés sur le livre d'Ariès. D'abord, certains de ces derniers semblent remettre en doute la supposée

> À l'intérieur du texte, vous notez la référence abrégée entre parenthèses : auteur, année, page(s).

> Vous utilisez les guillemets français « ... ».

8

8

inexistence du sentiment de l'enfance au Moyen Âge et à la Renaissance. D'autres soulignent qu'Ariès n'a pas interrogé la dynamique de l'évolution qu'il décrit. D'autres enfin émettent certaines critiques à l'égard de sa méthode.

Après avoir fait le tour des auteurs importants qui ont critiqué Ariès, Vann soutient que l'ouvrage aura toujours sa place dans l'historiographie notamment par les horizons nouveaux qu'il ouvrait au moment de sa parution. Cependant, les connaissances que nous avons aujourd'hui sur différents aspects de la démographie sociale pourraient éclairer de manière différente et dans une perspective plus large celui qui voudrait reprendre le même sujet.

> Vous insérez un saut de page (passage à la page suivante) avant un titre important.

9

CRITIQUE PERSONNELLE ET CONCLUSION

Le livre d'Ariès est intéressant parce qu'il exploite un domaine qui nous touche tous de près ou de loin. À certains titres toutefois, on pourrait lui reprocher d'être peu scientifique. Au contraire d'autres historiens ou spécialistes des sciences humaines, Ariès n'utilise pas dans ce livre des sources primaires quantitatives, mais plutôt des sources qui appartiennent au domaine de la créativité (œuvres littéraires ou iconographiques, par exemple). Ces sources expriment en soi certaines images que les hommes se sont faites d'eux-mêmes à travers l'histoire. C'est, à mon avis, ce qui fait l'intérêt de ce livre d'une part, tout en nuisant à son caractère scientifique d'autre part.

Le plan du livre me semble logique et pertinent. L'approche thématique développée ici permet de mettre en lumière divers aspects de la question (ou du problème) posée.

Enfin, le livre semble avoir été marquant dans l'historiographie par l'originalité de sa méthode et de ses sources, mais aussi pour son apport dans le champ, nouveau à l'époque, de l'histoire des mentalités. En ce sens, il sera toujours une référence importante pour les historiens.

> Cette conclusion repose sur la fiche 3.7 (voir le chapitre 3, page 58).

> Selon la nature du travail, vous insérez des tableaux, des figures ou des illustrations (voir les tableaux et les figures, présentés plus haut).

10

BIBLIOGRAPHIE

ARIÈS, Philippe, *L'enfant et la vie familiale sous l'Ancien Régime*, 2ᵉ éd., Paris, Seuil, (1960), 1973, 318 p.

ARIÈS, Philippe et Michel WINOCK, *Un historien du dimanche*, Paris, Seuil, 1980, 218 p.

BOURDÉ, Guy et Hervey MARTIN, *Les écoles historiques*, Paris, Seuil, (1983), 1997, 416 p., coll. «Points».

DELORME, Albert, «Compte rendu de l'ouvrage de Philippe Ariès, *L'enfant et la vie familiale sous l'Ancien Régime*, Paris, Plon, 1960», *Revue de synthèse*, nᵒˢ 19-20, juill.-déc. 1960, p. 388-389.

DOSSE, François, *L'histoire en miettes : Des «Annales» à la «nouvelle histoire»*, Paris, La Découverte, 1987, 268 p.

FLANDRIN, Jean-Louis, «"Enfance et société", compte rendu de l'ouvrage de Philippe Ariès, *L'enfant et la vie familiale sous l'Ancien Régime*, Paris, Plon, 1960», *Annales ESC*, vol. 19, nᵒˢ 1-3, 1964, p. 322-329.

HILDESMEINER, Françoise, *Introduction à l'histoire*, Paris, Hachette, 1994, 155 p., coll. «Les fondamentaux».

KEPHART, William M., «Compte rendu de l'ouvrage de Philippe Ariès, *L'enfant et la vie familiale sous l'Ancien Régime*, Paris, Plon, 1960», *Journal of Marriage and the Family*, nᵒ 28, août 1966, p. 375.

Le GOFF, Jacques et Roger CHARTIER, dir., *La nouvelle histoire*, Paris, CEPL, 1978, 334 p.

VANN, Richard T., «Compte rendu de l'ouvrage de Philippe Ariès, *L'enfant et la vie familiale sous l'Ancien Régime*, Paris, Seuil, (1960), 1973», *History and Theory*, nᵒ 21, mai 1982, p. 279-297.

> La bibliographie ou la médiagraphie est présentée selon les normes décrites précédemment.

Devez-vous relier un travail ?

Normalement, vous agrafez simplement les pages en haut à gauche, et vous n'ajoutez pas de page de garde afin que la page de titre soit bien visible. Si vous tenez à mettre des pages de garde, vous pouvez en placer une après la page de titre et une autre après la dernière page. Les couvertures (par exemple les reliures à pince, à glissière ou à attaches) sont en général assez peu pratiques : elles ne sont donc pas recommandées. Si vous tenez absolument à relier un travail, vous protégez la page de titre à l'aide d'un plastique transparent, non coloré, et la reliure (une spirale ou une pince de plastique blanche ou noire) retiendra les pages du côté gauche (par exemple, avec un protège-document ou une couverture de présentation et baguette à relier).

MARCHE À SUIVRE

1. Vérifiez si votre établissement d'enseignement recommande ou impose des normes de présentation des travaux. Si c'est le cas, suivez-les. Sinon, vous pouvez vous fier aux indications données ici.
2. Une fois votre travail terminé et révisé (voir le chapitre 6), vérifiez bien la page de titre, la table des matières et la bibliographie (voir les sections précédentes).
3. Assurez-vous que la présentation générale de votre travail est soignée.
4. N'oubliez jamais de conserver une copie de tout travail que vous avez à remettre.

8

CAPSULE TECHNOLOGIQUE

L'ordinateur

Si vous disposez d'un micro-ordinateur muni d'un traitement de texte, un certain nombre de commentaires particuliers s'imposent.

Premièrement, vous devez conserver le même caractère du début à la fin et choisir un caractère facile à lire (Times, Courier ou Arial). Le corps du texte et la bibliographie sont composés en caractères de 12 points, les citations placées en retrait, les notes et les appels de note sont en 10 points. Les mots en langue étrangère prennent l'italique.

Vous éviterez le trop grand nombre de formats différents pour les titres. Le corps du texte est en format standard, de même que les notes, la page de titre et la bibliographie. Les appels de note sont surélevés de trois points. Les titres importants peuvent être en majuscules ou en caractère gras. Le titre général peut être en majuscules ou en caractère gras et plus gros (14 points). Dans le corps du texte, vous devez utiliser l'italique en remplacement du soulignage.

Toute autre fantaisie est malvenue dans la mesure où le but d'un texte argumentatif est la transmission d'information. Néanmoins, votre présentation doit être soignée, en particulier si le document comporte des éléments visuels.

Liste des abréviations courantes — références bibliographiques

chapitre : chap.

collection : coll.

directeur de publication ou direction scientifique : dir.

édition : éd.

et al. (abréviation latine) : et collaborateurs

in (abréviation latine) : dans

numéro : no ou n°

numéros : nos ou n^{os}

page ou pages : p.

tome : t.

volume : vol.

Saisons

automne : aut.

hiver : hiv.

printemps : print.

Mois

janvier : janv.

février : févr.

avril : avr.

juillet : juill.

septembre : sept.

octobre : oct.

novembre : nov.

décembre : déc.

Pour en savoir plus

Concernant le discours indirect, vous pouvez consulter avec profit l'encyclopédie Wikipédia :

< http://fr.wikipedia.org/wiki/Discours_indirect >.

Au sujet des normes de référence et de présentation, ces guides reposent sur une variante de la méthode auteur-date :

BELLAVANCE, André, Jean-François CARDIN et Paul-André MARTIN, *Guide de rédaction et de présentation de travaux écrits,* document PDF en ligne, < http://www.uqat. uquebec.ca/repertoire/telechargements/guideredv2.pdf >, (1999), 2004, consulté le 17 décembre 2005.

BUREAU DE LA TRADUCTION, *Le guide du rédacteur,* Ottawa, Travaux publics et services gouvernementaux Canada, 1996, 319 p.

GUILLOTON, Noëlle et Hélène CAJOLET-LAGANIÈRE, *Le français au bureau,* 6e éd., Québec, Les publications du Québec, 754 p., publication réalisée par le Service des communications et la Direction des services linguistiques de l'Office québécois de la langue française.

KYHENG, Rossitza, *La référence bibliographique : Norme et praxis,* Université Paris 10, en ligne, < http://www.revue-texto.net/Reperes/Themes/Kyheng_References.html >, 2004, consulté le 17 décembre 2005.

MALO, Marie, *Guide de la communication écrite au cégep, à l'université et en entreprise,* Montréal, Québec/Amérique, 1996, 322 p.

Savoir faire une présentation orale

La communication verbale est souvent négligée dans le cadre des études supérieures. Pourtant, elle est d'une importance cruciale. Vous n'aurez pas de deuxième chance de faire bonne impression! Parmi les formes de communication, la communication orale est la plus fréquente et certainement l'une des plus importantes dans notre vie sociale.

En général, vos interlocuteurs s'attendent à ce que vous vous exprimiez de manière *précise* et *concise,* avec une bonne dose d'*ouverture,* de l'*écoute* et un bon sens de l'*humour.* Ce n'est pas aussi simple qu'il n'y paraît. Même si chacun de nous communique oralement tous les jours, nous ne sommes pas tous des virtuoses de la parole. Toutefois, en suivant quelques indications simples, vous pourrez améliorer grandement votre expression verbale.

Dans ce chapitre, nous prendrons d'abord l'exemple du simple entretien avec un professeur (un sujet négligé mais important). Ensuite, nous examinerons la présentation orale, puis les règles du bon usage des logiciels de présentation tel PowerPoint.

9

L'entretien avec le professeur

Dans une certaine mesure, toute rencontre individuelle ou de groupe avec un professeur comporte un élément d'évaluation. Voici les règles d'or pour préparer ces entrevues et les rendre productives.

- **Ayez des objectifs précis en tête.** Qu'une rencontre ait été demandée par le professeur ou par vous, elle doit répondre à des objectifs précis. Vous devez connaître ces objectifs et ne pas les perdre de vue.

- **Préparez votre rencontre.** S'il y a lieu, faites les démarches administratives, les lectures ou les autres actions préalables qui peuvent faciliter la rencontre.

- **Notez les principaux points que vous voulez aborder.** Préparez-vous un petit ordre du jour personnel car, dans le feu de la discussion, on oublie souvent des points importants.

- **Soyez à l'heure.** Si vous ne pouvez vous présenter à un entretien ou que vous êtes en retard, laissez un message. Les enseignants n'ayant guère de temps à perdre à vous attendre, un manque à cet égard pourrait compromettre vos relations futures.

- **Exposez d'abord clairement l'objet de votre visite, même si vous l'avez déjà fait.** Les professeurs ont des dizaines, voire des centaines d'étudiants. Par conséquent, il se peut fort bien que votre cas ne se distingue pas très clairement de tous les autres.

- **Écoutez attentivement et notez les grands points de la réponse.** Insistez respectueusement pour que votre professeur réponde clairement à vos interrogations et à vos demandes. Les notes que vous aurez prises pourront vous être utiles ultérieurement.

- **Indiquez vos intentions et les actions que vous projetez d'entreprendre.** À la fin de l'entrevue, dressez un bilan de la discussion et exposez les démarches que vous prévoyez. Si vous êtes indécis, dites-le ! Si une autre rencontre s'impose, prenez immédiatement rendez-vous.

- **Assurez le suivi.** Rien n'est pire pour votre crédibilité que de laisser les choses « flotter » ou de ne pas faire ce que vous avez annoncé. Par exemple, si votre professeur vous recommande une lecture, faites-la ; si une démarche s'impose, accomplissez-la au plus tôt. Ainsi, vous prouverez votre sérieux tout en faisant avancer votre dossier !

L'exposé

Faire un exposé consiste à présenter, devant un groupe, les résultats d'une recherche sur un sujet donné. Un exposé peut être soutenu par différents moyens visuels ou audiovisuels (tableaux, acétates, diapositives, vidéos, etc.).

En général, l'évaluation d'un exposé tient compte des éléments suivants : le contenu et la structure, les aptitudes de communication de la personne qui le présente et les réponses apportées aux questions posées. Il importe donc de soigner tous ces aspects.

La préparation d'un exposé

Du point de vue de l'information et des idées, la préparation d'un exposé ressemble à celle que vous devriez faire dans le cas d'un texte argumentatif, par exemple la définition du sujet et du problème de recherche, la documentation, le plan. Toutefois, en ce qui concerne la forme du plan et le style de la préparation, il y a des différences importantes que nous examinerons ici.

Avant de le présenter, vous devez répéter votre exposé. Si vous maîtrisez le contenu, vous pourrez prêter plus d'attention à la communication elle-même. Répétez en utilisant tous les outils et les éléments dont vous aurez besoin le jour venu. S'il y a lieu, vous pouvez organiser une petite présentation devant quelques camarades de classe. Ces derniers pourront alors vous donner des conseils pour améliorer votre présentation. Les répétitions vous permettront aussi de vous assurer que l'exposé n'est pas trop long.

Par exemple, l'exposé comportera souvent un support visuel ou audiovisuel : un document imprimé, des diapositives, des affiches, des acétates pour rétroprojecteur, un schéma dessiné au tableau ou une vidéo. Leur contenu doit être adapté aux fins de l'exposé et créer un intérêt supplémentaire au discours tout en l'allégeant ; ces supports peuvent aussi permettre de clarifier des points difficiles. Cependant, pour que ces éléments soient efficaces, vous devez les préparer à l'avance. Si vous avez besoin d'un appareil (un projecteur, un magnétoscope, par exemple), vous devez vous assurer qu'il sera disponible, que vous savez l'utiliser… et qu'il fonctionne !

La préparation psychologique est également très importante. Vous devez être votre premier partisan ! Avant votre exposé, dites-vous que votre présentation sera excellente et que l'auditoire l'appréciera : vous provoquerez un effet positif sur votre performance.

Le plan et la structure

L'exposé ne peut être aussi rigoureux qu'un texte écrit. Son contenu, tout en étant sérieux, doit être ponctué d'éléments plus légers (un peu d'humour !) et d'exemples concrets afin d'intéresser l'auditoire. Cependant, l'exposé reste un travail argumentatif et, à ce titre, il doit foisonner d'information, s'appuyer sur des théories et des auteurs reconnus et amener un point de vue critique original résultant de votre propre réflexion sur le sujet.

Présenter un exposé ne consiste pas à lire un texte. Vous devez donc préparer et apporter une carte mentale (voir les pages 212 et 213), votre plan et quelques notes sur des fiches, classées suivant le plan. Vos fiches ne doivent pas être trop détaillées afin de laisser place à l'improvisation. En effet, si vos fiches contiennent le « texte » entier de votre exposé, vous passerez votre temps à les consulter (vous aurez de la difficulté à vous y retrouver) et vous négligerez de regarder votre auditoire.

La structure de l'exposé est très importante. Le plan doit être particulièrement soigné, puisque vous ne disposerez pas d'autres documents écrits sur lesquels vous appuyer, sauf ce plan et quelques fiches. La figure 9.1 présente un modèle à partir duquel vous pourrez établir le plan de votre exposé.

9

Dans l'introduction, vous tentez de captiver immédiatement l'auditoire au moyen d'une entrée en matière directe (et même spectaculaire, pourquoi pas?). Ensuite, vous exposez clairement votre sujet, les objectifs de l'exposé et son plan, puis vous évoquez sa conclusion (que vous pouvez amener sans trop la préciser afin de susciter l'intérêt pour le «dénouement»). Vous présentez les divers éléments du développement en suivant un cheminement logique mais diversifié (par exemple, cinq minutes d'exposé, un schéma au tableau, l'explication du schéma, la distribution de photocopies, l'explication de ces données, dix minutes d'exposé, un retour au tableau pour indiquer une citation, etc.). Finalement, vous résumez le cheminement, puis vous dévoilez la conclusion dans un éclat final! Vous pouvez alors indiquer que votre exposé est terminé, par exemple en remerciant l'auditoire de son attention. Vous ajoutez que vos auditeurs peuvent faire des commentaires et poser des questions.

La plupart des orateurs connaissent le trac. Cette nervosité est normale et saine. Par contre, elle risque de vous paralyser si vous ne la surmontez pas dès les premiers instants. Un conseil: ne dites pas que vous êtes nerveux ou mal à l'aise, ne vous excusez pas, car l'auditoire vous prendra en pitié et oubliera votre message. Vous devez transformer votre trac en énergie positive, en volonté d'atteindre votre auditoire.

Un mot, enfin, sur la durée d'un exposé. Un exposé ne doit jamais être trop long: après 50 minutes, l'attention de l'auditoire baisse considérablement. De fait, plusieurs sociétés scientifiques n'accordent que 20 minutes aux conférenciers! À moins d'un avis contraire de la part de votre professeur, votre exposé en tant que tel devrait durer entre 10 et 40 minutes (entre 20 et 60 minutes avec la discussion

Figure 9.1   Plan de l'exposé

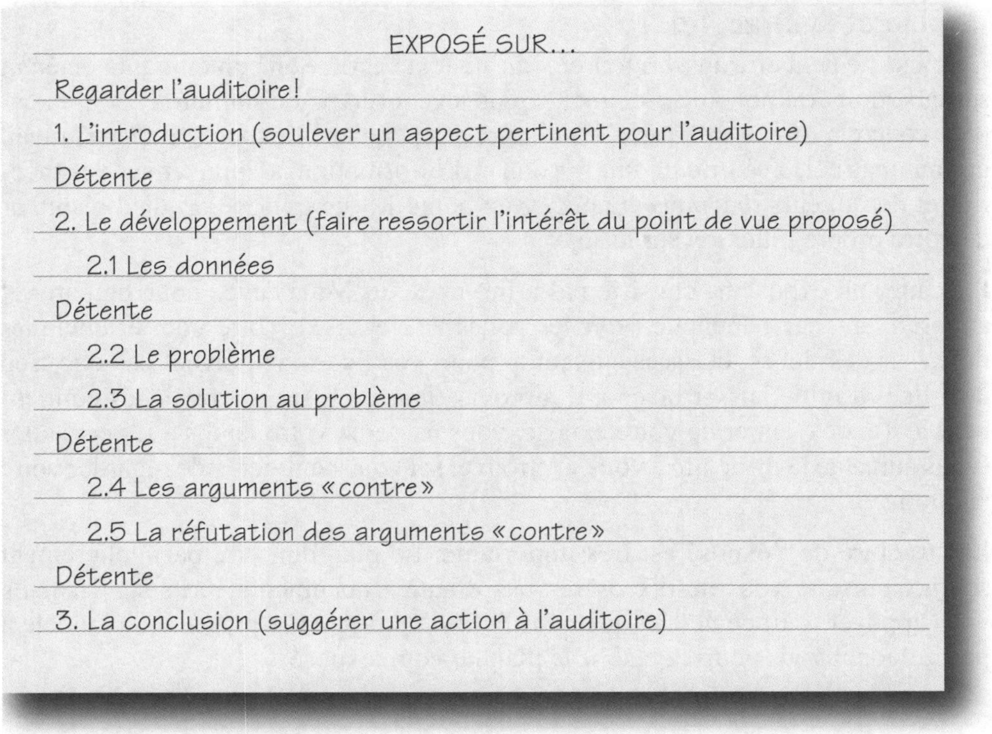

EXPOSÉ SUR...

Regarder l'auditoire!

1. L'introduction (soulever un aspect pertinent pour l'auditoire)

Détente

2. Le développement (faire ressortir l'intérêt du point de vue proposé)

   2.1 Les données

Détente

   2.2 Le problème

   2.3 La solution au problème

Détente

   2.4 Les arguments «contre»

   2.5 La réfutation des arguments «contre»

Détente

3. La conclusion (suggérer une action à l'auditoire)

subséquente). Si vous avez peu d'expérience, il est certes préférable de limiter la durée de vos exposés.

La présentation d'un exposé

Le style qui convient à un exposé dépend de l'auditoire et des circonstances, mais certaines qualités doivent toujours être présentes. Vous devez préférer un langage direct et clair, un vocabulaire simple et concret, une attitude affirmative et franche, un style dynamique. Votre exposé doit comporter une bonne part d'improvisation et d'éléments susceptibles de maintenir, de soutenir, de stimuler et de motiver l'attention de l'auditoire. En réalité, plusieurs de ces éléments n'ont strictement rien à voir avec le contenu de l'exposé, mais plutôt avec le métier d'acteur !

Établir la communication

Les premières minutes sont cruciales. L'attention de l'auditoire est à son maximum. C'est le moment de donner le ton de votre exposé. Vous avez l'occasion de faire une impression très forte sur l'auditoire : si vous réussissez, la partie est bien engagée. Établissez avec l'auditoire un contact qui donnera aux gens l'envie de partager avec vous. Et n'oubliez pas : c'est vous qui menez la barque !

Dès le départ, énoncez clairement votre sujet et vos objectifs. L'auditoire doit se sentir concerné par les problèmes que vous posez. Si vous avez tendance à être trop analytique, essayez d'ajouter un peu d'humour et d'émotion. Au contraire, si vous avez tendance à être plutôt émotif, ajoutez de la rigueur à vos démonstrations. Ainsi, votre style sera plus équilibré.

Par ailleurs, dans le cas d'un travail d'équipe, chaque personne doit tenir un rôle dans la présentation. Par exemple, ces tâches peuvent consister à présenter une partie de l'exposé, à s'occuper de l'aspect technique, à être responsable de l'accueil, à recevoir les commentaires de l'auditoire ou à minuter la présentation. Tous doivent marquer leur intérêt à l'orateur.

Captiver l'auditoire

Rien n'est plus ennuyeux qu'un ton monocorde, une posture rigide et une attitude neutre ou figée. Mettez-y de la vie, de la passion ! Jouez votre propos au lieu de le réciter. Par contre, vous devez éviter un débit trop rapide. Votre but est d'abord d'instruire votre auditoire, mais vous pouvez aussi le détendre et l'amuser. Ne perdez jamais de vue que vous n'êtes pas là dans le but d'étaler votre savoir ou de vous débarrasser d'une corvée, mais de communiquer. Alors communiquez !

Parlez assez fort pour qu'on vous entende jusqu'au fond de la salle. Articulez et évitez les apartés qui pourraient exclure une partie de l'auditoire. Soutenez l'attention de l'auditoire, par exemple en introduisant une idée à l'aide d'une question ou d'une formule : «Certains pensent que…, pourtant…». En outre, ménagez des rebondissements, interpellez, provoquez même vos auditeurs ! Il est important de présenter le plan de votre exposé au début, de manière à donner des repères à votre auditoire. Par la suite, vous pourrez occasionnellement préciser où vous êtes rendu dans l'exposé de manière à situer vos auditeurs.

Le regard, l'expression du visage et les gestes jouent un grand rôle dans la communication avec l'auditoire. Balayez la salle des yeux pendant de courts silences, mais n'ayez jamais le regard fuyant. Souriez! Ponctuez votre exposé de gestes qui accentuent votre propos.

Prêtez une attention particulière aux personnes qui semblent distraites, réticentes ou carrément hostiles. Regardez-les, cherchez à gagner leur confiance, à susciter leur intérêt. Chaque personne semble enfermée dans la «bulle» de ses préoccupations, de ses intérêts propres. Communiquer implique de sortir de sa bulle, d'accepter de devenir accessible, de partager les intérêts des autres et de s'ouvrir à leurs propos. Et cette attitude est «contagieuse», profitez-en!

Par ailleurs, il convient de ne jamais attaquer qui que ce soit dans le groupe de vos auditeurs. Vous devez notamment éviter de tenir des propos discriminatoires, méprisants ou agressifs. De plus, en acceptant les critiques ou les mouvements d'humeur de l'auditoire… vous aurez la possibilité de les transformer en points positifs!

Voici un aide-mémoire qui contient la plupart des erreurs à éviter quand vous présentez un exposé.

Des erreurs à éviter
- Vous excuser, donner l'impression que vous n'êtes pas à votre place.
- Parler trop faiblement, trop vite ou en mâchant vos mots.
- Être abstrait, confus ou tenir un discours mal structuré.
- Faire preuve de dogmatisme ou d'agressivité.
- Utiliser un jargon incompréhensible.
- Tourner constamment le dos à l'auditoire pour écrire au tableau.
- Regarder sans arrêt votre montre.
- Regarder le plafond, les murs ou le plancher.
- Lire un texte ou des notes.
- Fouiller très souvent dans vos papiers.
- Jouer sans arrêt avec un crayon, vos lunettes, etc.
- Garder les bras croisés (signe de fermeture).
- Bouger constamment ou rester figé sur place.

Répondre aux questions

La période de questions est une partie intégrante de l'exposé et non un prolongement que vous pouvez ignorer ou négliger. Vous devez donc préparer la discussion tout autant que le reste de l'exposé. Ainsi, il sera utile de prévoir les réponses aux questions les plus probables. De plus, vous aurez avantage à disposer de la documentation pertinente, car les auditeurs peuvent vous poser des questions plus difficiles ou demander des références.

Cependant, le dialogue avec l'auditoire ne commence pas avec la période de questions. En tant qu'orateur consciencieux, vous devez tenter de prendre le pouls de l'auditoire tout au long de votre exposé. La manière dont vous tiendrez compte des multiples «messages» que vous envoie l'auditoire (l'ennui, la surprise, l'enthousiasme…) a une incidence directe sur le succès de l'exposé et l'animation de la période de questions. Des événements fortuits peuvent aussi être judicieusement récupérés pour détendre, faire rire ou sourire, ou simplement faire réagir tel ou tel groupe de personnes.

Toute question est un appel au dialogue. Même sous forme de critique, une question est une porte ouverte à la communication : ne vous défilez pas. Si vous ignorez la réponse, admettez-le tout bonnement. Votre franchise sera appréciée. En outre, si vous répondez clairement et que les gens applaudissent ou manifestent de l'enthousiasme, souriez : acceptez de bonne grâce les félicitations !

La période de questions ne doit pas être à sens unique. Au contraire, vous devez dialoguer avec l'auditoire, interroger les personnes qui posent des questions, laisser la salle réagir. Vous pouvez même susciter une intervention à la suite de la réaction non verbale d'une personne. Il n'est pas interdit non plus de circuler dans la salle ou de vous adresser directement à telle ou telle personne, pourvu que vous ne restiez pas à un seul endroit et que vous soyez en mesure de conserver l'attention générale. Donnez des réponses dynamiques, ouvertes à un échange plutôt que de « simples réponses ».

Enfin, assurez-vous de commencer et de terminer votre présentation avec des éléments puissants qui surprennent et captent l'attention. C'est à ces moments-là que vous pouvez influer le plus fortement sur votre auditoire.

N'hésitez pas à soumettre votre présentation à la critique de votre auditoire, et cherchez ensuite le moyen de vous améliorer. Par ailleurs, si vous devez critiquer des camarades de classe, commencez par souligner leurs qualités et leurs points forts. Ensuite, si vous avez des critiques négatives, énoncez-les de façon claire et précise : présentez-les de façon constructive.

MARCHE À SUIVRE

La préparation

1. Choisissez votre sujet et délimitez le problème qui sera abordé.
2. Constituez votre documentation.
3. Faites une lecture active de la documentation en notant les points intéressants pour votre auditoire. Consignez les points de l'exposé sur des fiches.
4. Établissez le plan de votre exposé, et tracez votre carte mentale.
5. Préparez les documents audiovisuels ou électroniques pertinents (voir la capsule technologique sur PowerPoint à la page 214).
6. Faites quelques répétitions. Vérifiez régulièrement la durée de votre présentation.
7. Adoptez une attitude confiante.

La présentation

1. Soignez votre apparence : la qualité de votre tenue est une forme de respect envers votre auditoire.
2. Dès le début, établissez un bon contact avec l'auditoire. Présentez le plan de votre exposé.
3. Suivez votre plan et respectez le temps qui vous est alloué ; vos efforts de concision seront appréciés.
4. Gardez une posture stable et dynamique : ne bougez pas trop, mais ne restez pas figé.

5. Prêtez attention aux réactions de l'auditoire. Pour montrer que vous tenez compte de ces réactions, modulez votre présentation en conséquence ou faites des pauses silencieuses afin de favoriser la réflexion et les questions.

6. Établissez un dialogue constructif durant la période de questions.

EXERCICE

Une bonne façon de vous préparer à un exposé consiste à vous pratiquer devant un grand miroir et à vous enregistrer avec un magnétophone ou un caméscope. Écoutez-vous, regardez-vous. Ensuite, recommencez en tentant de corriger les erreurs (les tics, le regard rivé sur les fiches, les temps morts, la gesticulation, etc.).

La carte mentale

La carte mentale est une représentation graphique des thèmes principaux d'un exposé et de leurs interrelations, chacun des thèmes occupant une portion du territoire mental représenté sur la carte. Il s'agit d'une sorte de réseau de concepts qui décrit les sujets à aborder au cours d'un exposé, indépendamment de l'ordre dans lequel vous avez prévu de les développer. Vous pouvez illustrer sommairement chaque région de la carte afin de pouvoir vous y référer aisément et rapidement. Vous pouvez aussi utiliser des termes évocateurs et divers moyens afin d'attirer l'attention sur les points importants. Dans l'exemple suivant (voir la figure 9.2), observez comment la carte mentale permet d'enrichir le plan d'un exposé.

Figure 9.2 La communication non verbale : plan de la présentation et carte mentale

Regarder l'auditoire !

1. L'introduction : tout le corps parle, écouter le soi (fiches 1 et 2)

Détente : la veste parle

2. Le développement : décrire une communication non verbale négligée (fiche 3)

   2.1 Les données :

      a) le regard (fiche 4) ; la séduction sexuelle

      b) l'expression faciale (fiche 5)

      c) les mains (fiche 6)

      d) le mouvement, le corps (fiche 7) ; la congruence

      e) le territoire (fiche 8)

      f) le ton, la voix (fiche 9) ; l'expression grâce au paralangage ; la congruence

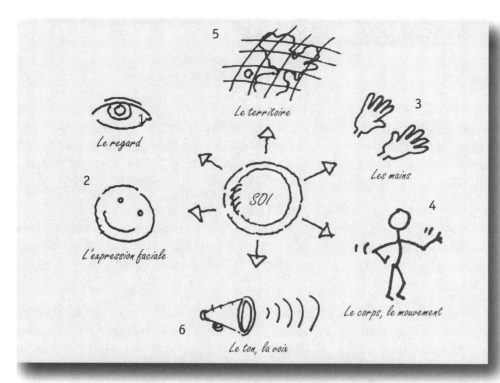

Détente: se promener dans la salle et jeter divers regards

    2.2 Le problème: la négligence par rapport à la communication non
       verbale (fiches 10 et 11)

    2.3 La solution au problème: le travail sur certains éléments
       (fiche 12):

       a) le regard (fiche 13)

       b) l'expression faciale (fiche 14); attention aux contractions

       c) les mains (fiche 15); exemple de la tendresse

       d) le mouvement, le corps (fiche 16)

       e) le territoire (fiche 17); protection et danger de
         l'envahissement

       f) le ton, la voix (fiche 18)

Détente: l'histoire de l'homme chauve

    2.4 Les arguments en faveur d'une attention à la communication
       non verbale (fiches 19 et 20)

    2.5 La réfutation des arguments adverses (fiche 21)

Détente: anecdote de la femme élégante

3. La conclusion: suggérer une action à l'auditoire (fiche 22)

9

CAPSULE TECHNOLOGIQUE

Du bon usage de PowerPoint

Les logiciels de présentation, ou de transparents électroniques, sont très répandus, en particulier Microsoft PowerPoint. Cependant, leur utilisation n'est pas toujours adéquate. Vous avez sûrement déjà assisté à une présentation où l'orateur regarde l'écran et lit ce qui s'y trouve. Une présentation de ce genre est ennuyeuse et contredit tous les principes d'une bonne présentation orale. Cela signifie-t-il que cet outil n'a pas sa place? Non, mais cela nous indique la nécessité de l'utiliser de manière appropriée. Une présentation électronique n'est pas un document autonome qui est censé contenir toute l'information nécessaire à la compréhension d'un sujet, c'est une aide à la présentation. Celle-ci doit être préparée comme un élément complémentaire qui ne pourra trouver son expression complète qu'avec un texte suivi. Une présentation PowerPoint ne remplacera jamais une dissertation!

Les principes pour un bon usage de PowerPoint

1. La présentation électronique permet de soutenir un événement de communication directe entre un orateur et son public; elle ne la remplace pas.

2. Chaque transparent ne doit contenir qu'un minimum d'information — de cinq à huit lignes, une quarantaine de mots. Il doit essentiellement servir à structurer le propos, pas à s'y substituer. Un transparent ne devrait servir à appuyer qu'environ trois minutes de présentation. Cela signifie qu'en une heure, vous ne devriez pas présenter plus d'une vingtaine de transparents.

3. Utilisez abondamment différentes formes de contenu visuel: des graphiques, des schémas ou des illustrations. Une image vaut mille mots.

4. Restez sobre: deux ou trois polices de caractères suffisent. Le format de ces polices ne doit pas être inférieur à 24 points, et les titres doivent avoir au moins 32 points. N'utilisez que deux ou trois effets de transition pour faire apparaître le texte; évitez les effets sonores qui distraient l'attention.

5. Conservez un style visuel uniforme et sans trop de fioritures. N'oubliez pas que c'est le message qui compte. Utilisez peu de couleurs; assurez-vous que le texte est très lisible et ne surchargez pas vos transparents.

6. Structurez vos transparents suivant le plan de votre présentation, en y incluant des périodes consacrées aux échanges et à des activités. Si vous faites participer votre auditoire, celui-ci sera plus attentif.

7. Ne dépassez pas une heure de présentation car, après 20 minutes, l'attention soutenue diminue de moitié. Pour la capter de nouveau, posez des questions ou prévoyez d'autres formes de participation. Vous pouvez également introduire un peu de contenu audiovisuel, ce qui relancera l'attention de l'auditoire en le divertissant.

Une présentation électronique doit favoriser et soutenir la communication entre un orateur et son auditoire, non y faire obstacle ou la remplacer. Conservez toujours le contact visuel avec votre auditoire et restez tourné

Source: CHARLEY, Kamna et Luke CHARLEY, *L'éducation à Paris,* document PPT en ligne, < www.owlnet.rice.edu/~lucasp/Fren350.ppt >, p. 12 et 17.

vers lui. Si quelqu'un peut vous aider à effectuer les transitions à votre place, ne refusez pas son aide. Dans ce cas, vous n'aurez plus à vous préoccuper des changements de transparents.

La préparation de la salle est toujours importante, surtout dans le cas des présentations électroniques. Les difficultés techniques ont souvent perturbé de bonnes présentations. Testez votre montage préala-blement et prévoyez des copies papier de vos trans-parents pour le cas où la technologie ferait défaut.

Les autres principes concernant les présentations en général s'appliquent aussi bien dans le contexte d'une présentation assistée par ordinateur.

Pour terminer, la suite bureautique gratuite OpenOffice comporte un excellent logiciel de présentation, Impress. Vous pouvez le télécharger à l'adresse sui-vante : < http://www.openoffice.org/ >.

Pour en savoir plus

« L'exposé oral », *Réseau*, n° 50, en ligne, < http://www.det.fundp.ac.be/spu/reseau/reseau50.pdf >, mars 2002, consulté le 25 juin 2005.

« Le (power) point sur les logiciels de présentation », *Réseau*, n° 55, en ligne, < http://www.det.fundp.ac.be/spu/reseau/reseau55_complet.pdf >, août 2004, consulté le 25 juin 2005.

« Présenter un exposé oral », *Fralica : Pratique du français en liberté cadrée,* en ligne, < http://users.skynet.be/fralica/refer/theorie/theocom/oral/exporal.htm > , 2000, consulté le 25 juin 2005.

9

Savoir travailler en équipe

Dans notre monde contemporain, au travail comme dans la communauté, il est extrêmement important de savoir travailler en équipe. Il n'y a pour ainsi dire plus de travail complètement solitaire. La principale caractéristique d'un travail en équipe efficace est la collaboration dans l'accomplissement d'une tâche commune pour atteindre un même objectif. Le travail en équipe suppose donc que ses membres sachent communiquer, que chacun soit centré sur une tâche particulière et joue un rôle précis contribuant à l'atteinte d'un objectif commun.

Travailler en équipe, c'est donc réaliser un projet en association avec une ou plusieurs personnes. Ce type de coopération suppose une organisation fonctionnelle des tâches afin que les objectifs soient atteints.

Le travail en équipe est une formule pédagogique répandue. En effet, dans le milieu du travail, vous devrez souvent faire partie d'une ou de plusieurs équipes en raison de l'ampleur des tâches ou simplement pour accroître l'efficacité.

Bénéfique pour ses membres, le travail en équipe favorise l'entraide et permet l'apprentissage coopératif. Chacun des membres, en jouant un rôle précis, bénéficie du résultat atteint grâce à l'effort collectif. La coopération est à l'origine de toutes les grandes réalisations, non seulement parce que deux têtes valent mieux qu'une, mais aussi parce que nous apprenons ainsi les uns des autres. Le travail en équipe est donc propice au développement personnel, ce qui ne veut pas dire qu'il soit facile !

Vous avez souvent eu l'occasion de travailler en équipe — et ce n'est pas terminé ! — pour faire un travail écrit, présenter un exposé, mener une recherche ou préparer un document audiovisuel. La plupart d'entre nous peuvent d'ailleurs faire état d'expériences négatives à ce chapitre à cause de différents facteurs, par exemple une collaboration inefficace, la présence de membres «parasitaires», une mauvaise organisation ou distribution du travail, un calendrier irréaliste ou des conflits interpersonnels. Ces facteurs sont parmi les causes les plus fréquentes de dysfonction des équipes de travail. Sans prétendre offrir de solutions à tous ces problèmes potentiels, dans ce chapitre, nous proposerons quelques méthodes susceptibles d'augmenter l'efficacité du travail en équipe et de rendre cette collaboration plus agréable.

Organiser une équipe de travail

La plupart du temps, une équipe est créée afin d'accomplir un travail précis. La durée du groupe et son fonctionnement dépendent alors de la tâche en question.

Constituer une équipe et formuler un projet d'équipe

Une équipe doit comporter un nombre suffisant de membres en fonction de l'ampleur de la tâche à accomplir. De plus, et surtout, il faut s'assurer que les individus appelés à travailler ensemble sont capables et désireux de le faire, ce qui est impossible si les gens ne se connaissent pas. Ainsi, la formation d'une équipe devrait autant que possible se faire après que des activités ont permis aux participants d'entrer en contact. Ensuite, une fois les équipes formées, il importe que les gens se présentent, échangent au sujet de leur conception du travail en équipe et parlent de leurs intérêts professionnels, du cours, des activités pédagogiques, etc.

Il est alors possible de formuler le projet de l'équipe. La meilleure façon consiste d'abord à effectuer une séance de remue-méninges. Ainsi, chacun profite de la créativité des autres membres de l'équipe. Il importe de s'assurer de l'accord de tous sur le projet ainsi que de la faisabilité de celui-ci avant de passer aux étapes suivantes.

Pour les deux premières rencontres, la démarche ci-après est conseillée. Elle vous aidera à bien entreprendre votre travail en équipe.

MARCHE À SUIVRE

Première rencontre

1. Choisissez les membres de votre équipe.

2. Faites un remue-méninges sur votre sujet.

3. Précisez votre sujet (l'approche et la méthode) et votre objectif commun. Visualisez ensemble le résultat à atteindre.

4. Prévoyez une rencontre avec le professeur pour lui soumettre votre sujet et votre approche.

5. Répartissez les fonctions et les tâches entre les membres de l'équipe.

6. Notez les coordonnées des membres de l'équipe.

7. Fixez la date de votre prochaine réunion (de préférence immédiatement après la rencontre avec votre professeur).

Deuxième rencontre

1. Faites un retour critique sur les commentaires de votre professeur.

2. Élaborez votre plan de travail en tenant compte des remarques de votre professeur.

3. Planifiez le travail qui devra être fait durant les semaines à venir. Par exemple, pour un travail écrit, vous devez tenir compte des grandes étapes suivantes : la recherche de documentation, la prise de notes, l'analyse et l'interprétation des résultats, la rédaction du premier jet et la mise au propre du travail.

4. Établissez votre calendrier de travail et assurez-vous que tous les membres l'auront en main.

10

Distribuer les fonctions et les tâches

Toute équipe de travail doit avoir un *coordonnateur* et un *secrétaire*. La personne qui assure la coordination veille à la distribution et à l'accomplissement des tâches dans les délais requis. Le secrétaire prend des notes sur les discussions et les décisions du groupe (sous forme de procès-verbal ou de simples notes de réunion) et s'assure que l'information circule parmi les membres de l'équipe. Selon la nature du projet, d'autres fonctions peuvent être nécessaires : l'animation des rencontres, la responsabilité des travaux écrits, de la documentation, du budget, de la communication avec le service de l'audiovisuel, etc.

Définir ces fonctions et les attribuer permet en quelque sorte d'organiser le travail. Toutefois, il reste ensuite à faire le travail, et tous les membres doivent y contribuer. Vous devez donc déterminer les diverses tâches à accomplir et les distribuer équitablement parmi les membres de l'équipe. Ces tâches doivent être formulées clairement et les décisions notées soigneusement. Vous pouvez aussi préparer un grand tableau sur lequel vous indiquez les tâches et les fonctions de chaque membre. Vous transcrivez ensuite ce tableau sur des feuilles, y ajoutez les coordonnées des membres et distribuez une copie à chacun des membres.

Établir un calendrier

Tout travail en équipe se déroule dans le temps : vous devez prévoir les tâches à accomplir en fonction des échéances fixées. Supposons qu'une équipe est formée en début de session afin de présenter un certain projet à la fin de ladite session. Le calendrier de travail comportera alors 12 ou 13 semaines, et le travail à accomplir sera divisé en autant d'étapes. Des réunions régulières seront nécessaires pour faire le point.

Pour chaque étape, vous devez déterminer le temps nécessaire à l'accomplissement des tâches de chaque membre de l'équipe en prenant soin d'ajouter une période tampon : si une tâche peut être accomplie en trois semaines, par exemple, prévoyez-en quatre afin de faire face à tout imprévu. Une fois le calendrier établi, il sera distribué de manière à ce que tous connaissent exactement leur tâche et les échéances qu'ils doivent respecter. Évidemment, ces échéances doivent être scrupuleusement respectées ou corrigées collectivement si elles sont irréalistes.

Voici un guide (voir le tableau 10.1) qui vous aidera à organiser votre calendrier de travail.

Tableau 10.1   Calendrier d'équipe

Cours : _____ Session : _____
Date de remise : _____ Titre du travail : _____
Liste des membres de l'équipe et leurs coordonnées [préciser les fonctions, s'il y a lieu] :

_____ _____
_____ _____
_____ _____

Semaine de cours	Étape	Tâche	Responsable	Échéance	Rencontre (date, heure)
1					
2					
3					
4					
5					
6					
7					
8					
9					
10					
11					
12					
13					
14					
15					

Coordonner les éléments du projet

La coordination des différents aspects du travail est très importante. La personne qui accepte cette tâche doit être particulièrement disponible et désireuse de jouer ce rôle. Celui-ci consiste à s'assurer que la coopération au sein de l'équipe est efficace et que chacun remplit ses tâches dans les délais prévus. La coordination peut toucher trois aspects du travail (fonctionnel, intellectuel et psychosocial). Si le groupe est assez important, des personnes différentes peuvent assumer ces différentes fonctions.

- La *dimension fonctionnelle* renvoie à l'articulation des tâches entre elles : voir à ce que les pièces du casse-tête s'imbriquent bien les unes dans les autres pour former un tout.

- La *dimension intellectuelle* renvoie aux aspects conceptuels et théoriques de la tâche à accomplir, c'est-à-dire au contenu du travail comme tel.

- La *dimension psychosociale* renvoie à la gestion des rapports humains à l'intérieur de l'équipe : veiller à la qualité des discussions de groupe et à la résolution des conflits.

Tenir des réunions efficaces

Les réunions d'équipe doivent être efficaces. Un ordre du jour permettra d'assurer le suivi de toutes les tâches en cours et donnera la possibilité à chacun des membres de s'exprimer. Les discussions doivent être centrées sur les tâches à accomplir et les objectifs à atteindre ; il faut éviter les dialogues et le bavardage, mais aussi la monopolisation du temps de parole. À cette fin, il importe qu'un membre préside la réunion : ce peut être la personne responsable de la coordination ou quelqu'un d'autre (par exemple, chaque membre de l'équipe peut assumer alternativement chacune des tâches).

Il est utile que les membres de l'équipe communiquent entre eux périodiquement afin de parler de l'avancement des tâches, des difficultés éprouvées, des solutions possibles, etc. À ce point de vue, le coordonnateur joue un rôle particulier mais non exclusif.

Régler les problèmes

Que faire si une personne n'accomplit pas ses tâches ou les néglige ? Tout d'abord, une règle essentielle : il ne faut jamais laisser traîner ce genre de situation, car celle-ci devient rapidement irréversible. Quand un problème se pose, il faut organiser une rencontre pour faire le point et trouver une solution.

Qu'une personne ne respecte pas ses engagements n'est pas nécessairement une question de mauvaise volonté. Par exemple, les tâches peuvent être trop lourdes ou hors des capacités ou des compétences de cette personne. Dans un tel cas, il convient d'équilibrer le partage des tâches. Si le problème est plus profond et qu'il y a un désaccord important au sein de l'équipe, il est préférable de demander à une personne extérieure (le professeur, par exemple) d'arbitrer le conflit. L'exclusion d'un membre peut à la limite être la seule solution possible, mais il faut alors bien mesurer les conséquences de ce geste.

10

Établir la dynamique d'une équipe de travail

La taille du groupe influe sur la dynamique de l'équipe. De plus, celle-ci dépend de trois éléments : les objectifs de l'équipe, les normes qui la régissent et son degré de cohésion.

Plus les *objectifs* sont ambitieux, plus ils exigeront d'énergie de la part des membres de l'équipe, ce qui augmentera les pressions internes. Il faut veiller à ce que les objectifs soient assez importants pour stimuler l'équipe sans être trop ambitieux. Ainsi, les pressions sur les membres ne deviendront pas trop lourdes.

Par ailleurs, des *normes* doivent régir les interactions à l'intérieur de l'équipe. Ces normes seront établies — toujours dans le but d'atteindre les objectifs fixés — pour favoriser la liberté d'expression, la coopération et les échanges au sein de l'équipe.

La *cohésion* est également un facteur important de réussite : plus elle est forte, plus l'action de l'équipe sera efficace. Ainsi, chacun se sentira valorisé et sécurisé. Inversement, un faible degré de cohésion ne favorisera pas l'atteinte des objectifs, car les membres ne se sentiront pas liés au résultat. La cohésion d'une équipe dépend du choix judicieux des membres et des objectifs, de la régularité des échanges et de la qualité des rapports humains. Il faut cependant éviter d'en venir à une forme quelconque de contrôle idéologique ou de manipulation psychologique qui, bien qu'elles renforcent la cohésion de l'équipe, réduisent la liberté des membres.

Les rôles dans une équipe

Les individus participent, chacun à leur manière, à construire la dynamique d'une équipe. Certains ont des talents pour l'organisation, d'autres pour lancer des idées nouvelles, certains sont habiles (trop, parfois !) à faire respecter la procédure, alors que d'autres encore semblent se donner pour tâche de souligner les contradictions au sein du groupe.

Dans la distribution des tâches, il importe de tenir compte du caractère des membres et de leurs affinités particulières. Selon la fonction dans l'équipe ou le type de tâche à accomplir, vous choisirez une personne qui a un tempérament de chef, qui est systématique et ordonnée, qui a un bon sens critique et un talent de médiateur, qui possède un enthousiasme communicatif, etc.

Il faudra prendre garde de ne pas encourager le comportement de personnes qui détournent l'énergie du groupe vers la satisfaction de besoins exclusifs. Pensons aux personnes qui n'arrêtent pas de faire des blagues ou encore à celles qui semblent croire que l'équipe se réunit d'abord pour écouter leurs opinions personnelles sur toutes sortes de sujets étrangers aux objectifs de l'équipe. Critiquez ces comportements, car ils rendent impossible le travail de l'équipe et minent le moral de ses membres.

La prise de décision

Les équipes utilisent diverses méthodes pour décider des projets à entreprendre, des priorités à établir, des tâches à distribuer, etc. Les membres doivent décider au départ de la formule que le groupe adoptera. Voici trois méthodes qui permettront d'en arriver à une décision.

La formule autoritaire

Les membres expriment leurs points de vue, mais la décision finale revient au chef de l'équipe. Cette forme est peu populaire pour des raisons évidentes, mais elle peut être productive si cette personne possède un bon jugement.

La formule démocratique

Après une discussion approfondie, les membres acceptent de se plier à la décision de la majorité. Cette formule a l'avantage majeur d'encourager les débats et de permettre d'agir selon le souhait du plus grand nombre. Il arrive cependant qu'elle soit lourde ou inefficace. C'est pourquoi il faut veiller à mener les discussions rondement et à éviter l'obstruction systématique d'une minorité.

La formule consensuelle

Tous les membres doivent être d'accord sur la décision à prendre. C'est la formule utilisée au cours des procès avec jury et le mode de décision politique traditionnel de certains peuples amérindiens. Cette formule est longue et difficile, mais elle favorise grandement la recherche de la meilleure solution possible et la cohésion du groupe.

Résoudre des problèmes en équipe

Le philosophe pragmatiste américain John Dewey (DeVito, 1993, p. 270-273) a proposé une méthode efficace pour arriver, en équipe, à résoudre un problème ou à mener à bien un projet. Cette méthode comporte six étapes.

1. Définir et analyser le problème.

2. Établir des critères qui serviront à évaluer les solutions.

3. Reconnaître des solutions possibles.

4. Évaluer des solutions.

5. Choisir la ou les meilleures solutions.

6. Vérifier la ou les solutions choisies ; terminer ou reprendre le processus au début.

Dans un premier temps, vous devez vous entendre sur la nature et l'ampleur du problème à résoudre. Cette étape est plus difficile qu'il n'y paraît, puisqu'il arrive fréquemment que les membres d'une équipe ne perçoivent pas un problème de la même façon.

Ensuite, vous déterminez les critères qui permettront de mesurer la valeur des solutions envisagées. Cette étape, souvent négligée, est à l'origine de bien des difficultés. Vous devez d'abord tenir compte de critères pratiques. Combien de temps avons-nous pour résoudre ce problème ? Quelles sont les ressources disponibles ? Quelqu'un est-il particulièrement intéressé à s'investir dans la solution de ce problème ? Dans un second temps, vous établissez des critères de valeur. Quels sont les avantages recherchés ? Quelles valeurs font partie des objectifs de l'équipe ? Considère-t-on comme important de favoriser l'apprentissage de chacun ?

Ensuite, vous examinez les solutions possibles. Une séance de remue-méninges peut être très utile. Quand un certain nombre de solutions sont avancées, vous pouvez tenter d'établir laquelle est la meilleure à la lumière des critères retenus.

Ce point nécessite une discussion, car il est rare que ces critères s'appliquent mécaniquement et que la bonne solution soit évidente pour tous. Une fois la solution adoptée, vous devez prévoir un mécanisme de vérification afin de vous assurer qu'elle s'avère aussi efficace que vous l'avez prévu.

Les six étapes sont importantes. Toutefois, la deuxième étape nous semble fondamentale; il est d'autant plus important d'insister qu'elle est souvent oubliée. Pourtant, elle mérite que vous lui portiez toute l'attention requise. Dans une équipe, si vous ne vous entendez pas sur les critères utilisés pour évaluer les solutions, les discussions seront stériles (puisque tous ne « parleront pas le même langage » — par exemple, certains privilégient la rapidité et d'autres la qualité). De ce fait, vous ne parviendrez pas à établir une solution satisfaisante à votre problème.

MARCHE À SUIVRE

1. Formez l'équipe. Apprenez à vous connaître.
2. Formulez votre projet. Dans une séance de remue-méninges, précisez-le et prenez une décision (ce qui suppose que vous vous êtes entendus sur le processus de décision).
3. Répartissez les fonctions et les tâches.
4. Établissez le calendrier de travail.
5. Vérifiez régulièrement l'accomplissement des tâches.
6. Échangez régulièrement vos commentaires et tenez des réunions périodiques.
7. Résolvez sans attendre les problèmes qui se posent.
8. Remettez votre projet.
9. Établissez le bilan du travail de l'équipe et prenez connaissance de l'évaluation en équipe.

PLUS *encore!*

Le remue-méninges

La technique du remue-méninges (*brainstorming*) permet d'envisager plusieurs solutions à un problème en formulant un très grand nombre d'idées. Elle consiste à donner le temps à tous de dire ce qui leur passe par la tête sans aucune censure. Vous devez alors respecter quatre règles:

- Ne pas faire d'évaluation;
- Énoncer le plus grand nombre possible d'idées;
- Tenter de développer les idées qui sont avancées dans toutes sortes de directions;
- Laisser libre cours à l'imagination de chacun.

Vous notez les idées à mesure qu'elles sont exprimées. Une fois la séance de remue-méninges terminée, vous évaluez une à une les idées et sélectionnez les plus intéressantes. Ensuite, vous opérez un choix critique parmi ces idées. Cette technique maintenant courante permet de trouver des solutions souvent très originales à des problèmes.

CAPSULE TECHNOLOGIQUE

Collaborer en équipe grâce à Internet

Récapitulons les ingrédients nécessaires à un bon travail en équipe : définir clairement un objectif commun, se concentrer sur les tâches à accomplir, assigner un rôle précis à chacun, organiser le travail dans le temps, communiquer régulièrement avec les membres de l'équipe. Ces divers éléments peuvent-ils être renforcés grâce à Internet ? La réponse évidente est oui, pourvu que le temps que vous y consacrez soit en grande mesure compensé par un gain en efficacité. Si vous vous rencontrez tous les jours et que vous passez des heures ensemble, il est peu probable que l'utilisation d'outils électroniques complexes soit nécessaire. Le recours au courriel (ou courrier électronique) sera sans doute suffisant à l'occasion. Par contre, si vos horaires sont désynchronisés, si vous êtes éloignés les uns des autres ou si vous devez partager de nombreux documents, il peut être intéressant d'aller au-delà du seul courriel.

Le courriel

La première et la plus importante façon de collaborer en groupe grâce à Internet consiste à utiliser le courriel. Tout le monde connaît maintenant les logiciels comme Outlook Express ou Mozilla Thunderbird, ou les interfaces de courriel sur le Web comme Hotmail ou Yahoo! Courriel. La première chose à faire consiste à créer une liste des membres du groupe (voir la figure 10.1). Tout carnet d'adresses permet ainsi de choisir une adresse collective plutôt que d'avoir à naviguer chaque fois parmi la liste de vos contacts pour sélectionner les membres un à un.

Une variante intéressante consiste à créer un groupe permanent grâce à un forum de discussion. Il se peut que votre établissement d'enseignement offre un tel service. Dans le cas contraire, il existe des services gratuits ou payants dans Internet qui vous permettront de constituer une adresse permanente. Un forum de discussion est une liste à laquelle vous êtes abonné, qui permet de recevoir des messages collectifs.

Par exemple, vous pouvez créer des forums gratuitement sur le site RezoWeb à l'adresse suivante : < http://www.rezoweb.com/forum/creation.shtml >.

Une autre fonction importante du courriel consiste à joindre des documents aux messages. Ces documents peuvent être des photos, des graphiques, des textes ou tout ce que vous voulez, en autant que la taille de ceux-ci n'excède pas le maximum permis par votre

Figure 10.1 Création d'une liste

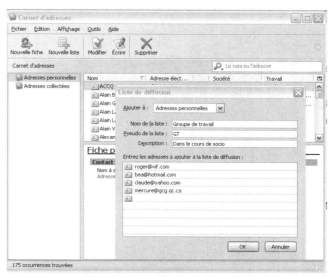

serveur de courriel (la limite peut se situer entre 1 et 5 Mo).

Les messageries instantanées

Les messageries instantanées comme ICQ ou Messenger sont pratiques parce qu'elles permettent une communication en temps réel. Les utilisateurs peuvent consulter la liste des correspondants avec lesquels ils sont simultanément en ligne et communiquer immédiatement avec eux. En outre, plusieurs utilisateurs peuvent participer à des sessions de clavardage et même partager un tableau virtuel. Cependant, leur caractère ludique prend souvent le pas sur le travail. En conséquence, dans le cas du travail en équipe, il est souvent plus efficace de privilégier le courriel. Néanmoins, un usage judicieux de la messagerie instantanée peut être très utile dans un contexte de travail à distance.

Vous trouverez un annuaire français de ces messageries à l'adresse < http://www.correspondance-fr.org/fr/annuaires-messageries-instantanees.php >.

Les sites d'équipe dans Internet : les blogues

La solution la plus intéressante consiste parfois à créer une page Web commune. Plus particulièrement, vous pouvez utiliser la formule des blogues (carnets Web ou cybercarnets). Ces carnets permettent de créer rapidement un lieu virtuel commun pour échanger de l'information, des documents, des commentaires et ainsi faire avancer un projet commun (voir la figure 10.2).

10

Figure 10.2 Création d'un blogue — exemple du portail pédagogique du cégep Marie-Victorin

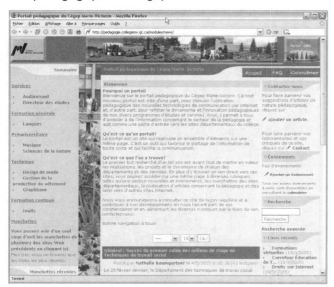

L'univers des blogues est vaste et nécessiterait un long développement, car leurs formes et leurs fonctionnalités sont très nombreuses. Citons simplement le dépôt d'information, les nouvelles, les événements (calendrier commun), les forums associés, les groupes de discussion en temps réel, etc.

Il se peut que votre établissement d'enseignement dispose déjà d'un service de création de blogues. Sinon, il existe des moyens de créer rapidement et sans frais de tels carnets en ligne, par exemple avec IciBlog < http://www.iciblog.com/home/ > ou MonBlog.

org < http://www.mon-blog.org/ >, ou encore Place Publique < http://www.placepublique .org/blogs/index. php >.

Évidemment, pour que la création d'un blogue en vaille la peine, il faut que la tâche à accomplir soit importante et se déroule sur plusieurs mois ou années. Il faut également que plusieurs, sinon tous les membres de l'équipe, s'engagent à y contribuer parce qu'ils y voient un avantage. Enfin, un membre de l'équipe doit accepter de jouer le rôle de webmestre (ou modérateur) afin d'entretenir le site et de coordonner les efforts.

Les blogues offrent plusieurs avantages qui nous incitent à les recommander pour soutenir le travail en équipe. D'abord, ils facilitent la mise en ligne d'information et la mise à jour. Vous pouvez y publier de n'importe où, puisqu'il vous suffit d'avoir accès à un fureteur pour y travailler. Plusieurs personnes peuvent avoir le droit d'y publier, sans nécessairement devoir passer par le webmestre. L'information la plus récente apparaît en premier et l'information désuète est archivée (un problème lié aux sites Web traditionnels). Un outil de recherche permet d'y trouver facilement l'information recherchée, dont le classement peut se faire grâce à des catégories prédéfinies. De nombreux outils annexes peuvent l'enrichir: forums, clavardage, calendrier d'événements, sondages, foire aux questions, etc. Bref, le blogue est l'outil idéal pour le travail de collaboration en ligne.

Pour en savoir plus

DEMERS, François-Nicola, *Introduction aux systèmes de gestion de contenu pour le monde de l'éducation*, document PDF en ligne, < http://pedagogie.collegemv.qc.ca/introcms.pdf >, 2005, consulté le 1er juin 2005.

DeVITO, Joseph A., *Les fondements de la communication humaine,* Boucherville, Gaëtan Morin Éditeur, 1993, 428 p.

UNIVERSITÉ LAVAL, Faculté des sciences de l'éducation, *Apprendre en collaboration avec d'autres...: Le travail en équipe,* en ligne,< http://www.tact.fse.ulaval.ca/fr/html/coop/6references/therese.html >, septembre 1996, consulté le 30 juin 2005.

INDEX

A

Abréviation, 45, 47, 75, 77, 81, 204

Acceptabilité, 116

Activité d'intégration, 18

Affichage du plan, 137

Agenda, 1, 2, 3, 4, 10, 11, 87, 91
électronique, 12-14, 67
rôle de l', 10

AltaVista, 29, 40

Annuaire, 21

Appel
à la tradition, 118
à une autorité, 115, 116
abusif à une autorité, 118
«au troupeau», 118
aux sentiments, 114, 118

Argument, 44, 45, 48, 49, 106, 110, 112, 114, 119, 120, 123, 124, 149, 154
non recevable, 116
recevable, 115, 116
terminal, 48

Argumentation, 113-117, 124
douteuse, 117
fallacieuse, 117
indubitable, 117
plan d', 50-51, 154
plausible, 117
probabiliste, 117
rationnelle, 116
recevable, 117
types d', 116

Article, 142, 165, 168-169, 173, 174, 175, 178

Associations verbales
méthode des, 87

Attaque personnelle, 118

Audiovidéothèque, 20

Auditoire, 209, 211, 212, 213, 214

B

Balladeur numérique, 27

Ballado-diffusion, 27

Banque d'information, 26
personnelle, 59

Base de données, 26, 59, 67

Bibliographie, 21, 155, 173, 176-178, 202, 203

Bibliothèque, 1, 19, 20, 21, 26, 54

Blogue, 225, 226

Brouillon, 98, 110, 111, 136

C

Calendrier
d'équipe, 220
de session, 1, 2, 3, 4
de travail, 10, 11, 219, 220
hebdomadaire, 1
scolaire, 3, 4

Carte géographique, 170, 175, 193

Carte mentale, 66, 212, 213

Cédérom, 15, 20, 25, 26, 35, 178

Citation, 162-163

Classement, 15, 16, 17

Classification, 22, 23, 24

Cohésion, 222

Collection numérique, 35, 40

Commentaire, 99, 152, 208, 209, 219, 224, 225
court, 99
long, 99

Communication verbale, 205

Compte rendu, 139, 145, 147, 148, 150, 151, 159

Concept, 60, 61, 62, 66, 69, 84, 85, 123, 125, 184
description de, 182
réseau de, 41, 62-65, 66, 67, 68, 69, 84

Conclusion

Conclusion, 45, 112, 120, 121, 122, 124, 130, 131-133, 145, 149, 202, 208, 213

Conjugaison
guide de, 15, 18, 136

Coordination, 219, 220, 221

Correction
automatique, 137
orthographique, 137
outil de, 138

Courriel, 225

Crayon, 72, 76

Critère, 115, 116

Critique, 145, 146, 147-148, 149, 151, 210, 211
choix, 224
esprit, 39, 74
externe, 148
interne, 148
point de vue, 207
retour, 219
sens, 27, 28

D

Définition, 60, 61, 76, 84

Développement, 112, 113, 119, 120, 121, 122, 123, 124, 127-130, 181, 208, 212
examen à, 92, 97
modèle de, 129
plan de, 156-158

Dewey
classification, 22, 24

Diagramme, 66, 67, 68, 69, 188

Dictionnaire, 15, 18, 47, 61, 110, 136, 137, 168

Disquette, 15

Dissertation critique, 139, 151-156, 159

Document, 84, 155
audiovisuel, 26, 27, 31, 71, 172, 175